21 世纪全国高职高专财务会计类规划教材

新编基础会计

主　编　赵秀萍　郝建萍

副主编　张　静　王红娟　徐红梅

参　编　杨　倩　罗志敏　蒋淑梅

北京大学出版社
PEKING UNIVERSITY PRESS

内 容 简 介

本书突出了会计基本理论与会计实务紧密结合的特点，依据我国新企业会计准则体系进行编写。全书共分为13章，主要阐述了会计的基本理论、基本方法和基本技能的运用。为了突出教学实践性，本书在编写过程中融入了实训教学内容，以帮助学生更好地学习和理解会计的基本理论知识和基本方法。

本书适用于高职高专院校、成人教育高等专科院校财经类专业及相关专业的教学使用，也可作为自学考试及会计岗位培训的辅导教材。

图书在版编目（CIP）数据

新编基础会计/赵秀萍，郝建萍主编．—北京：北京大学出版社，2008.7
（21世纪全国高职高专财务会计类规划教材）
ISBN 978-7-301-12943-2

Ⅰ．新… Ⅱ．①赵… ②郝… Ⅲ．会计学－高等学校：技术学校－教材 Ⅳ．F230

中国版本图书馆CIP数据核字（2007）第192095号

书　　名：新编基础会计
著作责任者：赵秀萍　郝建萍　主编
责 任 编 辑：成　淼
标 准 书 号：ISBN 978-7-301-12943-2/F・1770
出　版　者：北京大学出版社
地　　址：北京市海淀区成府路205号 100871
电　　话：邮购部62752015　发行部62750672　编辑部62765126　出版部62754962
网　　址：http://www.pup.cn
电 子 信 箱：xxjs@pup.pku.edu.cn
印　刷　者：北京飞达印刷有限责任公司
发　行　者：北京大学出版社
经　销　者：新华书店
787毫米×980毫米　16开本　16.5印张　363千字
2008年7月第1版　2015年6月第4次印刷
定　　价：35.00元

前　　言

基础会计是财经类、管理类专业的专业基础课。该门课程对于培养学生的专业能力，以及为后续专业课程的学习奠定了理论基础和方法基础。根据高职教育的特点，本书是按照“基于职业能力的培养目标”、“以岗位为基础，以能力为本位”的原则，以立足于会计实践教学的需要而编写的。本书科学合理地把握了理论教学内容和基本方法、基本技能知识之间的结合点，在编写过程中主要体现了以下几个方面特点。

（1）突出基本性。本书对基础会计的基本概念、基本原理和基本方法，进行详细论述，理论部分以应用为主旨，强调理论联系实际，使本书更符合职业教育的要求，为学生进一步深入学习会计专业知识打下坚实的基础。

（2）突出新颖性。本书是根据 2006 年最新企业会计准则及应用指南编写完成的，具有反映基础会计基本知识最新发展方向的特点，体现了企业会计准则的最新要求。

（3）突出实践性。本书所选实训内容紧密与企业实际发生的经济业务相结合，缩短了课堂教学内容与实际业务操作的距离，使学生将抽象的理论知识与实际业务结合起来学习，对提高学生的实践教学能力具有较强的指导意义。

本书由赵秀萍、郝建萍担任主编，并由赵秀萍负责设计大纲、总纂及定稿；由张静、王红娟、徐红梅担任副主编。具体编写分工为：第 1、4 章由郝建萍（西安航空职业技术学院）编写；第 2、3 章由徐红梅（唐山职业技术学院）编写；第 5、13 章由赵秀萍（青岛职业技术学院）编写；第六章由杨倩（天津开发区职业技术学院）编写；第 7、10 章由张静（淄博职业学院）编写；第 8、9 章由王红娟（陕西职业技术学院）编写；第 11 章由罗志敏（青岛职业技术学院）编写；第 12 章由蒋淑梅（内蒙古工业大学职业技术学院）编写。

本书在编写过程中，参考了大量的相关教材和著作，并得到了北京大学出版社的大力支持，在此一并表示衷心的感谢。

由于编者水平有限，加之编写时间仓促，书中难免存在疏漏之处，敬请广大读者批评指正。

编　者

2008 年 4 月

目　录

第 1 章　总　　论

【学习目标】

➢ **基本知识目标**

　✧ 理解会计的含义以及会计的产生与发展的基础，明确会计核算的基本职能。

　✧ 了解会计核算的方法及其内容，理解会计核算的基本前提。

➢ **基本能力目标**

　✧ 熟悉会计核算的方法体系及各种会计核算方法之间的联系。

　✧ 掌握会计对象与会计要素、会计科目之间的内在联系。

【学习要求】

通过本章教学，应重点掌握会计的含义、理解会计核算的基本前提、会计核算的方法。

1.1　会 计 概 述

1.1.1　会计的产生与发展

会计作为一种管理活动，是适应生产的发展和经济管理的要求而产生和发展起来的。物质资料的生产是人类社会赖以生存和发展的基础。以尽可能少的劳动耗费取得尽可能多的劳动成果，是发展生产的客观要求。为了获得劳动成果，必然要耗费一定的人力、物力和财力。为了达到节约劳动耗费，讲求并提高经济效益的目的，人们就必须进行管理，而管理就必须对生产活动进行记录、计算和考核，做到心中有数。所以作为记录和计算生产过程中所得与所费的会计也就随之产生了。由此可见，会计是人类社会发展到一定历史阶段的产物，它起源于生产实践，是为管理生产活动而产生的。

会计在我国有着悠久的历史，早在原始社会末期，即有结绳记事、简单刻记等原始计算、记录的方法，这是会计产生的萌芽阶段。随着生产活动的日益纷繁、复杂，到了西周时期“会计”一词就开始运用，较为完善的会计方法产生于唐宋时期的“四柱清册”。通过“旧管（即期初结存）＋新收（即本期收入）－开除（即本期支出）＝实在（即期末结存）”进行核算；明末清初，随着手工业和商业的发展，资本主义经济关系的萌芽，出现了更加完备的“龙门账”，即通过“进－缴＝存－该”进行核算。后来，在资本主义萌芽阶段，又产生了“四脚账”（也称“天地合账”），在这种方法下，对每一笔账项即登记“来账”，又登记“去账”，以反映同一账项的来龙去脉。“四柱清册”、“龙门账”和“四脚账”显示了我国不同历史时期传统中式簿记的特色。

会计在外国也有悠久的发展历史。古代社会，有原始的记录方法，如巴比伦的泥板、埃及的刻石等。早在原始印度公社时期，就已经出现记账员，负责登记农业账目，登记和记录与此有关的一切事项。在奴隶社会和封建社会的漫长过程中，会计主要是政府部门用来记录、计算国家的财政收支情况。13 世纪到 15 世纪，地中海沿岸的佛罗伦萨、热那亚、威尼斯等城市商品经济和手工业发达，经济繁荣，从而产生了科学的借贷复式记账法。1494 年，意大利数学家卢卡·巴其阿勒有关复式记账论著的问世标志着近代会计的开端。成本会计的出现和不断完善，以及在此基础上管理会计的形成并与财务会计相分离而单独成科是现代会计的开端。管理会计的产生和发展是会计史上的一次重大变革，从此现代会计形成了财务会计和管理会计两大分支。

1949 年中华人民共和国成立以后，我国的社会制度发生了根本性的变化。为了适应社会主义市场经济的发展和扩大对外开放的需要，1992 年财政部颁布了《企业会计准则》，于 1993 年 7 月 1 日起施行。这是引导我国会计工作与国际流行的会计实务接轨的一项重大措施。1998 年上半年又颁布了《现金流量表》和《资产负债表日后事项》等六个具体会计准则，至 2002 年年末财政部已陆续发布了 16 个具体会计准则，为会计核算提供具体规定。2000 年 6 月国务院发布了《企业财务会计报告》，进一步规范了企业财务会计报告的编制。2000 年以来财政部陆续发布了《企业会计制度》、《金融企业会计制度》、《小企业会计制度》，使企业会计核算的具体标准更明确，对提高会计信息质量有重要意义。为了规范企业会计确认、计量和报告行为，保证会计信息质量，财政部对《企业会计准则》进行修订，于 2006 年 2 月 15 日公布了新的《企业会计准则——基本准则》，同时公布了《企业会计准则第 1 号——存货》等 38 项具体准则，自 2007 年 1 月 1 日起施行。

1.1.2 会计的概念

会计是一门经济管理学科，它的理论与方法体系随着社会政治、经济和科学技术的发展以及经济管理的需要而不断发展和创新。综上所述，会计应包括 3 个方面的内容：会计是一种管理活动，是说明会计的本质；对经济活动进行核算和监督，是会计的基本职能；以货币作为主要计量单位，是会计的主要特点。由此得出：会计是以货币作为主要计量单位，运用特有的方法和程序，对一定会计主体的经济活动进行全面、综合、连续、系统地核算和监督，并向有关各方提供信息的一种经济管理活动。

随着经济的发展，会计除了反映和监督外，还通过预测、决策、计划、控制和分析等来谋求经济效益。实践证明，经济越发展，会计越重要。加强会计工作，对于加强经济管理，讲求经济效益，发展我国的现代化建设具有十分重要的意义。

1.1.3　会计的职能

会计的职能是指会计在经济管理中所具有的最基本的功能。现代会计的职能是核算、监督和参与经济决策。核算和监督是会计的两个基本职能，参与经济决策则是会计进一步发展的新职能。

1. 会计核算的职能

会计核算就是以货币为主要计量单位，从数量上对单位的经济活动进行计量、记录和报告，为经济管理提供真实、可靠的会计信息。会计核算贯穿于经济活动的全过程。从核算的时间上看，它既包括事后的核算，也包括事前、事中的核算；从核算的内容看，它既包括记账、算账、报账，又包括预测、分析和考核。

2. 会计的监督职能

会计监督，就是通过获得授权的机构或人员，对单位会计信息的生成过程和会计的运行环境施加影响，并使生成的会计信息符合相关规范或特定要求的活动。具体表现在会计人员按预期的目的和要求，通过预测、计划、控制、分析、考评等具体方法，对会计单位的经济活动进行会计监督。它具有以下 3 个特点。

（1）会计监督包括事后监督、事中监督和事前监督。

（2）会计监督主要利用价值指标进行，其次还需要进行实物监督。

（3）会计监督的内容有合法性监督和合理性监督两种。合法性监督根据国家颁布的法令、法规等进行的监督。合理性监督是指根据客观经济规律及经营管理方面的要求进行的监督。

会计监督的形式，既有单位内部的会计监督，又有单位外部的会计监督。

3. 参与经济决策

会计参与经济决策的职能，是在核算与监督两项基本职能基础上的进一步发展。现代企业的经营管理都必须力求保证经济决策的正确性。要保证经济决策的正确性，必须对经济情况进行全面、及时的预测，进行经济预测则又离不开会计所提供的资料，因此参与经济决策是会计的一项新的职能。随着社会生产的进一步发展和科学技术的不断进步，会计参与经济决策的职能也会越来越突出，并将成为会计在经济管理中更直接、更有效的职能。

1.1.4　会计的特点

会计的特点有以下几个方面。

（1）以货币作为主要计量单位。会计在对经济活动进行计量时可以采用 3 种计量单位，实物计量单位、劳动计量单位和货币计量单位。由于实物计量单位存在着较大的差异，而劳动计量单位存在着复杂性，所以这两种单位都不能对企业的经济活动进行综合计量。货币作为商品的一般等价物，能综合反映企业的生产成果，能全面、系统地反映企业的经营过程。

（2）采用专门的技术方法。为了正确地反映企业的经济活动，会计在长期发展过程中，形成了一系列科学实用的专门核算方法，即按照经济业务发生的顺序进行连续、系统、全面地记录和计算，为企业经营管理提供必要的经济信息。这些专门核算方法相互联系、相互配合，构成一个完整的核算和监督经济活动过程及其结果的方法体系，是会计管理区别于其他经济管理的重要特征之一。

（3）连续、系统和全面地对经济活动过程进行核算和管理。会计对实际发生的经济活动进行核算，要具有连续性、系统性和全面性。连续性是指会计的记录、计算和报告要连续进行，不能间断，只要经营是持续进行的，会计核算就必须连续进行。系统性是指必须按经济管理的要求，采用科学的方法，对会计核算资料进行加工整理，分类汇总，使之系统化。全面性是指凡应由会计进行核算的各项经济业务，都必须毫无遗漏地加以记录和计算，不能任意取舍。

1.2 会计对象

会计对象是会计核算和监督的内容，是社会再生产过程中，可以用货币表现的经济活动。明确会计对象，对于研究和运用会计方法具有重要的意义。

企业、行政事业单位经营活动的内容和方式各有不同，但他们的所有财产物资都是以货币形式表现出来的，并在经营活动中不断地发生变化，从而形成资金运动。资金运动具体到不同的企业、事业和行政单位又存在着较大的差异。即使同是企业，工业、农业、商业、交通运输、建筑业及金融业等也有各自资金运动的特点。

1. 会计对象在工业企业中的具体表现

工业企业的主要经营过程可分为供应、生产和销售 3 个阶段。其中：供应阶段是进行材料的采购和储备，是货币资金转化为储备资金的过程；生产阶段是通过材料消耗和支付各种费用等，使储备资金的一部分转化为生产资金，随着产品加工的完成验收入库，使生产资金转化为产品资金的过程；销售阶段是出售产品收回货款，使产品资金转化为货币资金的过程。在这 3 个过程中，货币资金一次不断改变其形态，称为资金的循环，周而复始地不断演变成为资金的周转。一般情况下收回的货币资金大于投入的货币资金，形成企业的净收入，企业对净收入进行分配时，一部分资金就退出循环。这样就完成了资金运动的一次循环。这种不断变化循环往复的资金运动就是工业企业会计核算和监督的对象，具体过程如图 1-1 所示。

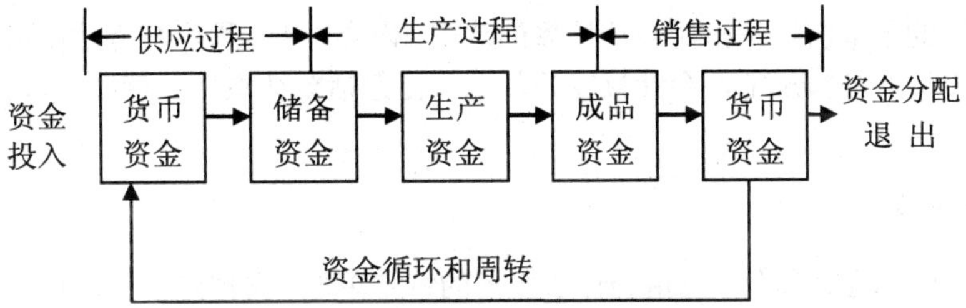

图 1-1　工业企业资金循环和周转

2. 会计对象在商品流通企业中的具体表现

商品流通企业的经营过程，由于经济活动一般只限于流通领域，因此，其资金运动的形式也与工业企业有所不同。它的经营活动一般存在着商品购进和销售两个过程，其资金周转主要是依照“货币—商品—货币”的方式不断依次进行。在商品购进阶段，货币资金转化为商品资金；在销售阶段，取得销售收入，商品资金又转化为货币资金。如此不断循环周转。同时，在商品流通企业的经营活动中，也同样会发生资金的投入、退出等增减变化，在商品流通企业的资金周转以及资金的投入、退出，就是它的资金运动，也是商品流通企业中会计所反映和监督的内容，具体过程如图 1-2 所示。

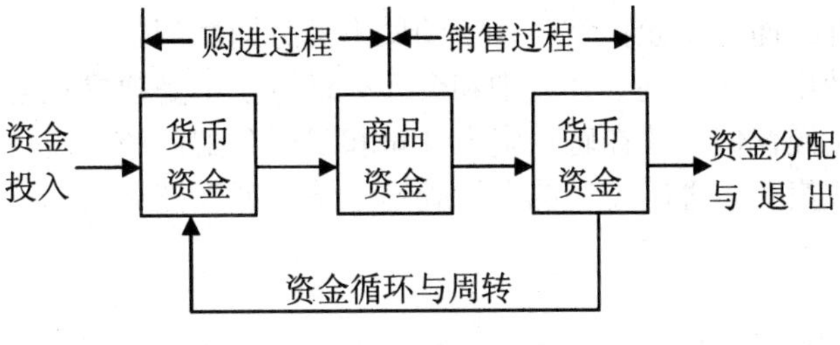

图 1-2　商品流通企业资金循环和周转

3. 会计对象在行政事业单位中的具体表现

行政事业单位，为了完成本身的工作任务，也需要拥有一定数量的资金。这些资金主要是列入财政预算，由国家拨给，并按批准的预算来支用，一般称为预算资金。在行政事业单位中，预算资金的收入和支出，构成了特定形式的预算资金运动。这就是行政事业单位中会计所反映和监督的内容。

1.3 会计核算的基本前提

会计核算的基本前提是指对会计核算的范围、内容、基本程序和方法做出的合理设定。我国《企业会计准则》规定，会计核算的基本前提包括会计主体、持续经营、会计分期和货币计量。

1. 会计主体

会计主体又称会计实体，是指会计所服务的特定单位。它规定了会计核算的空间范围。会计主体既可以是一个企业，也可以是若干企业组成的集团公司；既可以是法人，也可以是不具备法人资格的实体。作为会计主体，必须具备以下条件：一是具有一定数量的经济资源；二是进行独立的生产经营活动或其他活动；三是实行独立核算，提供反映本主体经济情况的会计报告。

会计主体不同于法律主体，一般法律主体都是会计主体，但会计主体不一定是法律主体。会计主体确定之后，会计人员才能站在特定会计主体的立场上准确反映其财务状况和经营成果。

2. 持续经营

持续经营是指会计主体的生产经营活动将无限期地经营下去，在可预见的将来不会倒闭及进行清算。它是针对在市场经济条件下，作为会计主体的企业存在竞争，其经营持续的期间具有不确定性，而为企业正常经营活动做出的时间性规定。

会计核算上所使用的一系列会计原则和会计处理方法都是建立在会计主体、持续经营前提的基础上，持续经营假设旨在解决资产计量和费用分配问题。在持续经营的前提下，企业的会计资料的收集和处理所使用的会计处理方法才能保持稳定。

3. 会计分期

会计分期是在会计主体持续经营假设的基础上，将会计主体持续经营的活动分割为一定期间，对其进行的期间划分。会计分期的目的在于通过会计期间的划分，定期核算经济活动的经营成果，从而及时地向有关方面提供反映经营成果和财务状况及其变动情况的会计信息。它是对会计工作时间范围的具体划分。

会计分期主要是确定会计年度，《中华人民共和国会计法》第十一条规定，我国会计年度自公历 1 月 1 日起至 12 月 31 日止。每一个会计年度还可具体划分为半年期、季度、月份。

4. 货币计量

货币计量是指在会计核算中，以货币作为计量单位记录、反映会计主体的经营情况，并假定在不同时期货币本身的币值不变。《企业会计制度》规定，会计核算以人民币为记账本位币。业务收支以外币为主的企业，也可以选择某种外币作为记账本位币，但编制财务报告时，应当折算为人民币反映。

综合以上会计核算的基本前提可知，会计核算要确定为之服务的特定单位和范围，采用货币为统一的尺度，在持续经营条件下选择恰当的会计方法对日常的经济业务记录、计算和反映，并按等距离期间定期完整、及时、准确地编制出会计报表。这就构成各会计主体开展会计工作、组织会计核算的前提条件。

1.4 会计核算方法

会计核算方法，就是对会计对象进行连续、系统、完整的核算和监督所应用的方法。一般包括设置会计科目及账户、复式记账、填制和审核凭证、登记账簿、成本计算、财产清查、编制会计报表等。

（1）设置会计科目及账户。会计科目是对会计对象的具体内容分门别类进行核算的项目。设置会计科目是根据会计对象的具体内容和组织管理要求，事先规定分类核算的项目，并在账簿中据以开设账户，分类地、连续地记录各项经济业务，反映由于经济业务的发生而引起的各会计要素的增减变动情况和结果，以便取得所需要的核算指标。会计科目的设置是会计制度的一项主要内容，对于正确运用填制凭证、登记账簿和编制会计报表等核算方法都具有十分重要的意义。

（2）复式记账。复式记账法是对每一笔经济业务，都要以相等的金额，同时在相互联系的两个或两个以上的账户中进行登记的一种记账方法。复式记账法能够全面、系统地反映每一项经济业务的来龙去脉和各项业务之间的联系。同时通过账户的平衡关系，可以检查有关业务的记录是否正确，核对凭证填制和账簿登记的正确性。

（3）填制和审核凭证。会计凭证是记录各项经济业务、明确经济责任的书面证明，是登记账簿的依据。对于已经发生的经济业务，都要由经办人员或有关单位填制凭证，并签名盖章。所有的凭证都要经过有关人员或部门的审核，才能作为记账的依据。通过填制和审核会计凭证，可以保证会计核算的质量，并明确经济责任，同时可以监督经济业务的合法性和合理性。

（4）登记账簿。账簿是用来全面、连续、系统地记录各项经济业务的簿籍。也是保证会计数据资料的重要工具。登记账簿是根据审核无误的会计凭证，按业务发生的时间顺序，分门别类地记入有关账户，并定期进行对账、结账，以提供完整的、系统的会计资料，成为正确编制会计报表的依据。

（5）成本计算。成本计算是按一定的成本对象，对生产经营过程中所发生的成本、费用进行归集，以确定各对象的总成本和单位成本的一种专门方法。通过成本计算，可以确定成本的构成，考核成本计划的完成情况，了解生产经营的成果，促使企业加强核算，节约开支，提高经济效益。

（6）财产清查。财产清查就是盘点实物，核对账目，查明各项财产物资和资金的实有数据。通过财产清查可以查明各项财产物资、债权债务、所有者权益等情况，加强物资管理，监督财产是否完整，并为正确核算损益提供准确资料。

（7）编制会计报表。会计报表是以一定的表格形式，对一定时期内账簿记录内容的总括反映。也是对编表单位一定时期的财务状况和经营成果进行综合反映的报告文件。通过编制会计报表可以为国家有关部门和企业及投资者、债权人集中地提供主要经济信息，为企业改善经营管理水平及有关投资者做出投资决策提供依据。

以上各会计核算方法是相互联系、紧密结合的，构成了一个完整的会计核算体系。会计核算的起点是采取货币形式对经济业务进行确认、计量，通过填制会计凭证按照账户内容性质运用复式记账方法进行分类记录，在财产清查的基础上按期计算成本，最后根据准确无误的会计信息编制会计报表，以综合反映一个会计主体的经营情况。

本章小结

会计是适应社会生产实践的客观需要而产生的，并随着社会经济的发展而不断发展和完善的。它是以货币为主要计量单位，对一定会计主体的经济活动进行全面、综合、连续、系统地核算与监督，并向有关各方提供有关信息的一种经济管理活动。

会计对象是社会再生产过程中，可以用货币表现的经济活动，即价值运动或资金运动。由于各单位的经济活动内容不同，其资金运动形式也有差异。

会计工作是建立在一定的会计假定基础上的。这些假定包括会计主体、持续经营、会计分期和货币计量。

会计核算方法是用来核算和监督会计对象，完成会计任务的方法。一般包括设置会计科目及账户、复式记账、填制和审核凭证、登记账簿、成本计算、财产清查、编制会计报表等。

思考题

一、单项选择题

1．会计的基本职能是（　　）。

A．分析与考核　B．核算与监督
C．预算与决策　D．以上全部都是
2．一般来说，会计主体与法律主体（　　）。
A．是有区别的　B．相互一致
C．不相关　D．相互可替代
3．会计对经济活动的反映主要是从哪些方面进行的？（　　）
A．实物方面　B．价值方面
C．数量方面　D．劳动方面
4．会计的一般对象可概括为（　　）。
A．生产领域的资金运动　B．预算资金的收支过程
C．商品流通领域的资金运动　D．再生产过程中的资金运动
5．会计的计量尺度主要是（　　）。
A．劳动量　B．实物　C．货币　D．时间
6．确定会计工作空间范围的前提条件是（　　）。
A．会计主体　B．持续经营　C．会计分期　D．货币计量
7．我国企业以（　　）为一个会计年度。
A．生产周期　B．企业开始设立的那一天到次年的同一天
C．日历年度　D．企业开始设立的那一天到终止的那一天
8．在一个会计期间发生的一切经济业务，都要依次经过的核算环节是（　　）。
A．设置会计科目、成本计算、复式记账
B．复式记账、财产清查、编制会计报表
C．填制审核凭证、登记账簿、编制会计报表
D．填制审核凭证、复式记账、编制会计报表
9．会计主体是指会计所服务的（　　）。
A．企业法人主体　B．债权人和债务人
C．投资者　D．一个特定单位
10．对会计工作时间范围的具体划分是（　　）。
A．会计主体　B．持续经营　C．会计分期　D．货币计量

二、多项选择题

1．会计核算的基本前提包括（　　）。
A．历史成本计价　B．会计主体　C．持续经营
D．会计分期　E．货币计量
2．下列项目中，属于会计核算具体方法的有（　　）。
A．复式记账　B．成本计算　C．财产清查

D．编制会计报表　　　　E．设置会计科目和账户

3．下列组织中，可以作为一个会计主体进行会计核算的有（　　）。

A．企业生产车间　　　　B．销售部门　　　　C．分公司　　　　D．企业集团

4．我国的企业会计期间可划分为（　　）。

A．会计年度　　　　B．会计季度　　　　C．会计月份　　　　D．会计半年度

5．下列表述中正确的有（　　）。

A．法人可以作为会计主体

B．会计主体可以是法人，也可以是非法人

C．会计主体可以是单一的企业，也可以是由几个企业组成的企业集团

D．企业内部的二级单位不能作为会计主体

三、判断题

1．会计主体就是法律主体。（　　）

2．会计核算主要以货币作为计量单位。（　　）

3．我国会计准则规定凡是在我国境内的企业会计核算必须以人民币为记账本位币。（　　）

4．会计核算和会计监督是会计工作的两项重要内容，在实际工作中应该严格区分开来，单独进行。（　　）

5．会计只能用货币计量，而不需要其他计量尺度。（　　）

6．会计主体是指经营性企业，不包括行政机关和事业单位。（　　）

四、简答题

1．什么是会计？它是如何产生和发展的？

2．会计有哪些基本职能？

3．什么是会计一般研究对象？其具体研究对象是什么？

4．会计核算方法体系包含哪些内容？

5．会计核算有哪些基本前提？其具体内容是什么？

第 2 章　会计要素与会计等式

【学习目标】

➢ **基本知识目标**

✧ 理解会计要素的概念，掌握会计要素的具体内容。

✧ 明确会计等式。理解和掌握经济业务发生变动对会计等式平衡关系的影响。

➢ **基本能力目标**

✧ 能结合会计事项，判断各会计要素。

✧ 能分析经济业务发生对会计等式平衡关系的影响。

【学习要求】

通过本章教学，使学生理解会计要素的含义，掌握会计要素的划分方法及其主要内容，理解各会计要素之间的关系；掌握会计等式以及经济业务发生对会计等式的影响。

2.1 会 计 要 素

会计要素是对会计对象按经济特征所作的分类，是会计对象的具体化，是构成会计报表的基本因素。它是由资产、负债、所有者权益、收入、费用和利润 6 大要素构成的。其中，资产、负债和所有者权益是反映企业财务状况要素，三者是构成资产负债表的基本框架因素，也可称为资产负债表的会计要素；收入、费用和利润是反映企业经营成果的会计要素，三者是构成利润表的基本框架因素，也可称为利润表要素。

2.1.1 反映财务状况的会计要素

企业财务状况是指企业在某一特定日期资产、负债及所有者权益的状况。反映企业财务状况的会计要素包括资产、负债和所有者权益 3 项。

1. 资产

资产是指企业过去的交易或者事项形成的、由企业拥有或控制的、预期会给企业带来经济利益的资源。资产具有以下 3 项基本特征。

（1）资产是企业拥有或控制的。可理解为，一项资源要作为企业资产予以确认，企业就应享有该资源的所有权，即企业可以按照自己的意愿使用或处置资产。对某种特殊情况下形成的，企业虽对其不享有所有权，却能实际控制的资产，也应确认为本企业资产。例如，融资租入固定资产，其所有权虽然不属于企业，但企业能够实际控制该资产，并在其使用期间能为企业带来经济利益，按照经济实质忠于法律形式的原则，应当确认为该企业的资产。

（2）资产是过去的交易或事项形成的。即资产是过去已经发生的交易或事项产生的结果。过去的交易或事项包括购买、生产、建造行为或其他交易或者事项。预期在未来发生的交易或者事项不形成资产，即资产必须是现实的资产，不是预期的。例如，6 月企业与 A 公司签订一份购买钢材的合同，8 月实际履行合同，购买行为发生。可以看出，6 月合同尚未履行即购买行为尚未发生，则不能在 6 月将该批钢材确认为资产。

（3）资产作为一项资源，预期会给企业带来经济利益。

所谓经济利益，是指直接或间接地流入企业的现金或现金等价物。也就是说，资产都应在未来为企业直接或间接带来经济利益。例如，企业收回应收款项、出售存货等可直接获得经济利益；也可通过对外投资方式间接获得经济利益。预期不能为企业带来经济利益的，就不能确认为企业的资产。例如，企业长期闲置不用或被淘汰的设备，不能给企业带来经济利益，就不应继续确认为企业的资产。

资产按其流动性不同，可分为流动资产和非流动资产。

（1）流动资产是指预计在一个正常营业周期中变现、出售或耗用，或者主要为交易目的而持有，或者预计在资产负债表日起 1 年内（含 1 年）变现的资产，以及自资产负债表日起一年内交换其他资产或清偿负债的能力不受限制的现金或现金等价物。流动资产主要包括现金、银行存款、交易性金融资产、应收票据、应收账款、预付账项、应收股利、其他应收款、存货等。

（2）非流动资产是指流动资产以外的资产，主要包括长期股权投资、固定资产、无形资产等。

① 长期股权投资是指企业持有的对其子公司、合营企业、联营企业的权益性投资和持有的对被投资单位不具有控制、共同控制或重大影响，且在活跃市场中没有报价、公允价值不能可靠计量的权益性投资。

② 固定资产是指企业为生产商品、提供劳务、出租给他人或为经营管理而持有的、使用年限超过 1 年、单位价值较高的有形资产。它同时具有以下两个特征：一是为生产商品、提供劳务、出租或经营管理而持有的，二是使用寿命超过一个会计年度，如房屋、建筑物、机械、运输设备等。不属于生产经营主要设备的物品，单位价值在 2 000 元以上，并且使用年限超过 2 年的，也作为固定资产。

③ 无形资产是指企业为生产商品、提供劳务、出租给他人或为管理而持有的没有实物形态的非货币性长期资产，如商标权、专利权、非专利技术、著作权、土地使用权等。

2. 负债

负债是指企业过去的交易或事项形成的、预期会导致经济利益流出企业的现实义务。负债具有以下特征。

（1）负债是由过去的交易或事项形成的现实义务。可理解为产生负债的交易或事项必须已经发生，企业在现行条件下已承担义务。例如，企业从银行取得借款会产生企业偿还借款的义务；企业购进货物或接受劳务产生应付账款等。对于未来发生的交易或事项形成的义务，不属于现实义务，不应确认为负债。例如，企业签订的进货合同等，并不构成企业的负债。

（2）负债的清偿预期会导致企业经济利益的流出。负债通常是在未来某一时日通过交付资产或提供劳务来清偿，即到期需要用企业的资产偿还债务，一般不能无条件取消，除非债权人主动放弃权益，如购进货物产生的应付账款，在偿还该笔账款时要支付现金或银行存款给对方，必然使企业的经济利益流出。

负债按其流动性不同，可分为流动负债和非流动负债。

① 流动负债是指预计在一个正常营业周期中清偿、或者主要为交易目的而持有、或者自资产负债表日起 1 年内（含 1 年）到期予以清偿、或者企业无权自主地将清偿推迟至资产负债表日后 1 年以上的负债。流动负债通常包括短期借款、应付票据、应付账款、应付股利、预收账款、应付职工薪酬、应交税费等。

② 非流动负债是指除流动负债以外的负债，即偿还期在 1 年或者超过 1 年的一个营业周期以上的负债，通常包括长期借款、应付债券、长期应付款等。

3. 所有者权益

所有者权益是指企业资产扣除负债后由所有者享有的剩余权益。公司的所有者权益又称为股东权益。所有者权益的来源包括所有者投入的资本、直接计入所有者权益的利得和损失、留存收益等。所有者权益具有以下特征。

（1）所有者投入的资本不需要企业偿还，其形成的资产可供企业长期使用，其出资额依法登记后，不得随意抽回，除非企业发生减资、清算。

（2）所有者投资形成的资产是企业偿债的物质保证。

（3）所有者凭借其享有的权益能够参与企业利润分配。

所有者权益包括实收资本（或者股本）、资本公积、盈余公积和未分配利润等。

（1）实收资本是指投资者按照企业章程或合同、协议的约定，实际投入企业的资本。投入企业的资本是投资者以现金、实物、无形资产以及其他方式实际投入企业经营活动的各种财产物资。按投资主体可分为国家资本金、法人资本金、个人资本金和外商资本金。

（2）资本公积是指企业收到投资者出资超过其注册资本或股本中所占份额的部分的资本或资产。

（3）盈余公积是指企业按照规定从税后利润中提取的各种积累资金，包括法定盈余公积、任意盈余公积等。

（4）未分配利润是指企业实现的净利润经过弥补亏损、提取盈余公积和向投资者分配利润后留存在企业的、历年结存的利润。

实收资本和资本公积是由所有者直接投入的，而盈余公积和未分配利润则是由企业在生产经营过程中实现的利润留存在企业所形成的，所以盈余公积和未分配利润又称为留存收益。

2.1.2 反映企业经营成果的会计要素

经营成果是企业在一定时期内取得的最终成果。反映企业经营成果的会计要素包括收入、费用和利润 3 项。

1. 收入

收入是指企业在日常活动中形成的、会导致所有者权益增加的、与所有者投入资本无关的经济利益的总流入，包括商品销售收入、劳务收入等。根据收入的定义，收入具有以下特征。

（1）收入是企业的日常活动产生的，不是偶然所得。这里的日常活动是指销售商品、提供劳务及让渡资产使用权等。

（2）收入的发生可能导致企业资产的增加，也可导致企业负债的减少，但与所有者投入资本无关。例如，企业对外销售产品或提供劳务，收取的款项或者取得收款的权利；向债权人提供商品或劳务，用于清偿债务等。但是企业资产的增加有时是由投资者投入资本引起的，投入资本的增加不应确认为收入，而应直接将其确认为所有者权益。

（3）收入能导致企业所有者权益的增加。不会导致所有者权益增加的经济利益流入不符合收入的定义，不应确认为收入。例如，企业从银行取得借款，会导致企业经济利益流入，但该流入并没有导致所有者权益增加，而是增加了企业偿债的义务，因此不应将借款确认为收入，而应确认为一项负债。

2. 费用

费用是指企业在日常活动中发生的、会导致所有者权益减少的、与向所有者分配利润无关的经济利益的总流出。根据定义，费用有以下特征。

（1）费用是企业日常活动中发生的。这里的日常活动与收入定义中界定相同。

（2）费用的发生会导致资产的减少或负债的增加，但不包括向投资者分配的利润。

（3）费用能导致所有者权益减少。不会导致所有者权益减少的经济利益的流出不符合费用的定义，不应确认为费用。例如，企业用银行存款偿还债务，该偿还行为使企业资产减少即经济利益的流出，但是并没有导致所有者权益减少，而是减少了企业的负债，因此不应将该经济利益流出确认为费用。

加工、制造业的费用通常是由产品生产成本和期间费用两部分构成的。一般情况下，产品生产成本是由直接材料、直接人工和制造费用这 3 个成本项目构成；期间费用包括管理费用、销售费用和财务费用。

3. 利润

利润是指企业在一定会计期间的经营成果。利润包括收入减去费用后的净额、直接计入当期利润的利得和损失等。利润有营业利润、利润总额和净利润。

（1）营业利润是指营业收入减去营业成本、营业税金、期间费用、资产减值损失、加上公允价值变动净收益、投资净收益后的金额。

（2）利润总额是指营业利润加上营业外收入减去营业外支出后的金额。

（3）净利润是指利润总额减去所得税费用后的金额。

2.2 会 计 等 式

会计等式是明确各会计要素之间基本关系的等式。企业要进行生产经营活动，必然要有一定的财产物资作基础，如企业的厂房、机器设备、原材料、现金等，会计上称为资产。而企业每一项财产物资都有一定的来源渠道，也就是说有一定的资产就有一定的资金来源。资产形成的资金来源渠道大致有两个：一是来源于企业的负债，也就是企业所承担的，需用资产或劳务偿还的债务，而债权人有权要求企业进行偿还，因此负债又称为债权人权益，如企业从银行取得借款，企业购进材料款项未付等，均需要企业定期偿还；二是来源于外部投入的资本，即所有者权益，一般不需要企业偿还。债权人权益即负债和所有者权益统称为权益。可见，资产和权益是一个事物的两个方面，有一定数额的资产，就有一定的权益；反之亦然。从数量上看二者是相等的。

1. 会计基本等式

任何企业和行政事业单位，为了完成其各自的任务，都必须拥有一定数量的资产，作为从事经济活动的基础。这些资产在经济活动中分布在各个方面，表现为不同的占用形态，如房屋、建筑物、机器设备、原材料、库存商品、货币资金等。这些资产都是从一定的来源取得的，资金取得或形成的来源渠道，在会计上称为负债和所有者权益。

资产和负债、所有者权益是财产资源这个同一体的两个方面，因而客观上存在必然相等的关系。即从数量上看，有一定数额的资产，必定有一定数额的负债和所有者权益；反之，有一定数额的负债和所有者权益，也必定有一定数额的资产。也就是说，资产与负债和所有者权益之间在数量上必然相等。这一平衡关系表现为以下会计等式：

资产＝权益

由于权益包括债权人权益和所有者权益，上述等式可表示为：

资产＝负债＋所有者权益

这个等式是会计基本等式，又称会计恒等式，它是反映企业的资产、负债和所有者权益3个会计要素之间的内在联系和数量上的平衡关系的等式，是复式记账、会计核算的理论基础，也是编制资产负债表的理论依据。

2. 资产和权益变动的经济业务对会计等式的影响

大家知道，会计等式反映了企业的资产、负债和所有者权益之间的基本关系。对于一个企业来说，在生产经营过程中所发生的经济业务，如取得借款、购买材料、销售商品、支付费用等，都会引起资产、权益的变动，但无论任何时点、任何业务的发生，都不会破坏会计平衡关系。企业的经济业务归纳起来有以下4种基本类型。

（1）资产和权益同时增加，增加金额相等。

① 一项资产和一项负债同时增加。

② 一项资产和一项所有者权益同时增加。

（2）资产和权益同时减少，减少金额相等。

① 一项资产和一项负债同时减少。

② 一项资产和一项所有者权益同时减少。

（3）资产内部有增有减，增减金额相等。

（4）权益内部有增有减，增减金额相等。

① 一项负债减少，另一项负债增加。

② 一项负债减少，一项所有者权益增加。

③ 一项所有者权益减少，另一项所有者权益增加。

④ 一项所有者权益减少，一项负债增加。

下面以华新公司2007年6月发生的部分经济业务为例，说明企业经济业务的发生对会计基本等式的影响。

【例2-1】企业从中兴工厂购进原材料26 000元，货款尚未支付。

这项经济业务的发生，使华新公司一方面增加了原材料26 000元，即等式左边的资产增加26 000元，同时使等式右边的应付账款增加26 000元，两边等额增加，会计等式保持平衡。

【例2-2】 企业接受外单位投入设备一台，价值30 000元。

这项经济业务的发生，使该公司固定资产增加了30 000元，即等式左边的资产增加了30 000元，同时也使等式右边所有者权益即实收资本增加了30 000元，两边等额增加，等式仍保持平衡。

【例 2-3】 华新公司用银行存款偿还所欠外单位的货款 6 000 元。

这项经济业务使该公司银行存款减少了 6 000 元，即等式左边资产减少了 6 000 元，同时也使等式右边负债即应付账款减少了 6 000 元，两边等额减少，等式仍保持平衡。

【例 2-4】 企业按法定程序报经批准，以银行存款 65 000 元，退还个人投资款。

这项经济业务的发生，使该企业银行存款减少 65 000 元，即等式左边资产减少 65 000 元，同时使等式右边实收资本减少 65 000 元，等式两边等额减少，等式保持平衡。

【例 2-5】 企业将现金 500 元存入银行。

这项经济业务的发生，使该公司现金减少了 500 元，即等式左边资产减少了 500 元，同时也使等式左边的资产即银行存款增加了 500 元，也就是说企业资产内部发生增减变动，资产总额不变，等式保持平衡。

【例 2-6】 企业开出商业承兑汇票一张（应付票据），用于抵付应付账款 7 800 元。

这项经济业务的发生，使该公司应付账款减少了 7 800 元，即等式右边负债减少了 7 800 元，同时也使等式右边的负债即应付票据增加了 7 800 元，也就是说企业负债内部发生增减变动，负债总额不变，等式保持平衡。

【例 2-7】 经协商，将前欠福宁公司货款 26 000 元，转作投资。

这项经济业务的发生，使该公司应付账款减少了 26 000 元，即等式右边负债减少了 26 000 元，同时也使等式右边的所有者权益，即实收资本增加了 26 000 元，也就是说企业权益内部发生增减变动，一项负债减少，一项所有者权益增加，权益总额不变，等式保持平衡。

【例 2-8】 企业按规定程序经批准后将盈余公积 20 000 元转增资本金。

这项经济业务的发生，使该公司的盈余公积减少 20 000 元，即等式右边的所有者权益减少了 20 000 元，同时使等式右边的所有者权益，即实收资本增加 20 000 元，也就是说企业的所有者权益内部发生增减变动，所有者权益总额不变，等式保持平衡。

【例 2-9】 企业按规定计算应付给投资者利润 14 000 元。

这项经济业务的发生，使该企业的应付股利增加了 14 000 元，即等式右边的负债增加了 14 000 元，同时使等式右边的所有者权益，即利润分配减少了 14 000 元，也就是说企业权益内部发生增减变动，一项负债增加，一项所有者权益减少，权益总额不变，等式保持平衡。

综上所述 9 种业务变化类型可以看出，企业发生的经济业务不论引起资产、负债、所有者权益如何变化，都不会破坏会计平衡关系。

3. 收入和费用的变动对会计等式的影响

众所周知，企业的生产经营过程是一个动态的资产活动过程。企业进行生产经营的目的就是要在生产经营活动中获取收入，实现利润，在取得收入的同时，也会发生相应的费用。只有将收入与费用进行对比，才能确定出企业在一定会计期间的盈利水平，计算出企业的利润。收入、费用和利润三者之间的关系可用公式表示为：

收入－费用＝利润

它反映的是收入、费用、利润之间的关系，是企业在一定会计期间的生产经营成果，也是编制利润表的理论基础。

企业在一定会计期间所取得的利润，必定以某种资产形式存在，并应归属于企业的投资者，即企业实现的利润使所有者权益增加，同时企业资产也等额增加；如果企业发生亏损，也会由投资者来承担，即使所有者权益减少，同时使企业资产也等额减少。上述会计等式又可转化为：

资产＝负债＋所有者权益＋收入－费用

资产＝负债＋所有者权益＋利润

企业实现的利润经过分配，一部分又转化为所有者权益，用公式表示为：

资产＝负债＋所有者权益

本章小结

会计要素对会计核算和监督内容的具体划分，是会计对象的具体化，是构成会计报表的基本因素。会计要素分为资产、负债、所有者权益、收入、费用和利润 6 大要素。

会计等式是明确各会计要素之间基本关系的等式，即“资产＝负债＋所有者权益”，是会计基本等式，也称会计恒等式。各种经济业务的发生，都会引起资产、负债、所有者权益的增减变动，但无论任何时点、任何业务的发生，都不会破坏会计平衡关系。

思考题

一、单项选择题

1．下列各项不属于会计要素的是（　　）。

A．收入　　B．负债　　C．财务状况　　D．所有者权益

2．下列各项目中，属于存货的是（　　）。

A．银行存款　　B．库存商品　　C．机器设备　　D．厂房

3．下列项目属于固定资产的是（　　）。

A．运输车辆　　B．原材料　　C．现金　　D．库存商品

4．下列各项经济业务中，仅引起资产有关项目一增一减的是（　　）。

A．从银行借款 10 000 元，存入银行备用
B．以银行存款偿还所欠外单位货款
C．以银行存款购进设备一台，价值 50 000 元
D．用现金发放工资 43 000 元
5．下列各项经济业务，引起资产和权益同时减少的是（　　）。
A．将现金 1 000 元存入银行
B．以银行存款 60 000 元偿付长期借款
C．以银行存款购进设备一台，价值 50 000 元
D．收到甲工厂偿还的购货款 80 000 元
6．会计科目是（　　）名称。
A．会计凭证　　B．会计报表　　C．会计账簿　　D．会计账户

二、多项选择题

1．下列各项属于资产的有（　　）。
A．银行存款　　B．预收账款　　C．库存商品　　D．机器设备
2．企业的存货包括（　　）。
A．原材料　　B．库存商品　　C．在产品　　D．固定资产
3．下列经济业务中，（　　）不会使会计等式两边发生等额增减变动。
A．以银行存款购买设备一台
B．从银行提取现金
C．从银行取得借款归还前欠某单位的购料款
D．以银行存款交纳税金
4．下列项目属于固定资产的是（　　）。
A．运输车辆　　B．原材料　　C．机器设备　　D．仓库
5．下列各项目中，不属于负债的有（　　）。
A．原材料　　B．预付账款　　C．应收账款　　D．预收账款
6．下列各项经济业务中，引起资产和权益同时增减变动的是（　　）。
A．以银行存款 100 000 元偿还银行贷款
B．开出应付票据 5 600 元抵付应付账款
C．以银行存款缴纳税金 20 000 元
D．从银行取得借款归还前欠某单位的购料款

三、判断题

1．存货属于企业的流动资产。（　　）
2．凡是用于生产产品的资产都是流动资产。（　　）

3．没有实物形态的资产都是无形资产。 （　　）

4．应收账款和预收账款均属于资产。 （　　）

5．凡资产都具有实物形态；凡负债均无实物形态。 （　　）

四、实训题

实训一

[目的] 熟悉资产的种类。

[资料] 兴业工厂有关资产如下。

1．机器设备 20 台，价值 1 000 000 元。

2．库存原材料 100 吨，价值 200 000 元。

3．尚未收回的货款 100 000 元。

4．现金 600 元。

5．银行存款 300 000 元。

6．厂房一栋，价值 2 300 000 元。

7．库存产成品 8000 件，价值 500 000 元。

8．仓库两栋，价值 390 000 元。

9．开办费 300 000 元，尚需摊销 4 年。

10．运货卡车 10 辆，价值 800 000 元。

11．其他应收款 1000 元。

12．甲产品商标权，价值 300 000 元。

13．职工宿舍 1 栋，价值 1 000 000 元。

14．预付货款 5 000 元。

要求：指出以上项目哪些属于流动资产，哪些属于长期投资，哪些属于固定资产，哪些属于无形资产和长期待摊费用？

实训二

[目的] 了解会计要素的内容。

[资料] 宏达工厂设有下列项目：

应收账款、应交税费、长期借款、盈余公积、资本公积、短期借款、交易性金融资产、无形资产、现金、实收资本、预收账款、预付账款、原材料、应付职工薪酬。

要求：指出哪些项目属于资产，哪些项目属于负债和所有者权益。

第 3 章　会计科目与账户

【学习目标】

➢ **基本知识目标**
  - ✧ 理解会计科目、账户的含义。
  - ✧ 掌握账户的基本结构，账户与会计科目的关系。

➢ **基本能力目标**
  - ✧ 理解会计科目与账户之间的关系，并能结合实际加以运用。
  - ✧ 熟悉各账户的核算内容，能够根据各会计要素内容确定账户。

【学习要求】

通过本章学习，应明确会计科目的含义及设置会计科目的意义，掌握账户设置的必要性以及账户的基本结构，理解账户与会计科目的关系。

3.1　会 计 科 目

1. 会计科目的概念

众所周知，会计是一个信息系统，它要满足有关各方面对会计信息的需求。而会计要素是对会计对象的基本分类，且 6 项会计要素仍显得过于粗略，难以达到对外提供信息这一目的。例如，企业所有者需要了解利润的构成情况，了解资产、负债及其构成情况；税务机关要了解企业欠缴税金的详细情况等。因此为了便于有关各方了解企业经济活动的全过程和结果，必须对会计要素作进一步的分类，这种对会计要素的具体内容进行分类核算的项目称为会计科目。

2. 会计科目的意义

设置会计科目是在对会计要素进行科学分类的基础上进行的，其目的就是要分门别类地核算和监督企业的各项经济业务，为各有关信息使用者提供全面、准确的会计信息，因此会计科目在会计核算中具有重要的意义。

（1）会计科目是复式记账的基础。复式记账要求对发生的每一笔经济业务都要在两个或两个以上相互联系的账户中进行登记，通过复式记账，可以全面地、相互联系地反映资金增减变化和财务收支变化情况，并掌握它的来龙去脉。而账户就是以会计科目为户名设置的。

（2）会计科目是编制记账凭证的基础。记账凭证是经济业务的书面证明，主要是根据所发生的经济业务确定应记录的会计科目、方向、金额的凭证，可以保证会计核算质量，明确经济责任，是登记账簿的依据。

（3）会计科目为成本计算与财产清查提供了前提条件。通过会计科目的设置，有助于企业对生产、经营过程中所发生的成本、费用进行归集核算，使各项成本计算成为可能；而通过账面记录与实际结存核对，又为财产清查、保证账实提供了必备的条件。

（4）会计科目为编制会计报表提供了方便。企业对外提供财务状况、经营成果等会计信息主要是会计报表，而会计报表许多项目与会计科目是一致的。

3. 会计科目设置的原则

会计科目是对会计要素具体内容的分类，科学合理地设置会计科目不仅直接影响着会计核算工作，而且也影响着会计信息质量。因此在会计科目设置过程中必须遵循以下原则。

（1）会计科目的设置必须将统一性和灵活性相结合。即会计科目的设置应当符合国家会计制度的规定，以保证会计信息的可比性；同时企业在不违反会计准则中确认、计量和报告规定的前提下，可以根据本单位的实际情况自行增设、分拆、合并会计科目。

（2）会计科目的设置必须结合会计对象的特点。由于企业的组织形式、所处行业、经营内容及业务种类等不同，在会计科目设置上也应有所区别。在合法性的基础上，应根据本单位自身特点，设置符合企业需要的会计科目，体现会计科目的实用性原则。

（3）设置会计科目要简单明了，通俗易懂。会计科目是分类核算的项目，设置时应力求简单明确、字义相符、简明适用，与会计制度保持一致。

4. 会计科目的分类

每一个会计科目都明确反映特定的经济内容，但各会计科目并非彼此独立，而是相互联系、相互补充地组成一个完整的会计科目体系。为了便于了解会计科目之间的相互关系，正确掌握和运用会计科目，有必要对会计科目进行适当的分类。

（1）按会计科目反映的经济内容分类

这种分类是主要的、基本的分类，是其他分类方法的基础。企业会计科目按其反映的经济内容划分，可分为6大类：资产类、负债类、共同类、所有者权益类、成本类和损益类。其具体划分可参见会计科目表。

（2）按会计科目提供信息的详细程度不同分类

会计科目按其提供信息的详细程度不同，可分为总分类科目和明细分类科目。总分类科目，又称总账科目或一级科目，是对会计要素具体内容进行总括分类、提供总括信息的会计科目，如“原材料”、“应收账款”、“库存商品”等。明细分类科目，也称为明细科目或细目，是对总分类科目作进一步分类、提供更详细更具体会计信息的科目。例如，“库存商品”科目可按商品的类别、品名、规格、型号等设置明细科目，反映库存商品的具体构成；“应收账款”科目应按债务人名称或姓名设置明细科目，反映应收账款的具体对象。

对于明细科目较多的总账科目，可在总分类科目与明细分类科目之间设置二级科目，也称为子目。它比总账科目提供的信息详细、具体，明细科目又比二级科目提供的信息详细、具体。二级科目和明细科目均属于明细分类科目。现以原材料为例，用表 3-1 表示总分类科目和明细分类科目的直接关系。

表 3-1　总分类科目和明细分类科目的直接关系

总分类科目（一级科目）	明细分类科目	
	二级科目（子目）	明细科目（细目）
原材料	原料及主要材料	机箱
		芯片
		线路板
	辅助材料	电焊条
		铜丝

参照我国《企业会计准则——应用指南》，企业会计科目设置如表 3-2 所示。

表 3-2　企业会计科目设置参照表

顺序号	编号	名　称	顺序号	编号	名　称
		一、资产类	47	2202	应付账款
1	1001	库存现金	48	2203	预收账款
2	1002	银行存款	49	2211	应付职工薪酬
3	1012	其他货币资金	50	2221	应交税费
4	1101	交易性金融资产	51	2231	应付利息
5	1121	应收票据	52	2232	应付股利
6	1122	应收账款	53	2241	其他应付款
7	1123	预付账款	54	2314	代理业务负债
8	1131	应收股利	55	2401	递延收益
9	1132	应收利息	56	2501	长期借款
10	1221	其他应收款	57	2502	应付债券
11	1231	坏账准备	58	2701	长期应付款
12	1321	代理资产业务	59	2702	未确认融资费用
13	1401	材料采购	60	2711	专项应付款

（续表）

顺序号	编号	名　称	顺序号	编号	名　称
14	1402	在途物资	61	2801	预计付债
15	1403	原材料	62	2901	递延所得税负债
16	1404	材料成本差异			三、共同类
17	1405	库存商品	63	3101	衍生工具
18	1406	发出商品	64	3201	套期工具
19	1407	商品进销差价	65	3202	被套期项目
20	1408	委托加工物资			四、所有者权益类
21	1411	周转材料	66	4001	实收资本
22	1471	存货跌价准备	67	4002	资本公积
23	1501	持有至到期投资	68	4101	盈余公积
24	1502	持有至到期投资减值准备	69	4103	本年利润
25	1503	可供出售金融资产	70	4104	利润分配
26	1511	长期股权投资	71	4201	库存股
27	1512	长期股权投资减值准备			五、成本类
28	1521	投资性房地产	72	5001	生产成本
29	1531	长期应收款	73	5101	制造费用
30	1532	未实现融资收益	74	5201	劳务成本
31	1601	固定资产	75	5301	研发支出
32	1602	累计折旧			六、损益类
33	1603	固定资产减值准备	76	6001	主营业务收入
34	1604	在建工程	77	6051	其他业务收入
35	1605	工程物资	78	6101	公允价值变动损益
36	1606	固定资产清理	79	6111	投资收益
37	1701	无形资产	80	6301	营业外收入
38	1702	累计摊销	81	6401	主营业务成本
39	1703	无形资产减值准备	82	6402	其他业务成本
40	1711	商誉	83	6403	营业税金及附加
41	1801	长期待摊费用	84	6601	销售费用
42	1811	递延所得税资产	85	6602	管理费用
43	1901	待处理财产损溢	86	6603	财务费用
		二、负债类	87	6701	资产减值损失
44	2001	短期借款	88	6711	营业外支出
45	2101	交易性金融负债	89	6801	所得税费用
46	2201	应付票据	90	6901	以前年度损益调整

3.2 账　　户

1. 账户的概念

通过学习可以知道，会计科目是对会计对象具体内容所进行的分类，它只是一个分类核算的项目，没有结构的问题，它不能记录经济业务所引起的各项会计要素的增减变动情况及其结果。而企业要连续、全面、系统地记录各项经济业务对会计要素的增减变动的情况及结果，必须根据会计科目设置相应的账户。因此账户是根据会计科目开设的，用来分类反映会计要素增减变动情况及其结果的一种手段。例如，会计科目中有“银行存款”科目，而根据这个会计科目开设的账户，也称为“银行存款”账户。会计账户以会计科目为户名，并且具有一定的结构。设置账户是会计核算的基本方法之一。

账户分类可与会计科目分类相对应，按会计科目反映的经济内容分类，账户有资产类账户、负债类账户、共同类账户、所有者权益类账户、成本类账户和损益类账户；按会计科目提供信息的详细程度及其统驭关系不同，账户可分为总分类账户（总账账户或总账）和明细分类账户（简称明细账）。

2. 账户的基本结构

为了连续、系统地反映各会计要素的增减变动情况及其结果，每一个账户必须具备一定的结构。各项经济业务引起各会计要素的增减变动，从数量上看只有增加和减少两种情况。因此账户的结构也相应地分为两个基本部分：一部分记录会计要素的数额增加；另一部分记录会计要素数额的减少。通常可把账户分为左右两方，一方记增加数，另一方记减少数。

在实际工作中，账户的格式是根据需要设计的。一般来说，设计账户格式时，应包括以下基本内容。

（1）账户名称（即会计科目）。

（2）日期和摘要。日期是指记账的日期；摘要是对经济业务内容的简要说明。

（3）凭证种类及号数是账户记录的资料来源和依据。

（4）金额：记录经济业务引起资金的增减金额及余额。

在会计工作中使用的一般账户格式，如表 3-3 所示。

表 3-3　账户名称（会计科目）

年		凭　证		摘　要	借　方	贷 方	借或贷	余 额
月	日	种类	号数					

教学中为了方便，常用简化形式“T”形账户，来说明账户的基本结构，如图 3-1 所示。

左方　账户名称（会计科目）	右方

图 3-1 “T”形账户的简化形式

在账户的左右两方，分别记录账户的增加数和减少数，增减相抵后的金额，称为账户的余额。账户内所登记的本期增加发生额，为本期增加发生额；账户内所登记的减少发生额，为本期减少发生额；本期增加发生额和本期减少发生额统称为本期发生额。余额又有期初余额和期末余额之分。期初余额是指某一时期的期初账户余额；期末余额是指某一时期的期末结出的账户余额，本期期末余额转入下一会计期间，即为下期的期初余额。期末余额可根据下列公式计算：

期末余额＝期初余额＋本期增加发生额－本期减少发生额

在账户中，左右两方具体由哪一方登记增加数，哪一方登记减少数，取决于所采用的记账方法和记录的经济业务内容。账户的余额一般与记录的增加数额在同一方向，如图 3-2 所示。

账户名称（会计科目）

期初余额	
本期增加发生额	本期减少发生额
期末余额	

（a）

账户名称（会计科目）

	期初余额
本期减少发生额	本期增加发生额
	期末余额

（b）

图 3-2 账户的基本结构

3. 账户与会计科目的联系和区别

账户与会计科目是既有联系又有区别的两个概念。

（1）二者联系。会计科目是账户的名称；没有会计科目，就没有会计账户；而经济业务引起的资金增减变动只有通过账户才能得以体现，没有会计账户，就无法发挥会计科目的作用。

（2）二者区别。会计科目是会计要素的具体项目名称，只能表示经济业务的性质和内容，不存在结构；而账户既有名称、内容又有一定的结构，并通过结构可以连续、系统地记录各项经济业务的增减变化情况及结果。在实际工作中，会计科目与会计账户是通用的。

本章小结

会计科目是在对会计要素进行科学分类的基础上进行的，其目的就是要分门别类地核算和监督企业的各项经济业务，为各有关信息使用者提供会计信息。而账户是对会计科目所反映经济业务内容，进行连续、系统记录的一种工具或手段。任何账户都可分为左右两个部分，即“增加”、“减少”两个基本部分，左右两方具体由哪一方登记增加数，哪一方登记减少数，取决于所采用的记账方法和记录的经济业务内容。账户的余额一般与记录的增加数额在同一方向。

思考题

一、单项选择题

1．会计科目是（　　）的名称。

A．会计账簿　B．会计报表　C．会计凭证　D．会计账户

2．下列各项中，属于资产类账户的是（　　）。

A．“应付职工薪酬”账户　B．“银行存款”账户

C．“实收资本”账户　D．“预收账款”账户

3．下列各项中，属于成本类账户的是（　　）。

A．“制造费用”账户　B．“主营业务成本”账户

C．“生产成本”账户　D．“管理费用”账户

4．企业预付的货款属于（　　）。

A．资产类　B．负债类　C．损益类　D．成本类

5．账户的总分类核算可以使用（　　）。

A．货币量度　B．实物量度　C．劳动量度　D．其他量度

二、多项选择题

1．下列各项中，属于所有者权益类账户的是（　　）。

A．“实收资本”账　　　　B．“主营业务收入”账户

C．“资本公积”账户　　　　D．“营业外收入”账户

2．下列会计科目属于资产类的有（　　）。

A．应收账款　　B．应付账款　　C．应交税费　　D．预付账款

3．会计账户一般应包括（　　）等基本内容。

A．账户名称　　B．日期和摘要　　C．凭证字号　　D．增减金额

4．下列观点中，正确的是（　　）。

A．会计科目是账户的名称。

B．会计账户是根据会计科目开设的。

C．会计账户是根据账簿开设的。

D．账户有一定的结构，而会计科目没有结构。

三、判断题

1. 账户的基本结构分为借方、贷方和余额 3 个部分。（　　）

2．“主营业务收入”、“主营业务成本”和“本年利润”属于损益类会计科目。（　　）

3．所有账户的左方都记录增加数额，右方记录减少数额。（　　）

4．“应交税费”、“应付职工薪酬”属于负债类会计科目。（　　）

四、实训题

[目的] 掌握会计科目和账户的应用。

[资料]

1. 2007 年 4 月，振华工厂的“现金”账户有月初余额 15 000 元，本月收入现金计 83 000 元，本月支用现金 60 000 元。

要求：计算该厂“现金”账户月末余额。

2．2007 年 6 月，星光工厂“短期借款”账户的月初余额为 60 000 元，本月从银行再借入短期借款 300 000 元，月末，该厂“短期借款”账户尚有贷方余额 250 000 元。

要求：计算本月共偿还短期借款金额。

3．2007 年 6 月，宏达工厂“盈余公积”账户有月初余额 700 000 元，月内经批准，将盈余公积 500 000 元转作实收资本，月末从税后利润中提取盈余公积 160 000 元。

要求：计算月末“盈余公积”余额。

4．2007 年 7 月 1 日，东方工厂“银行存款”账户的期初余额为 50 000 元，4 月发生的银行存款收支业务如下。

（1）4日，用银行存款支付购货款10 000元。

（2）8日，收取货款40 000元存入银行。

（3）15日，从银行提取现金30 000元。

（4）24日，收回销货款60 000元存入银行。

（5）26日，用银行存款购买原材料15 000元。

要求：计算2007年7月31日该厂“银行存款”账户的月末余额。

5．2007年7月31日新华公司“短期借款”账户有余额150 000元，8月发生的涉及该账户的有关经济业务如下。

（1）5日，以银行存款50 000元归还到期的短期借款。

（2）10日，从银行贷款100 000元用于购买原材料，贷款期为3个月。

（3）15日，以银行存款15 000元偿付短期借款。

（4）25日，以银行存款25 000元偿付短期借款。

要求：计算出2007年8月31日该公司“短期借款”账户的期末余额。

第4章 复式记账

【学习目标】

➢ ***基本知识目标***

✧ 通过本章学习，掌握复式记账法的概念、复式记账的理论依据及复式记账法的基本内容。

✧ 掌握借贷记账法的概念及借贷记账的基本内容。

➢ ***基本能力目标***

✧ 能够运用借贷记账方法编制会计分录，进行简单的会计业务处理。

✧ 掌握借贷记账法的试算平衡方法，运用试算平衡原理熟练编制试算平衡表。

【学习要求】

通过本章教学，应重点掌握借贷记账法的基本内容，能结合具体业务编制会计分录。

4.1 记账方法概述

企业所发生的各种经济业务，都必须依据所设置的会计科目，采用一定的记账方法，在相应的账户中加以记录。上一章已经介绍了会计科目及账户，本章将在上一章的基础上，解决有关记账方法的问题。

所谓记账方法，就是利用一定的方式和技术，借助会计科目和账户，在账簿中记录经济业务的方法。记账方法按记账方式分为单式记账法和复式记账法两种。

（1）单式记账法。单式记账法是指对于发生的每一项经济业务只在一个账户中进行登记的方法。它一般只登记货币资金的收付业务和各项人欠、欠人的往来款项。例如，以银行存款购买原材料，只在银行账上记录银行存款的减少，而不记录原材料的增加。这种记账方法使账户之间的记录没有直接必然的联系，也没有相互平衡的关系，不能全面地反映经济业务的来龙去脉，不便于检查账户记录是否正确。

（2）复式记账法。复式记账法是对每一项经济业务，都要以相等的金额，同时在相互联系的两个或两个以上的账户中进行登记的一种记账方法。如上例用银行存款购买原材料的业务，按照复式记账方法，则应以相等的金额，一方面在银行账上记录银行存款的减少，另一方面在原材料账上记录原材料的增加。

与单式记账法相比较，复式记账法有 3 个明显的特点：一是设置了完整的账户体系，能全面反映和监督所有的经济业务；二是对所发生的经济业务都要按规定的会计科目，至少在两个账户上相互联系地进行记录，以反映每项经济业务的来龙去脉；三是对每项经济业务都以相等的金额在相关账户中进行记录，便于对记录的结果进行试算平衡，以检查账户记录的正确性。

复式记账法以“资产＝负债＋所有者权益”的会计基本等式作为理论依据。根据这一平衡原理，任何一项经济业务的发生，都会引起资产、负债和所有者权益之间至少两个项目发生增减变化，而且增减金额相等。也就是说，不管资金怎样增减变化，资产总量总是与负债及所有者权益的总量相等。其资金增减变化也不外乎如图 4-1 所示的 4 种情况。

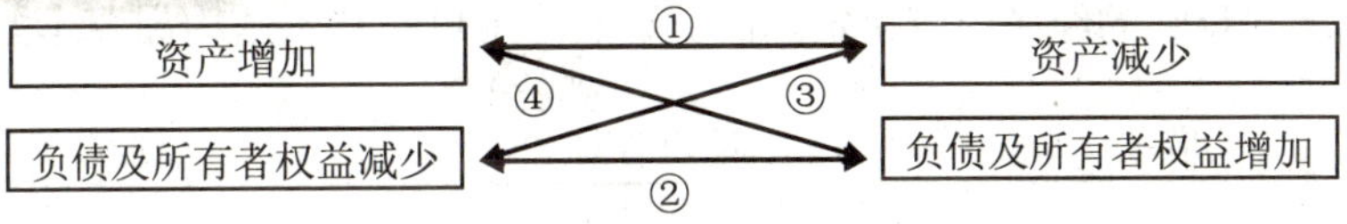

图 4-1　资金增减变化图

复式记账法由于科目分类、记账符号、记账规则和试算平衡等方面的不同，形成了不同的复试记账法，主要有借贷记账法、增减记账法和收付记账法。随着会计核算的规范化，1993 年 7 月 1 日，我国《企业会计准则》规定，各类企业一律采用借贷记账法。

4.2　借贷记账法

借贷记账法是以“借”和“贷”作为记账符号，反映各项会计要素增减变动情况的一种复式记账法，是各种复式记账法中应用最广泛的一种方法。

借贷记账法起源于 13 世纪的意大利，在清朝末期的光绪年间从日本传入中国。在各种复式记账法中，借贷记账法是产生最早，并在当今世界各国应用最广泛、最科学的记账方法。目前，我国企业、事业单位会计记账均采用借贷记账法。

借贷记账法的基本内容包括记账符号、账户结构、记账规则和试算平衡。

1. 借贷记账法的记账符号

记账符号是为了使会计记录简明扼要地表达其经济内容，而使用的一对既简单明了，又固定划一的记录符号。借贷记账法把“借”和“贷”作为记账符号，用以标明记账方向，反映各项会计要素增加或减少的变化情况。在借贷记账法下，“借”、“贷”二字已不存在原来的含义，只是一对记账符号，与账户的基本结构相联系。在现代会计中，“借”和“贷”作为记账符号包含 3 层含义。

（1）账户中借方和贷方两个对立部位，用来指明在账户中应计入的两个不同方向。

（2）构成会计分录中的两个或两个以上的对应账户的相互关系，可用来了解一笔经济业务所引起的资金增减变化的来龙去脉。

（3）已登记在账户中两个对立部位的数字所包含的不同经济内容，可用来说明账户的经济性质。

2. 借贷记账法的账户结构

账户按经济内容分为资产类、负债类、所有者权益类、成本类和损益类账户。在借贷记账法下，账户的左方称为“借方”，右方称为“贷方”。但哪一方登记增加，哪一方登记减少，则要根据账户反映的经济内容决定。借贷记账法账户的基本结构如图 4-2 所示。

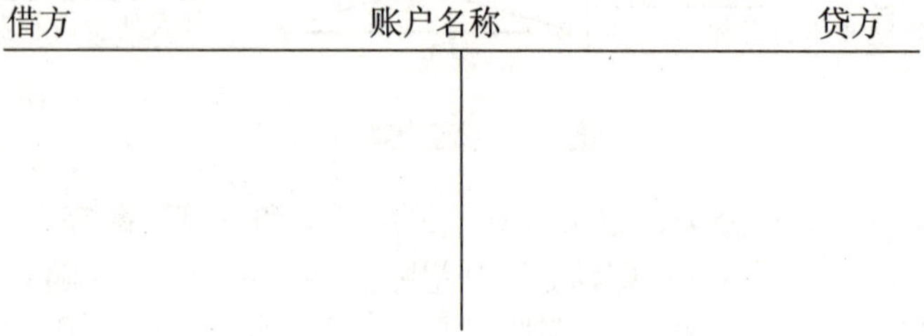

图 4-2 借贷记账法账户的基本结构

（1）资产类账户

资产类账户按照会计惯例，账户的借方记录资产的增加额，贷方记录资产的减少额。在一个会计期间内（如月、季或年）借方记录的合计数称为“借方发生额”，贷方记录的合计数称为“贷方发生额”。资产类账户如果有期末余额，一般在借方。其计算公式如下：

资产类账户借方期末余额＝借方期初余额＋本期借方发生额－本期贷方发生额

资产类账户的结构，如图 4-3 所示。

借方　　　资产类账户	贷方
期初余额	
本期增加额	本期减少额
本期发生额	本期发生额
期末余额	

图 4-3 资产类账户的结构

（2）权益（负债及所有者权益）类账户

权益类账户结构与资产类账户结构相反，其贷方记录权益的增加额，借方记录权益的减少额。权益类账户如果有期末余额，一般在贷方。其计算公式如下：

权益类账户贷方期末余额＝贷方期初余额＋本期贷方发生额－本期借方发生额

权益类账户的结构，如图 4-4 所示。

借方　　权益类账户	贷方
	期初余额
本期减少额	本期增加额
本期发生额	本期发生额
	期末余额

图 4-4　权益类账户的结构

（3）成本类账户

成本是企业生产经营过程中能够被产品承担的费用，当产品加工完成后，即转化为产成品。因此，成本实际上也是一种资产，其账户结构与资产类账户结构基本相同。其借方记录成本的增加额，贷方记录成本的减少额或转销额。成本类账户如果有期末余额，一般在借方，表示在产品成本。成本类账户的结构，如图 4-5 所示。

借方　　成本类账户	贷方
期初余额	
本期增加额	本期减少额或转出额
本期发生额	本期发生额
期末余额	

图 4-5　成本类账户的结构

（4）损益类账户

损益作为企业的财务成果，是企业某个会计期间取得的收入和发生的与之配比的费用相抵之后的差额。因此，损益类账户可分为费用支出类和收入类两部分。由会计等式的扩展公式：

资产＝负债＋所有者权益＋（收入－费用）

整理后得：

资产＋费用＝负债＋所有者权益＋收入

由此可以看出，费用支出类账户的结构与资产类账户的结构基本相同。费用支出类账户借方记录增加额，贷方记录减少额或转出额。由于与收入相配比的费用支出在会计期末要全部转出，与收入相抵。所以费用支出类账户期末无余额。费用支出类账户的结构，如图 4-6 所示。

借方	费用类账户 贷方
本期增加额	本期转出额
本期发生额	本期发生额

图 4-6 费用支出类账户的结构

收入类账户结构与权益类账户结构基本相同，贷方记录增加额，借方记录减少额或转出额。收入类账户与费用类账户相同，期末无余额。收入类账户的结构，如图 4-7 所示。

借方	收入类账户 贷方
本期转出额	本期增加额
本期发生额	本期发生额

图 4-7 收入类账户的结构

根据以上对各类账户结构的说明，现将借贷记账法下账户借方和贷方所记录的经济内容加以归类，以便初学者掌握，如图 4-8 所示。

借方	账户名称 贷方
资产的增加 负债的减少 所有者权益的减少 收入的减少 费用的增加	资产的减少 负债的增加 所有者权益的增加 收入的增加 费用的减少

图 4-8 各类账户结构的说明

3. 借贷记账法的记账规则

记账规则是采用一定的记账方法记录经济业务时所必须遵循的规律。借贷记账法对发生的每一笔经济业务都要以相等的金额，同时在两个或两个以上相互联系的账户中进行登记。记入一个账户的借方的同时，必然要记入另一个账户的贷方，或记入一个账户的借方（或贷方）的同时，必然要记入另几个账户的贷方（或借方），而且记入借方账户和贷方账户的金额必然相等。由此形成了借贷记账法的记账规则："有借必有贷，借贷必相等"。

借贷记账法记账规则的应用现举例如下。

【例 4-1】 企业用银行存款 8 000 元，偿还前欠某企业的货款。

这项经济业务的发生，使银行存款这一资产项目减少 8 000 元，同时引起应付账款这一负债项目也减少 8 000 元。资产减少，应记在“银行存款”账户的贷方；负债减少，应记在“应付账款”账户的借方。这项经济业务登账的结果如图 4-9 所示。

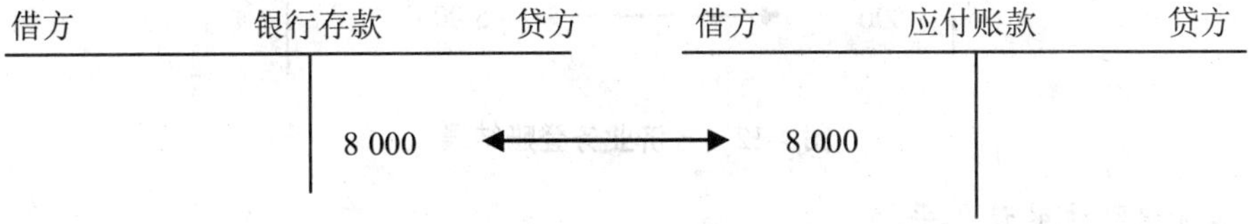

图 4-9　经济业务登账结果

【例 4-2】 企业收到投资者投入的货币资金 100 000 元，存入银行。

这项经济业务的发生，使银行存款这一资产项目增加 100 000 元，同时引起实收资本这一所有者权益项目也增加 100 000 元。资产增加，应记在“银行存款”账户的借方；所有者权益增加，应记在“实收资本”账户的贷方。这项经济业务登账的结果如图 4-10 所示。

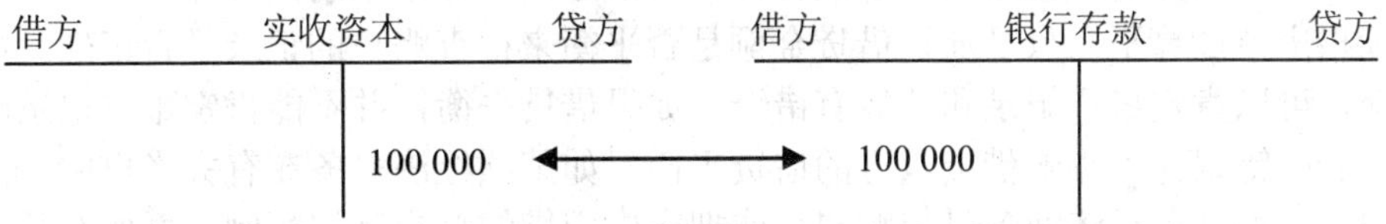

图 4-10　经济业务登账结果

【例 4-3】 企业将现金 10 000 元存入银行。

这项经济业务的发生，使银行存款这一资产项目增加 10 000 元，同时引起现金这一资产项目减少 8 000 元，资产一增一减。资产增加，应记在“银行存款”账户的借方；资产减少，应记在“库存现金”账户的贷方。这项经济业务登账的结果如图 4-11 所示。

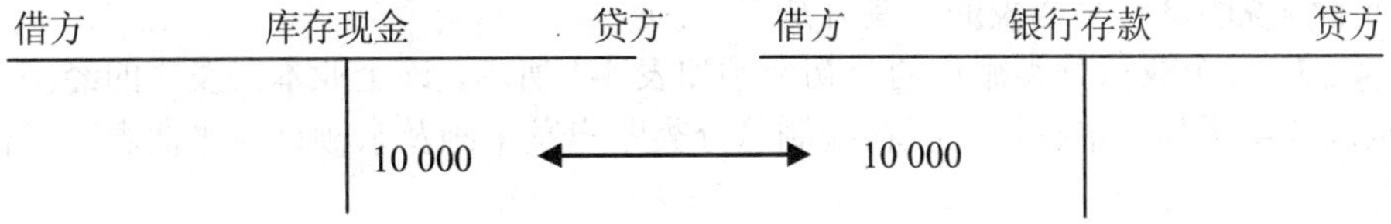

图 4-11　经济业务登账结果

【例 4-4】 企业赊购原材料一批，金额为 5 000 元，材料已入库。

这项经济业务的发生，使原材料这一资产项目增加 5 000 元，同时引起应付账款这一负债项目增加 5 000 元。资产增加，应记在“原材料”账户的借方；负债增加，应记在“应付账款”账户的贷方。这项经济业务登账的结果如图 4-12 所示。

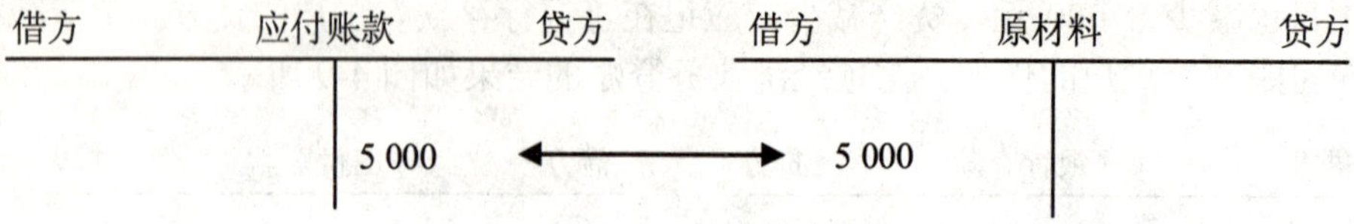

图 4-12　经济业务登账结果

4. 借贷记账法的试算平衡

所谓试算平衡就是根据资产和权益之间的平衡关系来检查账户记录是否正确的方法。

在借贷记账法下，对每一项经济业务都是按照“有借必有贷，借贷必相等”的记账规则登记账户。因此，在一定时期内，所有账户的本期借方发生额合计数和本期贷方发生额合计数必然相等；所有账户的期末借方余额与所有账户的期末贷方余额也必然相等。试算平衡有发生额试算平衡和余额试算平衡，其试算平衡公式如下：

全部账户本期借方发生额合计＝全部账户本期贷方发生额合计

全部账户借方期末余额合计＝全部账户贷方期末余额合计

必须指出，试算平衡只是通过借贷金额是否平衡来检查账户的记录是否正确。如果借贷不平衡，可以肯定账户记录和计算有错误。如果借贷平衡，并不能肯定账户记录没有错误，因为有些错误并不影响借贷双方的借贷平衡。如某项经济业务在有关账户中全部被漏记或重记；又如某项经济业务错记账户，或把应借应贷的账户互相颠倒；再如对某项经济业务，记入有关账户的借贷金额出现等额多记或等额少记等。这些错误并不能通过试算平衡发现。所以只根据试算平衡的结果，并不足以说明账户记录没有错误。因此，需要对一切会计记录进行日常或定期的复核，以保证账户记录的正确性。

试算平衡是通过编制总分类账户试算平衡表进行的。因此，试算平衡表又称总分类账户本期发生额及余额表，它是用来验算全部总分类账户的本期发生额和期初、期末余额是否平衡的一种试算表。

下面举例说明试算平衡表的编制方法。

【例 4-5】 某企业总分类账户的月初余额如表 4-1 所示。该企业本月发生的经济业务如例 4-1 至例 4-4 所列。根据以上资料编制总分类账户发生额及余额试算平衡表，其格式如表 4-2 所示。

表 4-1　某企业总分类账户的月初余额

单位：元

资　产	金　额	负债及所有者权益	金　额
库存现金	25 500	短期借款	11 000
银行存款	25 000	应付账款	8 000
原材料	10 000	实收资本	65 500

（续表）

资　产	金　额	负债及所有者权益	金　额
固定资产	70 000	盈余公积	20 000
		资本公积	26 000
合　计	130 500	合　计	130 500

表 4-2　发生额及余额试算平衡表

单位：元

账户名称	期初余额		本期发生额		期末余额	
	借方	贷方	借方	贷方	借方	贷方
库存现金	25 500			10 000	15 500	
银行存款	25 000		110 000	8 000	127 000	
原 材 料	10 000		5 000		15 000	
固定资产	70 000				70 000	
短期借款		11 000				11 000
应付账款		8 000	8 000	5 000		5 000
实收资本		65 500		100 000		165 500
盈余公积		20 000				20 000
资本公积		26 000				26 000
合　计	130 500	130 500	123 000	123 000	227 500	227 500

4.3　账户对应关系和会计分录

1. 账户对应关系

运用借贷记账法记账时在有关账户之间都会形成应借、应贷的相互关系，这种关系叫做账户对应关系。发生对应关系的账户叫对应账户。账户之间的对应关系取决于所发生的经济业务性质。反过来，通过账户的对应关系，又可以了解经济业务的内容。例如，企业接受某人投资 100 000 元，记入“银行存款”账户借方 100 000 元和“实收资本”账户贷方 100 000 元。由于这项经济业务而使“银行存款”账户和“实收资本”账户发生了应借、应贷的相互关系，这两个账户成为对应账户。通过这两个账户的对应关系，也可以了解到银行存款的增加，是由于增加了实收资本，即接受投资引起的。需要指出的是，账户的对应关系是相对某项具体经济业务而言的，并非指某个账户与某个账户是固定的对应关系。

2. 会计分录

经济业务发生后为了保证账户对应关系的正确性，便于记账，在记账前，应根据经济业务所涉及的会计科目、借贷方向和金额，编制会计分录。所谓会计分录（简称分录），是指对某项经济业务表明其应借、应贷账户及金额的记录。在实际工作中，会计分录都填写在记账凭证上。账户名称、账户登记方向和登记金额是会计分录缺一不可的三要素。

会计分录的一般格式如下。

（1）先借后贷。

（2）借贷要分行写，且借方文字和金额与贷方文字和金额要错开一个字节或数个字节。

（3）在有多借或多贷的情况下，要求借方或贷方账户的文字和金额数字必须对齐。

现以例 4-1 至例 4-4 为例，说明会计分录的编制方法。

例 4-1　借：应付账款　8 000
　　　　　贷：银行存款　8 000

例 4-2　借：银行存款　100 000
　　　　　贷：实收资本　100 000

例 4-3　借：银行存款　10 000
　　　　　贷：库存现金　10 000

例 4-4　借：原材料　5 000
　　　　　贷：应付账款　5 000

会计分录有简单会计分录和复合会计分录。一个账户借方与另一个账户贷方发生对应关系的会计分录，即一借一贷的会计分录称为简单会计分录。一个账户借方（贷方）同几个账户贷方（借方）发生对应关系，或几个账户的借方和几个账户的贷方发生对应关系的会计分录称为复合会计分录。复合会计分录也可以写成简单会计分录。例如，企业以现金 500 元购买办公用品，其中：车间领用 200 元，厂部领用 300 元。若用简单会计分录可表示如下。

借：制造费用　200
　贷：库存现金　200
借：管理费用　300
　贷：库存现金　300

上述会计分录也可表示为如下复合会计分录。

借：制造费用　200
　　管理费用　300
　贷：库存现金　500

为了清楚地反映账户的对应关系，一般应编制一借一贷，一借多贷或一贷多借的会计分录。一般不宜把不同类型的经济业务合并在一起编制多借多贷的会计分录。

本章小结

复式记账法是对每一笔经济业务，都要以相等的金额，同时在相互联系的两个或两个以上的账户中进行登记的一种记账方法。在“资产＝负债＋所有者权益”的会计基本等式平衡的基础上所形成的资金运动增减变化的规律性为复式记账提供了理论依据。

借贷记账法是以资产与权益的平衡关系为基础，以“借”和“贷”作为记账符号，以“有借必有贷，借贷必相等”为记账规则的一种复式记账方法。

在借贷记账法下，账户的左方称为“借方”，右方称为“贷方”。但哪一方登记增加，哪一方登记减少，则要根据账户反映的经济内容决定。

在借贷记账法下的账户结构分为“借方”和“贷方”，分别用来登记增加数和减少数。但哪一方登记增加，哪一方登记减少，则要根据账户反映的经济内容决定。

借贷记账法的记账规则是：“有借必有贷，借贷必相等”。“有借必有贷”是指经济业务在账户中的登记方向；“借贷必相等”是指经济业务在账户中的登记金额。

试算平衡是根据资产和权益之间的平衡关系来检查各账户的记录是否正确的一种技术方法。借贷记账法的试算平衡有发生额试算平衡和余额试算平衡。

会计分录是根据经济业务的内容，在登记有关账户之前确定其应借、应贷账户的名称及金额的一种记录。会计分录有简单会计分录和复合会计分录两种。

思考题

一、单项选择题

1. 复式记账法对每项经济业务都以相等的金额，在（　　）中进行登记。

A. 两个或者两个以上账户　　B. 两个账户

C. 一个账户　　D. 一个或者一个以上账户

2. 借贷记账法是以“借”和“贷”作为（　　）。

A. 记账依据　　B. 记账基础　　C. 记账规则　　D. 记账符号

3. “借”和“贷”记账符号表示（　　）。

A. 债权债务关系的变化　　B. 记账金额

C. 平衡关系　　D. 记账方向

4. 借贷记账法的记账规则是（　　）。

A. 以相等的金额在两个或两个以上的账户中同时进行登记

B. 有借必有贷，借贷必相等

C．账户的借方登记减少数，贷方登记增加数
D．账户的借方登记增加数，贷方登记减少数
5．在借贷记账法下，期末结账后，一般没有余额的账户是（　　）。
A．资产账户　　B．费用账户
C．负债账户　　D．所有者权益账户
6．在借贷记账法下，资产类账户的期末余额等于（　　）。
A．期初贷方余额＋本期贷方发生额－本期借方发生额
B．期初借方余额＋本期贷方发生额－本期借方发生额
C．期初借方余额＋本期借方发生额－本期贷方发生额
D．期初贷方余额＋本期借方发生额－本期贷方发生额
7．下列会计分录中，属于简单会计分录的有（　　）。
A．一借一贷　　B．一借多贷　　C．一贷多借　　D．多借多贷
8．账户发生额试算平衡法是根据（　　）确定的。
A．借贷记账法的记账规则　　B．经济业务的内容
C．“资产＝负债＋所有者权益”的恒等关系　　D．经济业务的类型

二、多项选择题

1．在借贷记账法下，账户借方记录的内容是（　　）。
A．资产的增加　　B．资产的减少
C．负债及所有者权益的增加　　D．负债及所有者权益的减少
E．收入的减少及费用的增加
2．在借贷记账法下，账户贷方记录的内容是（　　）。
A．资产的增加及收入的增加　　B．资产及费用的减少
C．负债及所有者权益的增加　　D．负债及所有者权益的减少
E．收入的增加
3．在借贷记账法下，试算平衡公式有（　　）。
A．借方科目金额＝贷方科目金额
B．借方期末余额＝借方期初余额＋本期借方余额－本期贷方余额
C．全部账户借方本期发生额合计＝全部账户贷方发生额合计
D．全部账户借方余额＝全部账户贷方余额
4．复式记账法的优点包括（　　）。
A．进行试算平衡　　B．了解经济业务的来龙去脉
C．简化账簿登记工作　　D．检查账户记录的正确性

三、判断题

1. 凡金额在借方的账户，称为资产类账户；凡金额在贷方的账户，称为负债类账户。（　）

2. 所有账户的本期借方发生额合计与贷方发生额合计是相等的。（　）

3. 在借贷记账法下，资产类和费用类账户一般无余额。（　）

4. 复式记账法下，账户记录的结果可以反映每一项经济业务的来龙去脉。（　）

5. 发生额试算平衡是根据"有借必有贷，借贷必相等"的记账规则，检查账户记录是否正确的方法。（　）

6. 负债及所有者权益类账户的结构应该与资产类账户的结构一致。（　）

7. 在借贷记账法下，有关账户之间形成的应借应贷的相互关系称为账户对应关系。（　）

8. 采用借贷记账法，每发生一笔经济业务必定要在两个账户中同时登记。（　）

四、实训题

[目的] 掌握借贷记账法的运用。

[资料] 某工厂 2007 年 6 月发生下列经济业务。

1. 向银行借入短期借款 1 500 000 元，偿还所欠货款。
2. 销售产品 17 000 元，货款存入银行。
3. 投资者追加投资 50 000 元，存入银行。
4. 收回前欠货款 230 000 元，存入银行。
5. 购进原材料 35 000 元，货款暂欠。
6. 某职工借款 1 000 元作为暂借差旅费。

要求：根据上述所发生经济业务编制会计分录，并编制发生额试算平衡表。

第5章　企业经济业务的账务处理

【学习目标】

➢ ***基本知识目标***

✧ 通过本章学习，进一步理解会计对象的内容。

✧ 进一步加深对会计科目、账户和借贷记账法的记账原理的理解。

➢ ***基本能力目标***

✧ 结合企业的主要经济业务，熟练掌握借贷记账法的记账原理。

✧ 掌握企业资金筹集、供应过程、生产过程、销售过程、利润形成及分配业务的账务处理方法。

【学习要求】

通过本章学习，结合企业的主要经济业务，使学生掌握借贷记账法下不同经济业务的账务处理。

5.1　资金筹集业务的账务处理

为了独立地进行生产经营活动，每个企业都必须拥有一定数量的经营资金，作为从事经营活动的物质基础。企业筹集资金的渠道是指企业取得资金的来源。目前企业的资金来源渠道，主要是企业的所有者和企业的债权人。从企业所有者处筹集的资金，即所有者权益；从企业债权人处筹集的资金，则属于企业的负债，如银行借款、应付债券等。

5.1.1　投资者投入资本的核算

投入资本是投资者实际投入企业的各种财产物资的货币表现，它包括投资者原始投资及以后的追加投资。按照投资主体的不同，可分为国家投入资本、法人投入资本、个人投入资本和外商投入资本。按照投入资本的形式不同，可分为货币投资、实物投资和无形资产投资等。

1. 投入资本核算的账户设置

为了反映和监督投资者投入资本的增减变化情况，除股份有限公司以外（股份公司为“股本”），其他各类企业应设置“实收资本”账户。该账户是所有者权益类账户，其贷方登记企业实收资本的增加数，借方登记企业依法定程序报经批准减少的实收资本，期末余额在贷方，反映企业期末实收资本实有数额。为了反映企业各所有者投资在企业所有者权益中的构成及其变动情况，“实收资本”账户须按所有者设置明细账户，进行明细分类核算。股份有限公司设置“股本”账户，核算投资者投入的资本。企业收到投资者投入的资本超过其注册资本所占份额的部分，作为资本溢价或股本溢价，确认为企业的资本公积。

企业的实收资本按投资者实际投入数额入账。企业收到投资者作为资本投入的现金资产时，按照实际收到的金额入账；企业收到投资者作为资本投入的非现金资产时，应按投资各方确认的价值作为实收资本入账。“实收资本”账户的核算内容及其结构如图 5-1 所示。

借方　　实收资本	贷方
	期初余额：期初所有者投资的实有数额
本期所有者投资的减少额	本期所有者投资的增加额
	期末余额：期末所有者投资的实有数额

图 5-1　“实收资本”账户的核算内容及其结构

2. 投入资本的总分类核算

企业收到投资者投入企业的资本后，应根据有关原始凭证（如投资清单、银行通知单等），分别不同的出资方式进行账务处理。

现以振兴工厂 2007 年 12 月发生的经济业务为例，说明实收资本的账务处理。

【例 5-1】 12 月 5 日，振兴工厂收到国家投入企业的资本 120 000 元，该款项全部存入本企业的开户银行。

该项经济业务发生，引起企业资产要素和所有者权益要素发生变化。一方面，振兴工厂的银行存款增加 200 000 元，应借记“银行存款”账户；另一方面，使振兴工厂所有者权益中国家投入的资本也增加了 200 000 元，应贷记“实收资本”账户。其会计分录如下。

借：银行存款　　　　　　　　　　200 000
　贷：实收资本——国家　　　　　　　　200 000

实际工作中，财会人员应根据“投资协议书（副本）”、“银行进账单”和“收款收据”，填制银行存款收款凭证。

根据例 5-1 中的会计分录登记“T”形账户，如图 5-2 所示。

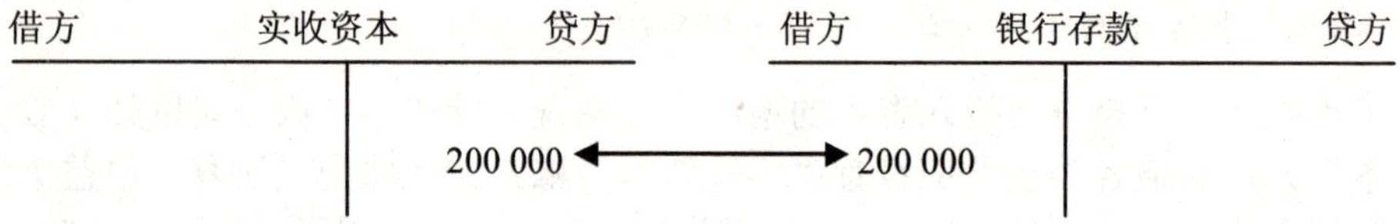

图 5-2 “T”形账户

【**例 5-2**】 12 月 15 日，振兴工厂接受中华公司投入的新购电脑 5 台，价值 65 000 元，交付管理部门使用。

该项经济业务的发生，也会引起企业资产要素和所有者权益要素发生变化。一方面，振兴工厂的固定资产增加 65 000 元，应借记“固定资产”账户；另一方面，使振兴工厂所有者权益中法人投入的资本增加了 65 000 元，应贷记“实收资本”账户。其会计分录如下。

借：固定资产　　　　　　　　　　　　　　　65 000

　贷：实收资本——法人（中华公司）　　　　　　　65 000

实际工作中，财会人员应根据“投资协议书（副本）”、“固定资产验收单”，填制转账凭证。

根据例 5-2 中的会计分录登记“T”形账户，如图 5-3 所示。

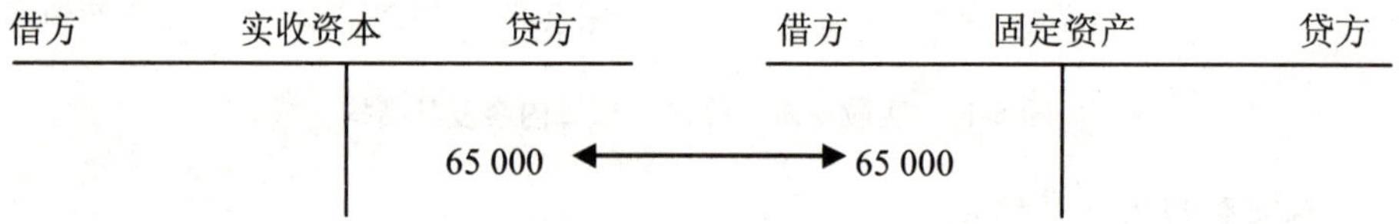

图 5-3 “T”形账户

5.1.2 借入资金的核算

企业在生产经营过程中，为弥补生产周转资金的不足，经常需要向银行或其他金融机构等债权人借入资金，按归还期限的长短不同，可分为短期借款和长期借款。借入期限在 1 年以内（含 1 年）的各种借款为短期借款；偿还期限在 1 年以上的为长期借款。

1. 短期借款的核算

短期借款属于企业的流动负债。短期借款的核算主要包括取得短期借款、计提短期借款利息、归还短期借款本金和支付短期借款利息的主要内容。

（1）短期借款核算账户的设置

①“短期借款”账户。为了反映和监督短期借款的取得和归还情况，应设置“短期借款”账户。该账户是负债类账户，企业取得借款，表明流动负债增加，应记入“短期借款”

账户贷方；归还借款时，表明流动负债减少，应记入“短期借款”账户借方，期末余额在贷方，表示企业期末尚未归还的短期借款。该账户应按债权人设置明细账，并按借款种类进行明细分类核算。“短期借款”账户的核算内容及其结构如图 5-4 所示。

短期借款

借方	贷方
	期初余额：期初尚未归还的短期借款
本期归还短期借款	本期取得短期借款
	期末余额：期末尚未归还的短期借款

图 5-4　“短期借款”账户的核算内容及其结构

②“财务费用”账户。“财务费用”账户，属于损益类账户，用以核算企业为筹集生产经营资金而发生的费用。借方登记本期发生的各项财务费用，包括利息支出、手续费等；贷方登记本期发生的利息收入和期末转入“本年利润”账户的财务费用，结转后该账户应无余额。该账户应按费用项目设置明细账，进行明细分类核算。“财务费用”账户的核算内容及其结构如图 5-5 表示。

财务费用

借方	贷方
本期发生的各项财务费用	本期发生的利息收入、汇兑损益和期末结转“本年利润”账户的财务费用

图 5-5　“账务费用”账户的核算内容及其结构

③“应付利息”账户。“应付利息”账户，属于负债类账户。用来核算企业按照合同规定约定应支付的利息。期末计算确定的应付利息费用应记入“应付利息”账户的贷方；实际支付的利息数额应记入“应付利息”的借方，期末余额在贷方，表示已经计提尚未支付的利息费用。“应付利息”账户的核算内容及其结构如图 5-6 表示。

应付利息

借方	贷方
	期初余额：期初尚未支付的利息费用
本期实际支付的利息费用	本期计提的利息费用
	期末余额：期末尚未支付的利息费用

图 5-6　“应付利息”账户的核算内容及其结构

（2）短期借款的总分类核算

企业向银行或其他金融机构等债权人借入短期借款时，应根据有关原始凭证（如借款合同书、借款凭证等）进行账务处理。

【例 5-3】 2007 年 7 月 1 日，振兴工厂从银行取得借款 2 600 000 元，期限 6 个月，年利率 6%，存入银行。

该项经济业务的发生，引起企业资产要素和负债要素发生变化。一方面，振兴工厂的银行存款增加 2 600 000 元，应借记“银行存款”账户；另一方面，使振兴工厂短期借款增加了 2 600 000 元，应贷记“短期借款”账户。因此，这项经济业务涉及“银行存款”和“短期借款”两个账户，其会计分录如下。

借：银行存款　　　　　　　　　　　　2 600 000

　贷：短期借款　　　　　　　　　　　　2 600 000

实际工作中，财会人员应根据“短期借款合同书”、“短期借款凭证”填制银行存款收款凭证。

根据例 5-3 中的会计分录登记“T”形账户，如图 5-7 所示。

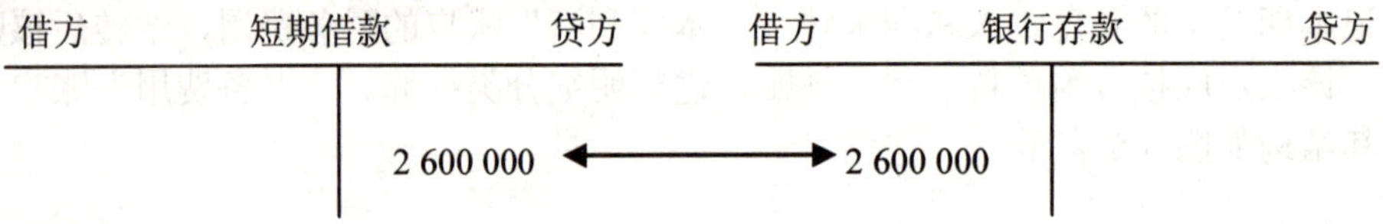

图 5-7 “T”形账户

【例 5-4】 7 月 31 日，预提本月短期借款利息 13 000 元[26 000 000×(6%÷12)]。

该项经济业务的发生，引起企业费用要素和负债要素发生变化。一方面，振兴工厂本月财务费用增加了 13 000 元，应借记“财务费用”账户；另一方面，振兴工厂的应付利息也增加了 13 000 元，应贷记“应付利息”账户。因此，这项经济业务涉及“财务费用”和“应付利息”两个账户，编制会计分录如下。

借：财务费用　　　　　　　　　　　　13 000

　贷：应付利息　　　　　　　　　　　　13 000

实际工作中，财会人员应根据“借款利息计算表”填制转账凭证。

根据例 5-4 中的会计分录登记“T”形账户，如图 5-8 所示。

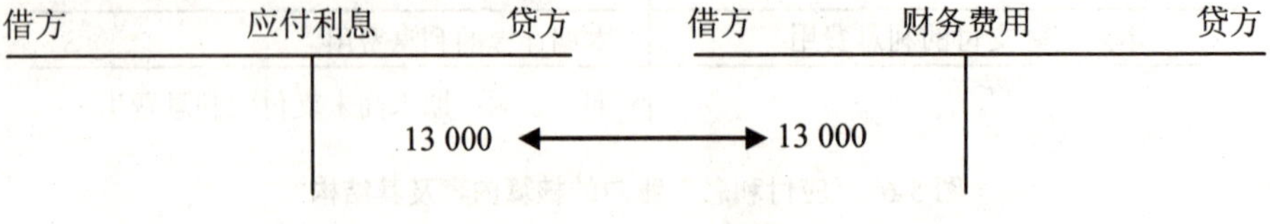

图 5-8 “T”形账户

2. 长期借款的核算

长期借款是指企业向银行或其他金融机构借入的偿还期在 1 年以上的各种借款。长期借款的会计核算主要包括取得长期借款、计算确定长期借款利息、偿还长期借款本金和利息的会计核算。

（1）长期借款核算账户的设置

长期借款属于企业的长期负债。为了反映和监督长期借款的取得、归还，应设置“长期借款”账户。该账户属于负债类账户。

企业取得长期借款，表明长期负债增加，应记入“长期借款”账户的贷方，归还借款时，表明长期负债减少，应记入“长期借款”账户借方，期末余额在贷方，表明期末尚未归还的长期借款。“长期借款”账户应按债权人设置明细账，其核算内容及其结构如图 5-9 所示。

借方	长期借款　　　　贷方
	期初余额：期初尚未归还的长期借款
本期偿还长期借款	本期取得长期借款
	期末余额：期末尚未归还的长期借款

图 5-9　“长期借款”账户的核算内容及其结构

（2）长期借款的总分类核算

企业向银行或其他金融机构等债权人借入长期借款时，应根据有关原始凭证（如长期借款合同书、借款借据等）进行账务处理。

【例 5-5】 12 月 1 日，振兴工厂从银行借入期限 3 年，年利率 9%的款项 200 000 元，存入企业存款户。

该项经济业务的发生，引起企业资产要素和负债要素发生变化。一方面，振兴工厂的银行存款增加 200 000 元，应借记“银行存款”账户；另一方面，使振兴工厂长期借款增加了 200 000 元，应贷记“长期借款”账户。因此，这项经济业务涉及“银行存款”和“长期借款”两个账户，其会计分录如下。

借：银行存款　　　　　　　　　200 000

　贷：长期借款　　　　　　　　　200 000

实际工作中，财会人员应根据“长期借款合同书”、“长期借款凭证”填制银行存款收款凭证。

根据例 5-5 中的会计分录登记“T”形账户，如图 5-10 所示。

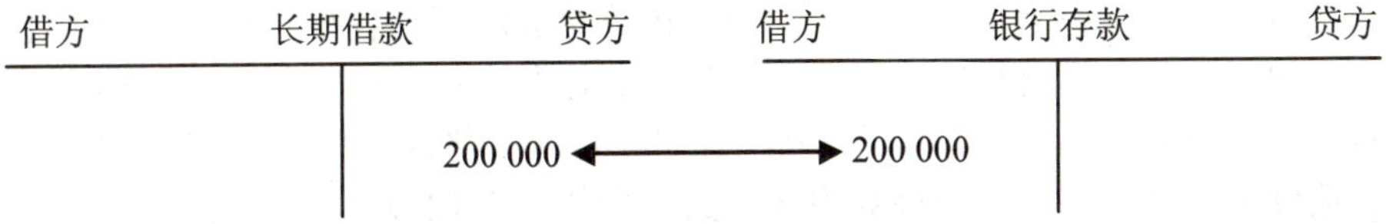

图 5-10　“T”形账户

5.2 供应过程主要经济业务的账务处理

5.2.1 供应过程主要经济业务的核算内容

供应过程是指从采购材料开始直到验收入库为止的材料采购过程。在采购过程中，企业以货币购买材料，与供应单位发生货款结算。同时，为采购材料，还要支付各种材料采购费用，包括材料的包装费、装卸费、挑选整理费和运输途中的合理损耗等。这部分采购费用如果是同时采购几种材料共同发生的，需将采购费用归集起来后，采用合理的分配标准分配计入各种材料的采购成本。材料的买价加上采购费用，构成材料的采购成本。

因此，材料货款的结算、采购费用的支付、材料采购成本的计算及材料验收入库等均为供应过程的主要经济业务。

5.2.2 供应过程核算账户的设置

1. “材料采购”账户

“材料采购”账户，属于资产类账户，用以核算企业购入材料的采购成本。该账户的借方登记购入材料的买价和采购费用，贷方登记已完成采购手续转入材料账户的材料采购成本。期末借方余额反映尚未到达或已到达尚未验收入库的在途材料的实际成本。“材料采购”账户应按材料品种或类别设置明细分类账，进行明细分类核算，并按采购成本项目分设专栏。该账户的核算内容及其结构如图 5-11 所示。

借方　　　　　　　　　材料采购　　　　　　　　　贷方

借方	贷方
期初余额：期初在途材料的实际成本	
本期购入材料的实际采购成本	本期结转入库材料的实际采购成本
期末余额：期末在途材料的实际成本	

图 5-11 “材料采购”账户的核算内容及其结构

2. “原材料”账户

“原材料”账户，属于资产类账户，用以核算企业库存的各种材料的实际成本。该账户的借方登记已验收入库材料的实际成本，贷方登记发出材料的实际成本。期末借方余额反映各种库存材料的实际成本。为了反映库存材料增减变化的具体情况，应按材料的品种、规格设置明细分类账。该账户的核算内容及其结构如图 5-12 所示。

借方	原材料　　　　贷方
期初余额：期初库存材料的实际成本	
本期验收入库材料的实际成本	本期发出材料的实际成本
期末余额：期末库存材料的实际成本	

图 5-12 “原材料”账户的核算内容及其结构

3. “应付账款”账户

“应付账款”账户，属于负债类账户，用以核算企业购买材料物资和接受劳务供应等应付给供应单位的款项。该账户的贷方登记企业货款尚未支付，但已验收入库的材料物资，借方登记已偿还或已开出承兑商业汇票抵付的货款，期末贷方余额表示尚未偿还的货款。该账户应按供应单位设置明细分类账。该账户的核算内容及其结构如图 5-13 所示。

借方　　　　应付账款	贷方
	期初余额：期初尚未偿付或抵付的购货款
本期偿付或抵付的购货款	本期应付未付的购货款
	期末余额：期末尚未偿付或抵付的购货款

图 5-13 “应付账款”账户的核算内容及其结构

4. “应付票据”账户

“应付票据”账户，属于负债类账户，用以核算企业对外发生债务时所开出、承兑的商业汇票。商业汇票是收款人或付款人（或承兑申请人）签发，由承兑人承兑，并于到期日向收款人或被背书人支付款项的票据。按承兑人不同，商业汇票又分为商业承兑汇票和银行承兑汇票。“应付票据”账户的贷方登记企业开出的商业汇票，借方登记到期已承兑的商业汇票。期末贷方余额反映企业尚未到期的商业汇票的票面金额。企业应设置“应付票据备查簿”，详细登记每一应付票据的种类、号数、签发日期、到期日、票面金额、合同交易号、收款人姓名或单位名称，以及付款日期和金额等详细资料。该账户的核算内容及其结构如图 5-14 所示。

借方　　　　应付票据	贷方
	期初余额：期初尚未到期的商业汇票的票面金额
到期已承兑的商业汇票票面金额	开出尚未到期的商业汇票票面金额
	期末余额：期末尚未到期的商业汇票的票面金额

图 5-14 “应付票据”账户的核算内容及其结构

5. “预付账款”账户

“预付账款”账户，属于资产类账户，用以核算企业按购货合同规定预付给供应单位的货款。该账户的借方登记企业因购货而预付的款项，贷方登记验收入库的所购货物的成本。期末借方余额反映企业预付的款项，如果余额在贷方，反映企业尚未补付的款项。该账户应按接收预付账款的供货单位设置明细分类账。该账户的核算内容及其结构如图 5-15 所示。

借方 预付账款	贷方
期初余额：尚未收到货物的预付货款	
本期预付及补付的货款	本期收到所购货物结转的预付账款
期末余额：尚未收到货物的预付货款	

图 5-15 “预付账款”账户的核算内容及其结构

6. “应交税费”账户

“应交税费”账户，属于负债类账户，用以核算企业按照税法等规定计算应交纳的各种税费。该账户贷方登记计算应交纳的各种税费，借方登记实际交纳的各种税费，期末贷方余额反映尚未交纳的各种税费，如果期末出现借方余额，表示企业多交或尚未抵扣的税费。该账户应按税费的项目设置明细分类账，进行明细分类核算。该账户的核算内容及其结构如图 5-16 所示。

借方 应交税费	贷方
	期初余额：期初应交尚未交纳的各种税费
本期实际交纳的各种税费	本期应交纳的各种税费
	期末余额：期末应交尚未交纳的各种税费

图 5-16 “应交税费”账户的核算内容及其结构

5.2.3 供应过程经济业务的账务处理举例

【例 5-6】 2007 年 12 月 1 日，振兴工厂向宏达工厂购进甲材料 50 000 千克，增值税专用发票所列单价为 4.90 元，计买价 245 000 元，进项税额为 41 650 元，运杂费 5 000 元，款项以银行存款支付。材料尚未运到。

该项经济业务发生，引起资产要素与负债要素发生增减变化。一方面，企业为采购原材料支付的价款 245 000 元，引起资产要素中的材料采购成本增加，并按照专用发票记载的应计入采购成本的金额借记“材料采购”账户，同时，连同价款一并支付的增值税款 41 650 元，应按照专用发票上注明的增值税额，借记“应交税费——应交增值税（进项税额）”账户，对支付的运杂费 5 000 元，计入材料采购成本，借记“材料采购”账户；另一方面，使企业资产要素中的银行存款减少了 291 650 元，由于本例货款已付，应贷记“银行存款”账户。其会计分录如下。

借：材料采购——甲材料　250 000
　　应交税费——应交增值税（进项税额）　41 650
　贷：银行存款　291 650

实际工作中，财会人员应根据银行转来的“托收承付结算凭证”承付通知、“增值税专用发票”和“运杂费收据”等原始凭证，填制银行存款付款凭证。

根据例 5-6 中的会计分录登记“T”形账户，如图 5-17 所示。

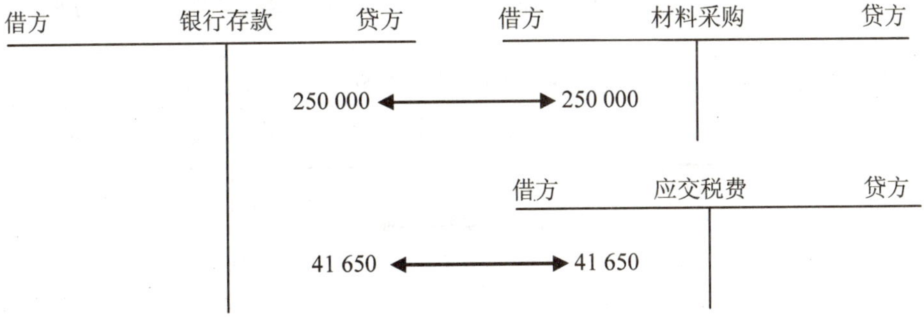

图 5-17 “T”形账户

【例 5-7】 2007 年 12 月 5 日，收到 12 月 1 日向宏达工厂购入的甲材料，并验收入库。

该项业务表明，材料已运到，并验收入库，将会引起资产要素内部项目发生增减变化。一方面，资产要素中库存材料增加 250 000 元，应按材料实际成本，借记“原材料”账户；另一方面，资产要素中材料采购成本减少 250 000 元，贷记“物资采购”账户。其会计分录如下。

借：原材料——甲材料　250 000
　贷：材料采购——甲材料　250 000

实际工作中，财会人员应根据库管员转来的“验收入库单”填制转账凭证。

根据例 5-7 中的会计分录登记“T”形账户，如图 5-18 所示。

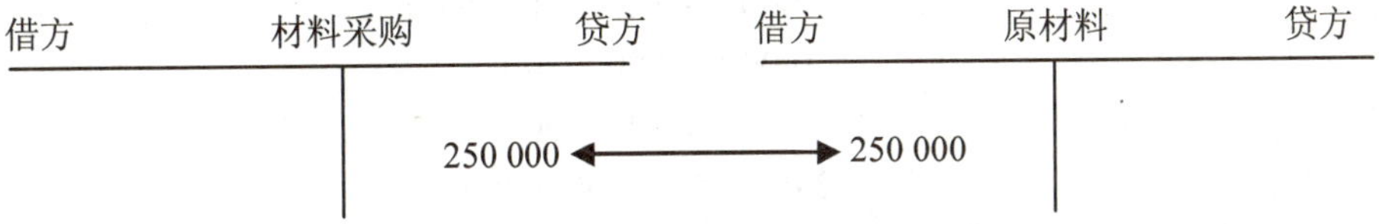

图 5-18 “T”形账户

【例 5-8】 2007 年 12 月 6 日，从上海某厂购乙材料 20 000 千克，增值税专用发票注明每千克单价 2.45 元，计买价 49 000 元，进项税额 8 330 元，供方代垫运杂费 1 000 元，货款未付，料未到。

该项业务表明，企业购买的乙材料买价和运杂费共计 50 000 元（49 000＋1 000），进项税额 8 330 元，应借记“材料采购”账户，借记“应交税费——应交增值税（进项税额）”账户，由于货款未付，应贷记“应付账款”账户。其会计分录如下：

借：材料采购——乙材料　　50 000

　　应交税费——应交增值税（进项税额）　　8 330

　贷：应付账款——上海某厂　　58 330

实际工作中，财会人员应根据“增值税专用发票”和“运杂费收据”等原始凭证填制转账凭证。

根据例 5-8 中的会计分录登记“T”形账户，如图 5-19 所示。

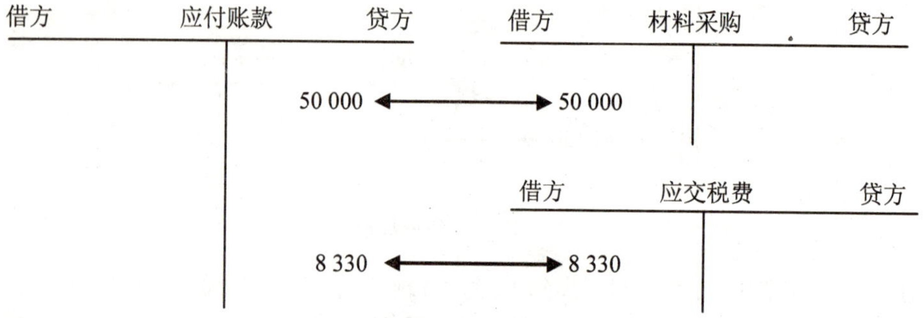

图 5-19　“T”形账户

【例 5-9】2007 年 12 月 12 日，从宏达工厂购甲材料 50 000 千克，每千克单价 5.00 元，计买价 250 000 元，购乙材料 40 000 千克，每千克单价 2.00 元，计买价 80 000 元，供方代垫运费 3 600 元，增值税专用发票注明，进项税额 56 100 元，材料尚未验收入库，货款及运费全部用银行存款支付。

该项业务表明，企业从宏达工厂购甲材料、乙材料，供方代垫运费用 3 600 元，应由两种材料共同承担，该题按重量进行分配：

运费分配率＝3 600/（50 000＋40 000）＝0.04（元/千克）

甲材料应分配的运费＝50 000 × 0.04＝2 000（元）

乙材料应分配的运费＝40 000 × 0.04＝1 600（元）

甲材料实际采购成本＝250 000＋2 000＝252 000（元）

乙材料实际采购成本＝80 000 ＋1 600＝81 600（元）

如前所述，该笔经济业务的发生，也引起资产和负债两个要素发生增减变化。应作如下会计分录。

借：材料采购——甲材料　　252 000
　　　　　　——乙材料　　81 600
　　应交税费——应交增值税（进项税额）　　51 600
　贷：银行存款　　385 200

实际工作中，财会人员应根据银行转来的“托收承付结算凭证”承付通知、“增值税专用发票”和“运杂费收据”及运费分配表等原始凭证填制银行存款付款凭证。

根据例 5-9 中的会计分录登记“T”形账户，如图 5-20 所示。

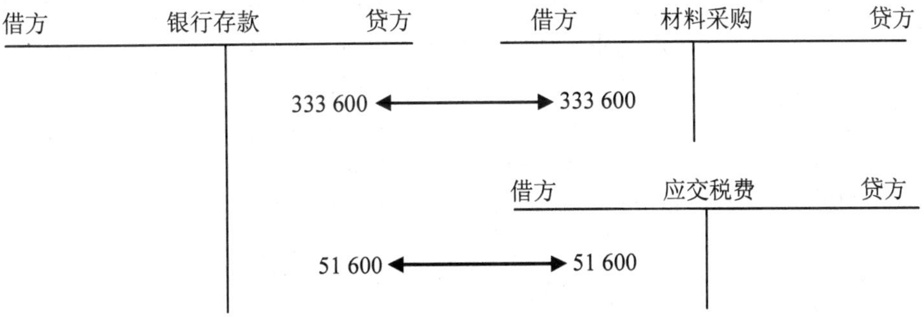

图 5-20　“T”形账户

5.3　生产过程主要经济业务的账务处理

5.3.1　生产过程主要经济业务的核算内容

生产过程是制造企业生产经营活动的中心环节。在这一过程中，材料作为劳动对象投入生产，劳动者利用机器设备等劳动资料对其进行加工，使其改变性状，制造出满足社会需要的合格产品。

制造企业的生产过程同时也是生产耗费的过程。在生产过程中所发生的各项耗费按其与产品的关系，可以分为直接费用、制造费用和管理费用 3 种。

（1）直接费用是指为生产某种产品而发生的，在发生时能够根据有关凭证直接计入各种产品成本的费用，如直接用于产品生产的材料费、支付给生产工人的工资以及为生产产品直接发生的燃料和动力费等。

（2）制造费用是指企业的生产单位为管理和组织生产而发生的，不能根据有关凭证直接计入各种产品成本的各项费用。如车间管理人员的工资、机器设备的折旧费、修理费、劳动保护费和物料消耗等。

（3）管理费用是指企业行政部门为管理和组织生产而发生的各项费用，如行政管理人员的工资、差旅费、办公费、劳动保险费和技术转让费等。

现行会计制度规定，企业为生产产品所发生的各项直接费用和制造费用应计入产品制造成本，管理费用则直接列入当期损益。

5.3.2 生产过程核算账户的设置

1. “生产成本”账户

“生产成本”账户，属于成本类账户。该账户用以核算企业为进行产品生产而发生的各项费用。借方登记为进行产品生产而发生的各项费用，包括直接计入产品成本的直接材料和直接工资，以及分配计入产品生产成本的制造费用，贷方登记企业已经生产完工并已验收入库产品的生产成本。期末借方余额表示尚未加工完成的在产品的实际成本。本账户应按成本核算对象进行明细核算，并设置“基本生产成本”和“辅助生产成本”两个明细账户。“生产成本”账户的核算内容及其结构如图 5-21 表示。

借方　　　　生产成本	贷方
期初余额：期初在产品成本	
本期为生产产品发生的各项费用	结转生产完工并已验收入库的产品的实际生产成本
期末余额：期末尚未完工的在产品实际生产成本	

图 5-21 “成产成本”账户的核算内容及其结构

2. “制造费用”账户

“制造费用”账户，属于成本类账户。该账户用来归集和分配企业生产车间为生产产品而发生的各项间接费用，包括工资及福利费、折旧费、修理费、办公费、水电费、机物料消耗等。该账户借方登记实际发生的各项制造费用，按照一定标准，采用一定分配方法分配计入产品成本，贷方登记转入“生产成本”账户借方，期末，费用结转后该账户一般无余额。该账户应按不同车间设置明细账，进行明细分类核算。“制造费用”账户的核算内容及其结构如图 5-22 表示。

借方　　　　制造费用	贷方
本期发生的各种制造费用	结转分配计入各种产品成本的制造费用

图 5-22 “制造费用”账户的核算内容及其结构

3. “管理费用”账户

“管理费用”账户，属于损益类账户。该账户用以核算企业行政管理部门为组织和管理生产经营活动而发生的各项费用，包括行政管理部门人员的工资及福利费、办公费、折旧费、工会经费、职工教育经费、业务招待费、坏账损失、房产税、土地使用税、印花税、劳动保险费等。借方登记本期发生的各项管理费用，贷方登记期末转入“本年利润”账户的管理费用，结转后该账户应无余额。该账户应按费用项目设置明细账，进行明细分类核算。“管理费用”账户的核算内容及其结构如图 5-23 表示。

借方　　　　管理费用	贷方
本期发生的各项管理费用	期末结转“本年利润”账户的管理费用

图 5-23 “管理费用”账户的核算内容及其结构

4. “应付职工薪酬”账户

“应付职工薪酬”账户，属于负债类账户。该账户用以核算企业根据有关规定应付给职工的各种薪酬，包括职工工资、奖金、津贴和补贴、职工福利费、工会经费、职工教育经费、社会保险费、住房公积金、非货币性福利等所有为职工支付的费用。贷方登记本月应支付给职工的各种费用总额，借方登记本月实际支付给职工的各种薪酬数额，期末该账户一般无余额。如为贷方余额表示应付未付的职工薪酬，如为借方余额表示多支付的职工薪酬。该账户应按“应付工资”、“职工福利”、“社会保险费”、“住房公积金”、“工会经费”、“职工教育经费”、“非货币性福利”等应付职工薪酬项目设置明细账户，进行明细分类核算。“应付职工薪酬”账户的核算内容及其结构如图 5-24 表示。

借方　　　　应付职工薪酬	贷方
本期实际支付的职工薪酬	本期应支付的职工薪酬
期末余额：多支付的职工薪酬	期末余额：应付未付的职工薪酬

图 5-24 “应付职工薪酬”账户的核算内容及其结构

5. “累计折旧”账户

“累计折旧”账户，属于资产类账户。它是固定资产的备抵账户，用以核算企业固定资产的累计已提折旧。贷方登记企业按月计提的固定资产折旧以及增加固定资产的已提折旧，借方登记出售和报废固定资产的已提折旧，期末贷方余额反映企业现有固定资产累计已提折旧额。“累计折旧”账户的核算内容及其结构如图 5-25 表示。

借方	累计折旧 贷方
固定资产已提折旧的注销额	固定资产因使用而计提的折旧额
	期末余额：现有固定资产的累计折旧额

图 5-25 “累计折旧”账户的核算内容及其结构

6. “预提费用”账户

“预提费用”账户，属于负债类账户。该账户是根据权责发生制原则，为了划清各个会计期间的费用界限，而预先计提，但在以后实际支付的费用。该账户贷方登记预先按一定标准提取、应由本期负担的各项费用等，该账户借方登记各项费用的实际支出数。期末余额如在贷方，表示已经预提但尚未支付的费用，余额如在借方，则表示实际支出数大于预提数的差额，实际上为待摊费用。该账户按照费用种类设置明细账，进行明细分类核算。“预提费用”账户的核算内容及其结构如图 5-26 所示。

借方	预提费用 贷方
各种预提费用实际支付数额	预提应由本期负担的各项费用数额
	期末余额：已预提尚未支付的费用数额

图 5-26 “预提费用”账户的核算内容及其结构

7. “待摊费用”账户

“待摊费用”账户，属于资产类账户。该账户是根据权责发生制原则，为了划清各个会计期间的费用界限，正确计算各期成本、费用和企业损益而设置的。该账户主要核算企业已经支出但应由本期和以后各期分别负担的，分摊期在 1 年以内的各项费用。该账户借方登记企业发生的各种待摊费用，如预付保险费、预付报纸杂志订阅费、固定资产修理费、预付租金等，贷方登记应由本期负担的费用，期末余额在借方，表示已支出而尚未摊销的费用。该账户应按费用种类设置明细账，进行明细分类核算。“待摊费用”账户的核算内容及其结构如图 5-27 所示。

借方 待摊费用	贷方
已经支付或发生的各项待摊费用数额	本期应摊销的费用数额
期末余额：已支出尚未摊销的费用数额	

图 5-27 “待摊费用”账户的核算内容及其结构

8. “库存商品”账户

“库存商品”账户，属于资产类账户。该账户用来反映和监督企业库存的各种商品的实际成本增减变动及其结存情况的账户。库存商品是指企业已完成全部的生产过程并已验收入库，可以作为商品对外销售的产品。该账户的借方登记已完成全部生产过程，并已验收入库的商品的实际成本，贷方登记因销售等原因发出的库存商品的实际成本，余额在借方，表示库存商品的实际成本。该账户应按库存商品的种类、品种和规格设置明细账，进行明细分类核算。“库存商品”账户的核算内容及其结构如图 5-28 所示。

借方　　　　库存商品	贷方
期初余额：期初库存商品的实际成本	
本期完工已验收入库商品的实际成本	本期因销售发出商品的实际成本
期末余额：期末库存商品的实际成本	

图 5-28　“库存商品”账户的核算内容及其结构

5.3.3　生产过程经济业务的账务处理举例

【例 5-10】 2007 年 12 月 12 日，分配结转本月仓库发出材料实际成本。根据“领料单”编制“发料凭证汇总表”，如表 5-1 所示。

表 5-1　发料凭证汇总表

2007 年 12 月　　　　金额单位：元

材料名称	计量单位	数　量	单　价	金　额	用　途
甲材料	千克	20000	5.00	100 000	制造 A 产耗用
乙材料	千克	18000	2.50	45 000	制造 B 产耗用
丙材料	个	50	10.5	525	车间维修耗用
合　计	—	—	—	145 525	—

该项经济业务的发生，引起了企业资产和费用两个要素发生增减变化。一方面，使企业库存材料减少了 145 525 元，记入“原材料”账户的贷方；另一方面，使生产费用增加 145 525 元。其中用于制造产品的，记入“生产成本”账户的借方，为维修机器设备而领用的丙材料，属于制造费用，记入“制造费用”账户的借方。该项经济业务编制如下会计分录。

借：生产成本——A 产品　　100 000
　　　　　　——B 产品　　45 000
　　制造费用　　525
　贷：原材料——甲材料　　100 000
　　　　　　——乙材料　　45 000
　　　　　　——丙材料　　525

实际工作中，财会人员应根据“领料单”和“发料凭证汇总表”等原始凭证填制转账凭证。

根据例 5-10 中的会计分录登记“T”形账户，如图 5-29 所示。

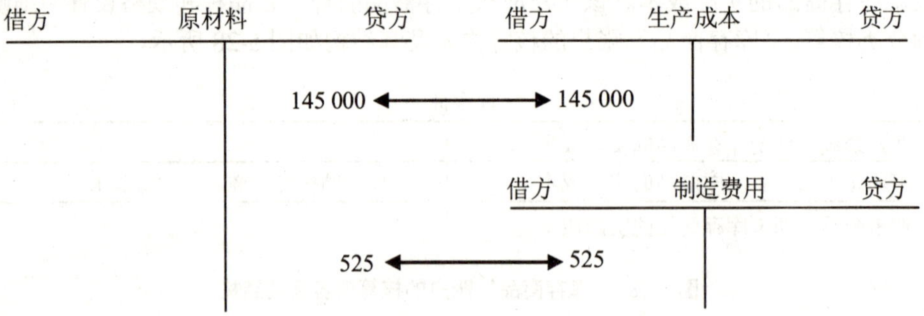

图 5-29 “T”形账户

【例 5-11】 2007 年 12 月 13 日，以银行存款支付下年度财产保险费 4 800 元。

该项经济业务的发生，引起了企业资产要素内部项目发生增减变化。一方面使企业的银行存款减少 4 800 元，记入“银行存款”账户的贷方，同时，因为支付的保险费属于下一年度，按权责发生制原则，不属于本期的支出，而应由下一年度各月平均分摊，应记入“待摊费用”账户借方。该项经济业务应编制会计分录如下。

借：待摊费用——保险费　　4 800

　贷：银行存款　　4 800

实际工作中，财会人员根据“收据”和“转账支票”存根等原始凭证填制银行存款付款凭证。

根据例 5-11 中的会计分录登记“T”形账户，如图 5-30 所示。

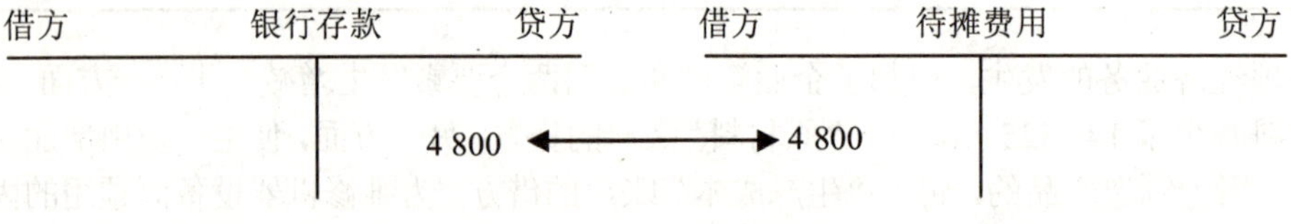

图 5-30 “T”形账户

【例 5-12】 2007 年 12 月 13 日，从银行提取现金 45 000 元，以备发工资。

该项经济业务发生，引起了企业资产要素内部项目发生增减变化。为发放工资提取现金，使银行存款减少 45 000 元，现金增加 45 000 元，该项经济业务应编制会计分录如下。

借：库存现金　　45 000

　贷：银行存款　　45 000

实际工作中，财会人员应根据“工资结算汇总表”和“现金支票”存根等原始凭证填制银行存款付款凭证。

根据例 5-12 中的会计分录登记“T”形账户，如图 5-31 所示。

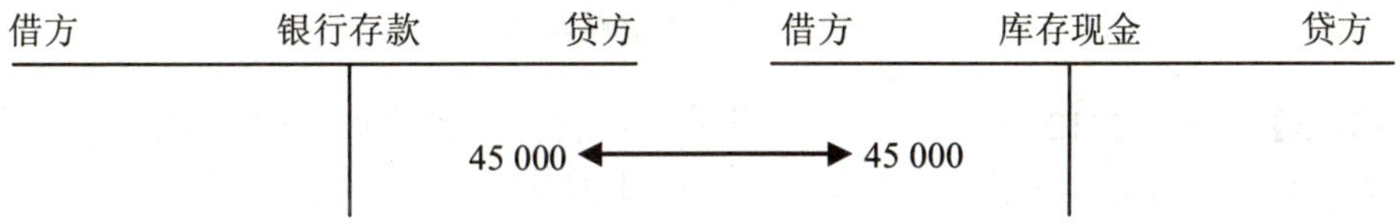

图 5-31　“T”形账户

【例 5-13】 2007 年 12 月 13 日，根据“工资发放明细表”，以现金 45 000 元，发放本月职工工资。

该项经济业务发生，引起了负债要素和资产要素发生增减变化。以现金发放工资，按规定不论工资用途如何一律先记入“应付职工薪酬”账户的借方。该项经济业务应编制会计分录如下。

借：应付职工薪酬　　45 000

　贷：库存现金　　45 000

实际工作中，财会人员应根据“工资发放明细表”等原始凭证填制现金付款凭证。

根据例 5-13 中的会计分录登记“T”形账户，如图 5-32 所示。

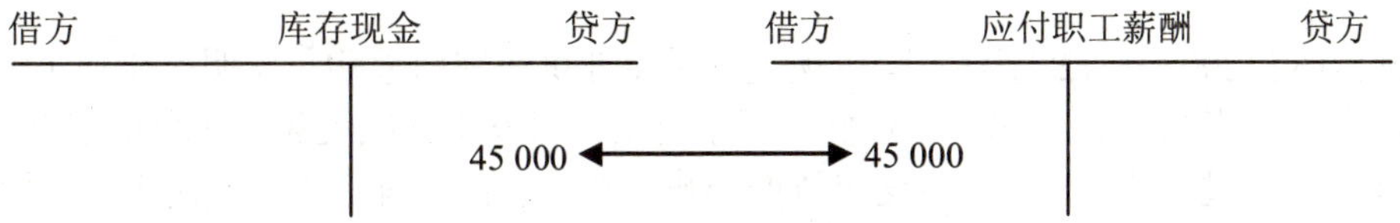

图 5-32　“T”形账户

【例 5-14】 2007 年 12 月 14 日，厂办购进办公用品一批，共计 1 800 元，用银行存款支付。

该项经济业务发生，引起了费用要素和资产要素发生增减变化。厂部购买办公用品，应记入“管理费用”账户借方，同时，银行存款减少，记入“银行存款”账户的贷方。该项经济业务应编制会计分录如下。

借：管理费用　　1 800

　贷：银行存款　　1 800

实际工作中，财会人员应根据“发票”和“转账支票”存根等原始凭证填制银行存款付款凭证。

根据例 5-14 中的会计分录登记“T”形账户，如图 5-33 所示。

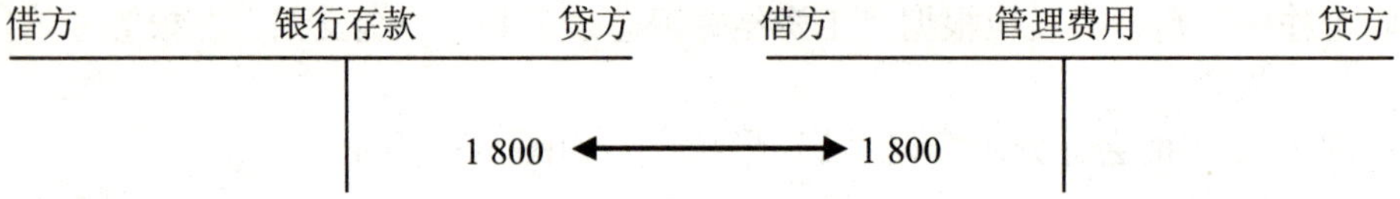

图 5-33 “T”形账户

【例 5-15】 2007 年 12 月 15 日，车间购修理用材料 2 100 元，用银行存款支付。

该项经济业务发生，引起了费用要素和资产要素发生增减变化。修理用材料发生在车间，按规定应记入“制造费用”账户的借方，银行存款支付，记入“银行存款”账户的贷方。该项经济业务应编制会计分录如下。

借：制造费用　　　　　　　　2 100

　贷：银行存款　　　　　　　　2 100

实际工作中，财会人员应根据“发票”和“转账支票”存根等原始凭证填制银行存款付款凭证。

根据例 5-15 中的会计分录登记“T”形账户，如图 5-34 所示。

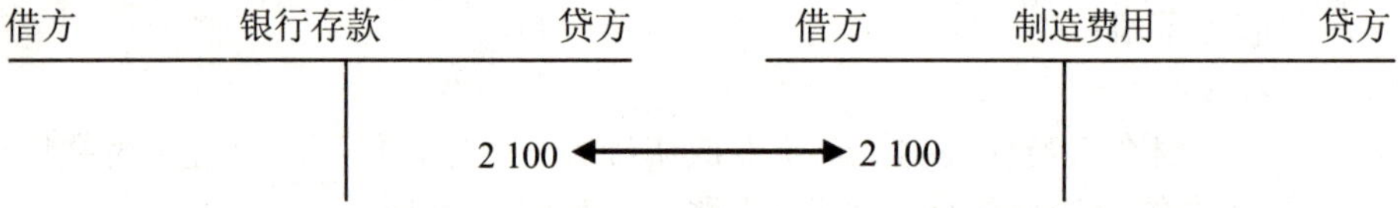

图 5-34 “T”形账户

【例 5-16】2007 年 12 月 16 日，以现金预付企业供应部门采购员李明差旅费 1 000 元。

该项经济业务发生，引起了企业资产要素内部项目发生增减变化。预付的差旅费属于暂付款项，应通过“其他应收款”这个资产类账户核算。预付时记入“其他应收款”借方，报销差旅费以及收回暂付款时记入“其他应收款”贷方。期末借方余额表明未收回或未报销的暂付款。该项经济业务应编制会计分录如下。

借：其他应收款——李明　　　　　　1 000

　贷：库存现金　　　　　　　　　　1 000

实际工作中，财会人员应根据“借款单”和“现金付款凭单”等原始凭证填制现金付款凭证。

根据例 5-16 中的会计分录登记“T”形账户，如图 5-35 所示。

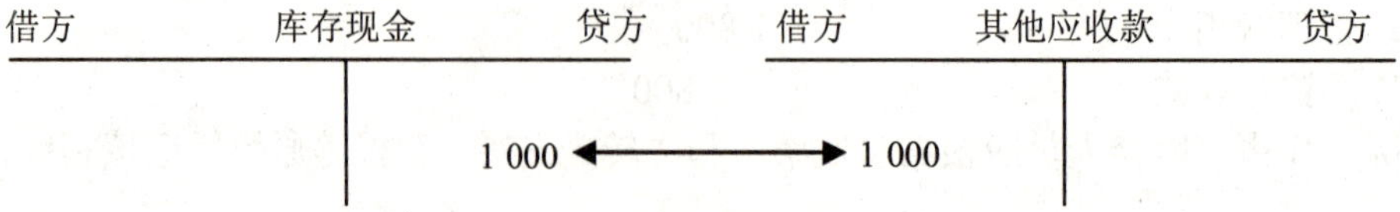

图 5-35 “T”形账户

【例 5-17】 2007 年 12 月 28 日，采购员李明出差归来，报销差旅费 900 元，交回现金 100 元。

该项经济业务表明，报销差旅费使管理费用增加，应记入“管理费用”借方，同时“其他应收款”减少，记入“其他应收款”贷方。实际工作中，此项业务可编制简单会计分录，也可编制复合会计分录。该项经济业务编制会计分录如下。

借：管理费用——差旅费　　900
　贷：其他应收款——李明　　900
借：库存现金　　100
　贷：其他应收款——李明　　100

或

借：管理费用——差旅费　　900
　　库存现金　　100
　贷：其他应收款——李明　　1 000

实际工作中，财会人员应根据审核无误的“差旅费报销单”和原“借款单”及现金收款“收据”等原始凭证分别填制转账凭证和现金收款凭证。

根据例 5-17 中的会计分录登记“T”形账户，如图 5-36 所示。

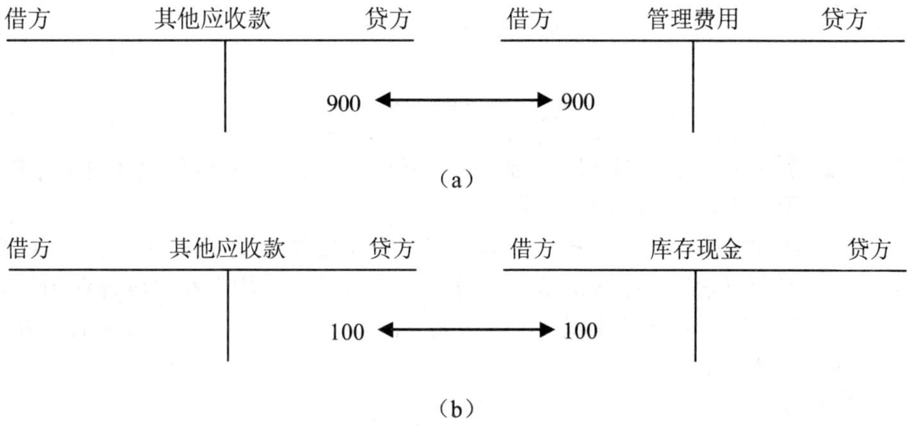

图 5-36 “T”形账户

【例 5-18】 2007 年 12 月 31 日，按规定计提本月固定资产折旧费 6 000 元，其中，生产车间使用的固定资产应计提折旧费 4 000 元，行政管理部门使用的固定资产应计提折旧费 2 000 元。

固定资产折旧，是企业固定资产在生产过程中由于使用和技术进步原因逐渐损耗的价值。固定资产折旧费是企业生产经营而发生的费用，将随着产品的销售和取得收入而得到补偿。

该经济业务表明，计提的固定资产折旧费，引起了资产要素和费用要素之间发生增减变化。一方面引起费用要素增加 12 000 元，按固定资产用途不同，应分别记入“制造费用”和“管理费用”等账户借方；另一方面，由于计提折旧费引起资产要素中的固定资产价值减少，记入“累计折旧”账户的贷方。该项经济业务应编制会计分录如下。

借：管理费用　　　　2 000
　　制造费用　　　　4 000
　贷：累计折旧　　　　6 000

实际工作中，财会人员应根据“固定资产折旧计算表”填制转账凭证。

根据例 5-18 中的会计分录登记“T”形账户，如图 5-37 所示。

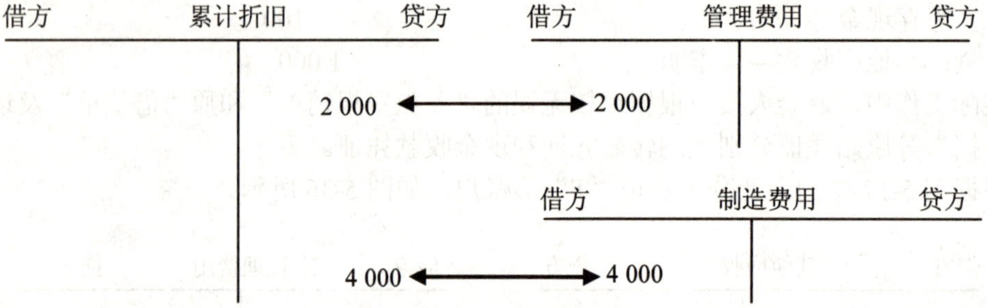

图 5-37 “T”型账户

【例 5-19】 2007 年 12 月 31 日，接到水电部门付款通知，应付车间耗用水电费 4 000 元，管理部门耗用水电费 1 000 元，款项已付。

该项经济业务的发生，引起了资产要素和费用要素发生增减变化。一方面，引起生产车间和管理部门费用要素增加了 5 000 元，分别记入“制造费用”和“管理费用”账户的借方；另一方面，引起了资产要素减少了 5 000 元，记入“银行存款”账户的贷方。该项经济业务应编制会计分录如下。

借：制造费用　　　　4 000
　　管理费用　　　　1 000
　贷：银行存款　　　　5 000

实际工作中，财会人员应根据“发票”和“转账支票”存根，填制银行存款付款凭证。

根据例 5-19 中的会计分录登记“T”形账户，如图 5-38 所示。

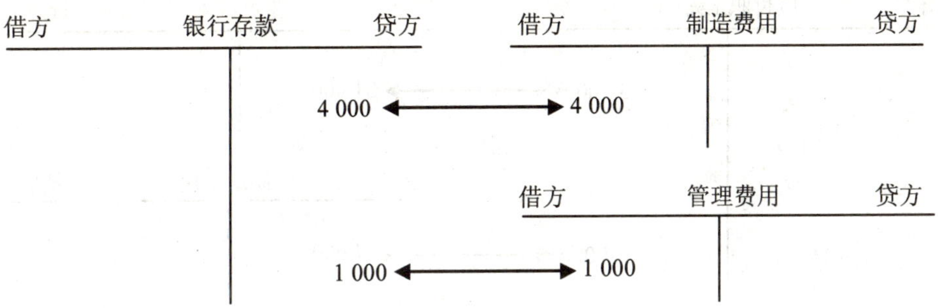

图 5-38　“T”形账户

【例 5-20】 2007 年 12 月 31 日，计算分配本月职工工资，如表 5-2 所示。

表 5-2　工资费用分配表

2007 年 12 月 31 日　　单位：元

车 间 部 门	工资费用分配金额
生产车间工人：A 产品	18 000
B 产品	13 000
车间管理人员	4 000
行政管理人员	10 000
合　　计	45 000

该项经济业务的发生，引起了费用要素和负债要素发生增减变化。一方面，企业进行生产经营活动而发生的工资费用，使费用要素增加，应按工资的用途进行分配。生产工人工资属于直接费用，记入“生产成本”账户的借方，车间管理人员工资应记入“制造费用”账户的借方，行政管理人员工资记入“管理费用”账户的借方；另一方面，引起负债要素中应付职工薪酬增加，记入“应付职工薪酬”账户的贷方。编制会计分录时，注意将不同产品工人的工资分别记入，以便于归集某种产品成本，计算单位成本。该项经济业务编制会计分录如下。

借：生产成本——A 产品　　18 000
　　　　　　——B 产品　　13 000
　　制造费用　　4 000
　　管理费用　　10 000
　贷：应付职工薪酬——职工工资　　45 000

实际工作中，财会人员应根据“工资费用分配表”填制转账凭证。

根据例 5-20 中的会计分录登记“T”形账户，如图 5-39 所示。

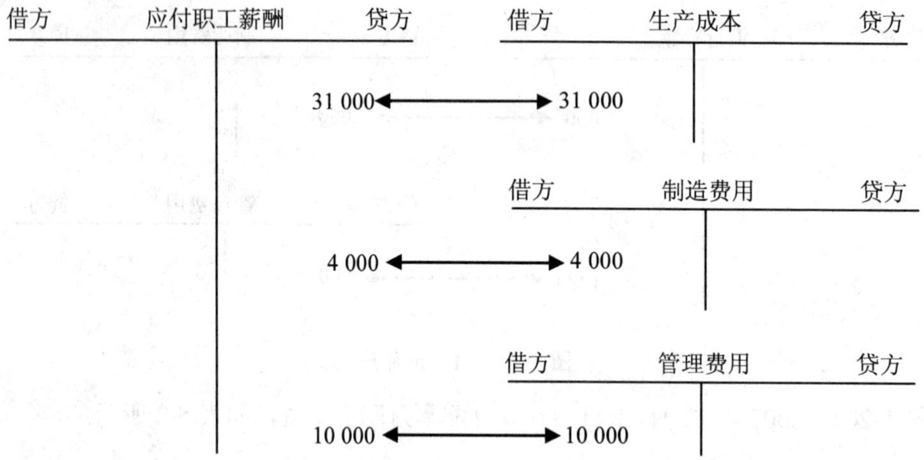

图 5-39 “T”形账户

【例 5-21】2007 年 12 月 31 日，按照职工工资总额的 14%计提本月职工福利费。根据“工资费用分配表”编制“职工福利费分配表”，如表 5-3 所示。

表 5-3 职工福利费分配表

2007 年 12 月 31 日　　单位：元

车间部门	工资总额	计提比例	职工福利费
生产车间工人：A 产品	18 000	14%	2 520
B 产品	13 000	14%	1 820
车间管理人员	4 000	14%	560
行政管理人员	10 000	14%	1 400
合　计	45 000	—	6 300

按工资总额计提职工福利费是企业费用的组成部分。该项费用的分配和工资分配一样，应计入“生产成本”、“管理费用”、“制造费用”等账户的借方，同时记入“应付职工薪酬”账户的贷方，编制会计分录如下。

借：生产成本——A 产品　　2 520
　　　　　　——B 产品　　1 820
　　制造费用　　560
　　管理费用　　1 400
　贷：应付职工薪酬——职工福利　　6 300

实际工作中，财会人员应根据“职工福利分配表”填制转账凭证。

根据例 5-21 中的会计分录登记“T”形账户，如图 5-40 所示。

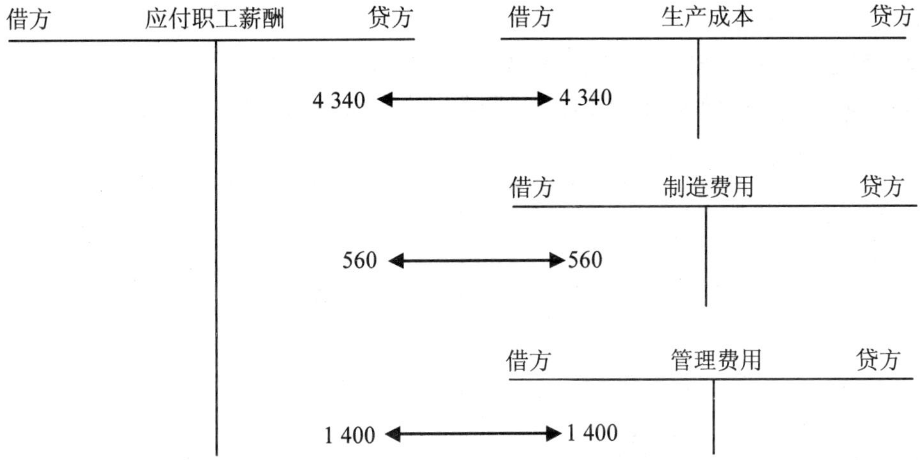

图 5-40　“T”形账户

【例 5-22】 2007 年 12 月 31 日，摊销应由本月负担的报纸杂志费用 1 850 元。

该项经济业务发生，引起了费用要素和资产要素发生增减变化。一方面，引起费用要素中“管理费用”增加，记入“管理费用”账户的借方；另一方面，引起资产要素待摊费用减少，记入“待摊费用”账户的贷方。该项经济业务编制会计分录如下。

借：管理费用　　1 850

　贷：待摊费用　　1 850

实际工作中，财会人员应根据“待摊费用分配表”填制转账凭证。

根据例 5-22 中的会计分录登记“T”形账户，如图 5-41 所示。

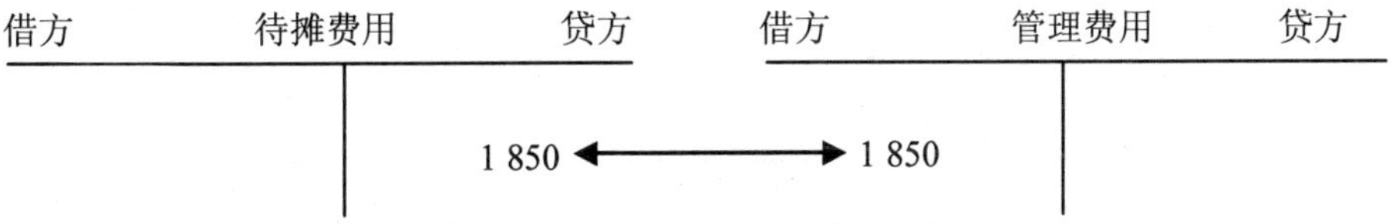

图 5-41　“T”形账户

【例 5-23】 2007 年 12 月 31 日，将本月发生的制造费用，按生产工人工资比例，分配记入 A、B 产品的生产成本。

制造费用是指企业的生产部门或车间为组织和管理生产所发生的间接费用。制造费用是产品生产成本的组成部分，平时发生的制造费用直接归集在“制造费用”账户的借方，期末时，再将本期“制造费用”账户借方所归集的制造费用总额，按照一定的标准（如生产工人工资比例、生产工人工时比例），采用一定的分配方法，在各种产品之间进行分配，计算出某种产品应负担的制造费用，然后，再从“制造费用”账户的贷方转入“生产成本”

账户的借方。

该项经济业务分两个步骤：第一步骤先归集制造费用；第二步骤再分配。

（1）登记制造费用明细账，归集本月制造费用，如图5-42所示。

借方	制造费用	贷方
（10）	525	
（15）	2 100	
（18）	4 000	
（19）	4 000	
（20）	4 000	
（21）	560	
合 计	15 185	

图5-42 制造费用明细账

（2）编制制造费用分配表，分配制造费用，如表5-4所示。

表5-4 制造费用分配表

2007年12月31日

分 配 对 象	分配标准（生产工人工资）	分 配 率	分 配 金 额
A 产 品	18 000	0.49	8 820
B 产 品	13 000	0.49	6 365
合 计	31 000	—	15 185

该项经济业务发生后，引起费用要素内部项目发生此增彼减的变化。一方面，使成本项目增加，记入“生产成本”账户的借方；另一方面，分配结转制造费用，记入“制造费用”账户的贷方。该项经济业务应编制如下会计分录。

借：生产成本——A产品 8 820

——B产品 6 365

贷：制造费用 15 185

实际工作中，财会人员应根据“制造费用分配表”填制转账凭证。

根据例5-23中的会计分录登记“T”形账户，如图5-43所示。

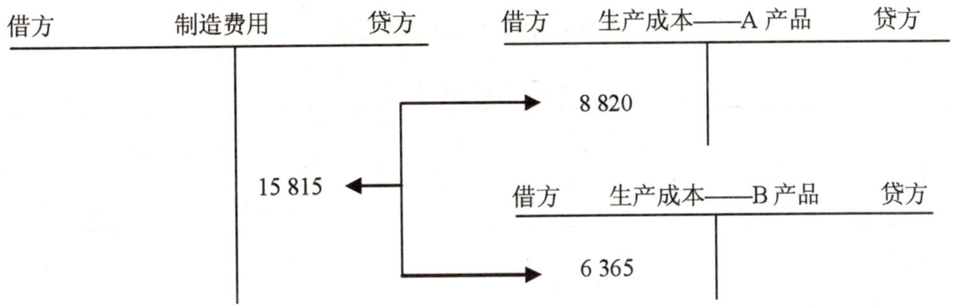

图 5-43 “T”形账户

【例 5-24】 2007 年 12 月 31 日，结转本月生产完工验收入库的 A、B 产品的实际生产成本（假设本月初无在产品成本，本月生产的A、B产品全部完工）。

企业日常为生产产品而发生的生产费用，分别按直接材料费、直接人工费、其他直接费和制造费用按成本项目归集在“生产成本明细账”中。月末，根据“生产成本明细账”归集的生产费用，按照一定的成本计算方法，将某种产品归集的生产费用在完工产品和在产品之间进行分配，计算出完工产品的总成本和单位成本，编制“产品成本计算表”和“完工产品成本汇总表”，如表 5-5、表 5-6、表 5-7 所示。

表 5-5　产品成本计算表

产量：1600 件

产品名称：A 产品　　2007 年 12 月 31 日　　单位：元

项　　目	直接材料费	直接人工费	制造费用	合　　计
本月发生额	100 000	20 520	8 820	129 340
合　　计	100 000	20 520	8 820	129 340

表 5-6　产品成本计算表

产量：55 0 件

产品名称：B 产品　　2007 年 12 月 31 日　　单位：元

项　　目	直接材料费	直接人工费	制造费用	合　　计
本月发生额	45 000	14 820	6 365	66 185
合　　计	45 000	14 820	6 365	66 185

表 5-7 完工产品成本汇总表

2007 年 12 月 31 日 单位：元

成本项目	A 产品（1600 件）		B 产品（550 件）	
	总成本	单位成本	总成本	单位成本
直接材料	100 000	62.50	45 000	81.82
直接人工	20 520	12.825	14 820	26.95
制造费用	8 820	5.51	6 365	11.57
合　计	129 340	80.84	66 185	120.34

该项经济业务发生后，引起了资产和费用两个要素发生增减变化。一方面，引起资产要素中库存商品增加，记入“库存商品”账户的借方；另一方面，引起费用要素中生产成本项目减少，记入“生产成本”账户的贷方，结转 A、B 产品的生产成本。该项经济业务编制会计分录如下。

借：库存商品——A 产品　　129 340
　　　　　　——B 产品　　66 185
　贷：生产成本——A 产品　　129 340
　　　　　　　——B 产品　　66 185

实际工作中，财会人员应根据“产品入库单”、“产品成本计算表”和“完工产品成本汇总表”等原始凭证填制转账凭证。

根据例 5-24 中的会计分录登记“T”形账户，如图 5-44 所示。

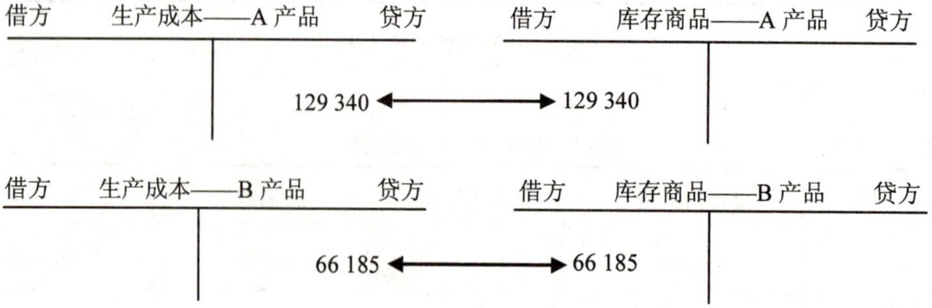

图 5-44 “T”形账户

5.4　销售过程主要经济业务的账务处理

5.4.1　销售过程主要经济业务的核算内容

销售过程是企业经营活动中的重要环节。企业的销售过程是指将已验收入库的合格产品发出售给购买单位开始，直到收回货款为止的销售过程。在销售过程中，一方面企业要组织产品的发运，并支付包装费、运输费和广告费等；另一方面还要办理与购货单位的货款结算、收取货款。同时企业在取得销售收入后，要按国家税法规定，计算缴纳企业销售活动应负担的税金及附加，依法交纳税金，计算企业的主营业利润。

因此，企业销售过程业务核算的主要内容：企业销售商品取得营业收入的核算；确定并结转因销售商品而发生的营业成本、销售费用的核算；依法计算并缴纳销售税金及附加的核算；以及主营业利润或亏损；除此以外，核算企业可能发生的一些其他经济业务收入和其他业务支出。

5.4.2　销售过程核算账户的设置

1. “主营业务收入”账户

“主营业务收入”账户，属于损益类账户。该账户用以核算企业销售商品、提供劳务及让渡资产所有权等主营业务所取得的收入。企业销售商品或提供劳务所实现的收入记入该账户的贷方，发生销货退回和期末将实现的主营业务收入转入“本年利润”账户时，记入该账户的借方，期末结转后无余额。“主营业务收入”账户应该按商品类别设置明细账，进行明细分类核算。该账户核算的内容及其结构如图 5-45 所示。

借方　　　主营业务收入	贷方
期末将本期实现的收入转入“本年利润”账户的数额及销售退回应冲减的收入	企业销售商品、提供劳务及让渡资产所有权等取得的收入数额

图 5-45　“主营业务收入”账户的核算内容及其结构

2. “主营业务成本”账户

“主营业务成本”账户，属于损益类账户。该账户用以核算企业因销售商品、提供劳务或让渡资产使用权等营业活动中而发生的实际成本，企业结转已销售商品、提供各种劳务成本时记入该账户借方，贷方登记当月发生销售退回和期末转入“本年利润”账户的已销售商品的成本，结转后该账户应无余额。该账户应按照商品类别（或劳务）设置明细账，进行明细分类核算。该账户核算的内容及其结构如图 5-46 所示。

借方	主营业务成本 贷方
本期已销售商品的生产成本	期末将本期已销售商品成本转入“本年利润”账户的数额

图 5-46 “主营业务成本”账户的核算内容及其结构

3. “销售费用”账户

“销售费用”账户，属于损益类账户。该账户用以核算企业在销售商品过程中发生的各种销售费用，包括运输费、装卸费、包装费、保险费、展览费和广告费等，以及专设销售机构的职工薪酬、业务费等经营费用。借方登记发生的各项销售费用，贷方登记期末转入“本年利润”账户的销售费用，结转后该账户无余额。该账户应按费用项目设置明细账，进行明细分类核算。该账户的核算内容及其结构如图 5-47 所示。

借方	销售费用 贷方
本期发生的各种与销售有关的费用	期末将本期销售费用转入“本年利润”账户的数额

图 5-47 “销售费用”账户的核算内容及其结构

4. “营业税金及附加”账户

“营业税金及附加”账户，属于损益类账户。该账户用以反映和监督应由销售产品和提供劳务等负担的各种营业税金及附加，包括营业税、消费税、资源税、城市维护建设税和教育费附加等。该账户借方登记按照规定的标准计算出的应由主营业务负担的营业税金及附加；贷方登记期末转入“本年利润”账户的营业税金及附加，结转后该账户无余额。该账户应按税种设置明细账，进行明细分类核算。该账户的核算内容及其结构如图 5-48 所示。

借方	营业税金及附加 贷方
本期应由主营业务负担的各种税金及附加	期末将本期营业税金及附加转入“利润”账户的数额

图 5-48 “营业税金及附加”账户的核算内容及其结构

5. “其他业务收入”账户

“其他业务收入”账户，属于损益类账户。该账户用以核算企业除主营业务活动以外的其他销售或其他业务的收入，如材料销售、技术转让、固定资产出租、包装物出租、运输等非工业性劳务收入。企业取得其他业务收入记入该账户的贷方；期末将该账户的余额转入“本年利润”账户时，记入该账户借方，结转后该账户无余额，该账户应按其他业务的种类设置明细账，进行明细分类核算。该账户的核算内容及其结构如图 5-49 所示。

借方　　其他业务收入	贷方
期末将本期取得的其他业务收入 转入“本年利润”账户的数额	本期取得的其他业务收入

图 5-49 “其他业务收入”账户的核算内容及其结构

6. “其他业务成本”账户

“其他业务成本”账户，属于损益类账户。该账户用以核算企业除主营业务活动以外的其他销售或其他业务所发生的支出，包括销售材料的成本、出租固定资产的折旧额、出租无形资产的摊销额等。该账户借方登记发生的其他业务成本，贷方登记期末转入“本年利润”账户的数额，结转后该账户无余额。该账户应按其他业务种类设置明细账，进行明细分类核算。该账户的核算内容及其结构如图 5-50 所示。

借方　　其他业务成本	贷方
本期发生的与其他销售有关的成本支出	期末将本期发生的其他业务成本 转入“本年利润”账户的数额

图 5-50 “其他业务成本”账户的核算内容及其结构

7. “应收账款”账户

“应收账款”账户，属于资产类账户。它是用来反映和监督企业因销售商品、提供劳务等经营活动应向购买单位或接受劳务单位收取货款结算情况的账户。该账户借方登记由于销售产品而发生的应收款项，以及代购货单位垫付的包装费、运杂费等，贷方登记已经收回的应收款项，期末余额在借方，表示尚未收回的应收款项，该账户应按债务单位设置明细账，进行明细分类核算。该账户的核算内容及其结构如图 5-51 所示。

借方　　应收账款	贷方
期初余额：期初尚未收回的应收款项	
本期发生的应收款项	本期收回的应收款项
期末余额：期末尚未收回的应收款项	

图 5-51 “应收账款”账户的核算内容及其结构

8. “应收票据”账户

“应收票据”账户，属于资产类账户。企业因销售产品、提供劳务时，如果购买单位是用商业承兑汇票或银行承兑汇票结算货款时，企业应设置“应收票据”账户，用来反映和监督与购买单位开出的商业汇票的结算情况。企业收到购买单位开出的票据，表明企业票据应收款项的增加，应借记“应收票据”账户，汇票到期收回购买单位款项，表明企业应收票据款减少，应贷记“应收票据”账户，期末账户如有余额，应为借方余额，表示尚未到期的票据应收款项。该账户应按开出、承兑商业汇票的单位进行设置明细账，进行明细分类核算。为了了解每一应收票据的结算情况，企业应设置“应收票据备查簿”，逐笔登记每一应收票据的详细资料，应收票据到期结清票款后，应在备查簿内逐笔注销。该账户的核算内容及其结构如图 5-52 所示。

借方 应收票据	贷方
期初余额：期初尚未到期的商业汇票数额	
本期收到的商业汇票票面数额	本期收回的已到期兑现的汇票数额
期末余额：期末尚未到期的商业汇票数额	

图 5-52 “应收票据”账户的核算内容及其结构

5.4.3 销售过程经济业务的账务处理举例

【例 5-25】2007 年 12 月 11 日，销售 A 产品 800 件，每件售价 130 元，共计价款 104 000 元；B 产品 500 件，每件售价 180 元，共计价款 90 000 元，货款总额为 194 000 元。应收取的增值税 32 980 元（194 000×17%＝32 980），款项收到，并存入银行存款户。

该项经济业务发生，引起资产和收入及负债 3 个要素发生增减变化。一方面使企业资产要素中银行存款增加 226 980 元（194 000＋32 980），应记入“银行存款”账户的借方；另一方面使企业收入要素中主营业务收入增加 194 000 元，使负债要素中的应交增值税增加 32 980 元。其中，已实现的商品销售收入，表明收入增加，应记入“主营业务收入”账户的贷方，应交增值税的增加属于负债的增加，应记入“应交税费——应交增值税（销项税额）”账户的贷方，该项经济业务应编制如下的会计分录。

借：银行存款　　226 980
　贷：主营业务收入——A 产品　　104 000
　　　　　　　　——B 产品　　90 000
　　应交税费——应交增值税（销项税额）　　32 980

实际工作中，财会人员应根据“增值税专用发票”、“转账支票”存根和“银行进账单”等原始凭证，填制银行存款收款凭证。

根据例 5-25 中的会计分录登记“T”形账户，如图 5-53 所示。

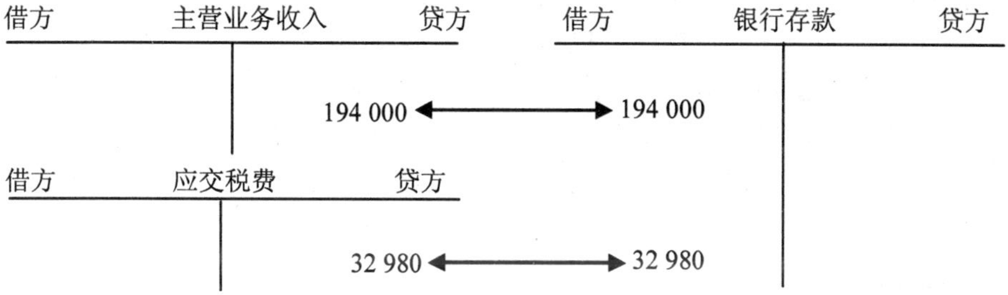

图 5-53　“T”形账户

【例 5-26】 2007 年 12 月 12 日，开出转账支票一张，支付电视台广告费 1 350 元。

该项经济业务发生，引起企业费用要素和资产要素发生增减变化；一方面使企业银行存款减少 1 350 元，记入“银行存款”账户的贷方，另一方面使企业的销售费用增加 1 350 元，记入“销售费用”账户的借方。该项经济业务应编制如下的会计分录。

借：销售费用　　　　　　　　　　1 350

　贷：银行存款　　　　　　　　　　1 350

实际工作中，财会人员应根据广告费“专用发票”和“转账支票”存根等原始凭证，填制银行存款付款凭证。

根据例 5-26 中的会计分录登记“T”形账户，如图 5-54 所示。

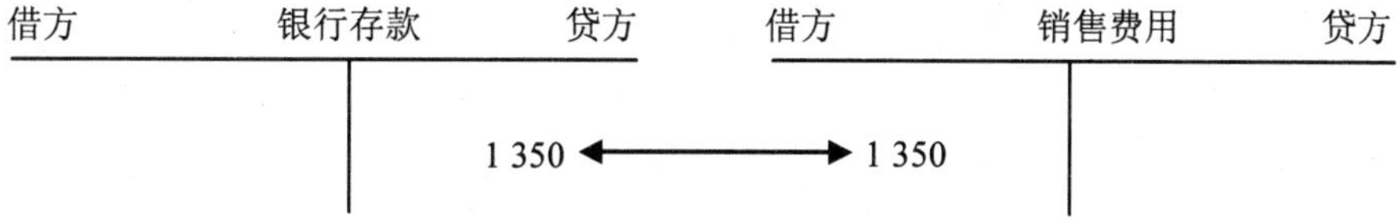

图 5-54　“T”形账户

【例 5-27】 2007 年 12 月 18 日，向乙企业销售 B 产品 825 件，每件售价 180 元，共计 148 500 元，增值税 25 245 元（148 500×17%）。收到期限为 3 个月的票面金额为 173 745 元的不带息商业汇票一张。

该项经济业务发生，一方面使企业的应收票据增加 173 745 元；另一方面使企业的主营业务收入增加 148 500 元，应交增值税增加 25 245 元，涉及“应收票据”、“主营业务收入”、“应交税费——应交增值税”3 个账户。该项经济业务应编制如下的会计分录。

借：应收票据——乙企业　　　　　　　　173 745

　贷：主营业务收入——B 产品　　　　　　148 500

　　　应交税费——应交增值税（销项税额）　　25 245

实际工作中，财会人员应根据“增值税专用发票”、“商业承兑汇票”等原始凭证，填制转账凭证。

根据例 5-27 中的会计分录登记“T”形账户，如图 5-55 所示。

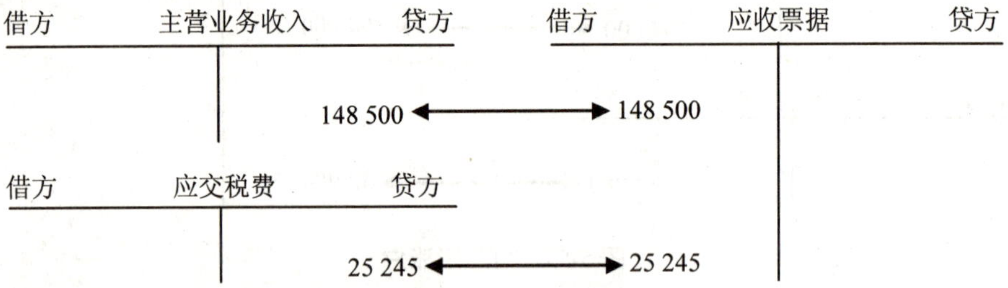

图 5-55 “T”形账户

【例 5-28】 2007 年 12 月 19 日，以银行存款支付汇兑手续费 240 元。

该项经济业务发生，引起企业费用要素和资产要素发生增减变化。一方面使企业银行存款减少 240 元，记入“银行存款”账户的贷方；另一方面使企业费用增加，汇兑手续费按规定为“财务费用”，所以应记入“财务费用”账户的借方；该项经济业务应编制如下的会计分录。

借：财务费用——汇兑手续费　　　　　　240

　贷：银行存款　　　　　　　　　　　　　240

实际工作中，财会人员应根据汇兑手续费 “结算单”和“转账支票”存根等原始凭证，填制银行付款凭证。

根据例 5-28 中的会计分录登记“T”形账户，如图 5-56 所示。

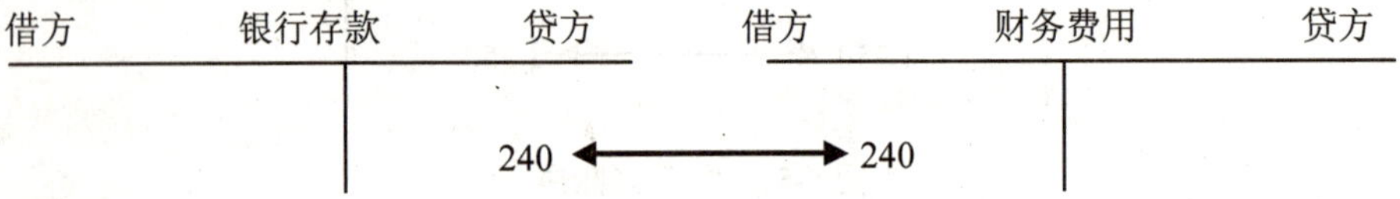

图 5-56 “T”形账户

【例 5-29】 2007 年 12 月 20 日，向丙企业销售 A 产品 2000 件，每件售价 130 元，共计 260 000 元，B 产品 1000 件，每件售价 180 元，共计 180 000 元，增值税专用发票上注明，增值税为 74 800 元[（260 000＋180 000）×17%]，货款与税款尚未收到。该项经济业务应编制如下会计分录。

借：应收账款——丙企业　　　　　　　514 800

　贷：主营业务收入——A 产品　　　　　　260 000

　　　　　　　　　——B 产品　　　　　　180 000

　　应交税费——应交增值税（销项税额）　74 800

实际工作中，财会人员应根据“增值税专用发票”等原始凭证，填制转账凭证。

根据例 5-29 中的会计分录登记“T”形账户，如图 5-57 所示。

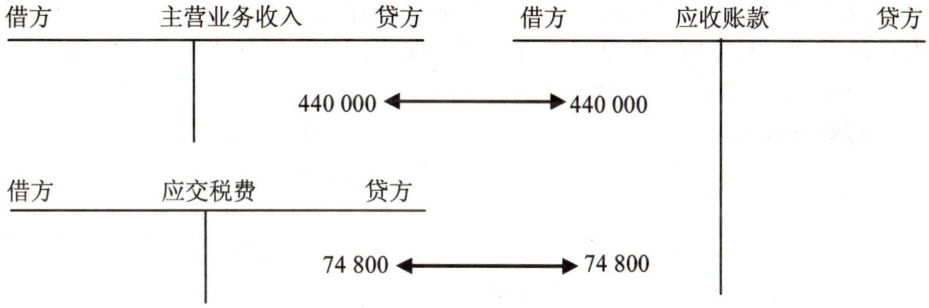

图 5-57 “T”形账户

【例 5-30】 2007 年 12 月 21 日，销售给丁企业甲材料 2 000 千克，每千克售价 6.00 元，开出增值税专用发票，货款 12 000，增值税为 2 040 元，货款已收，存入银行。

该项经济业务，不属于企业的主要经济业务，而是销售购入的材料，按规定销售材料的收入作为其他业务收入核算，记入“其他业务收入”账户的贷方，货款已收到，记入“银行存款”账户的借方，销售材料按税法规定应交增值税，记入“应交税费——应交增值税”账户的贷方。这项经济业务应编制如下的会计分录。

借：银行存款　　14 040

　贷：其他业务收入　　12 000

　　　应交税费——应交增值税（销项税额）　　2 040

实际工作中，财会人员应根据“增值税专用发票”、“银行进账单”等原始凭证，填制收款凭证。

根据例 5-30 中的会计分录登记“T”形账户，如图 5-58 所示。

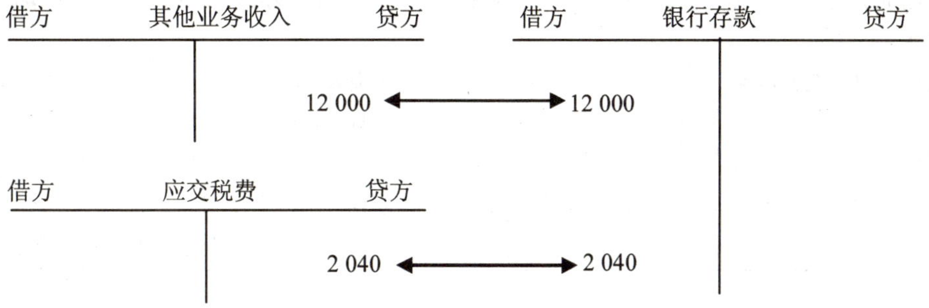

图 5-58 “T”形账户

【例 5-31】 2007 年 12 月 31 日，结转本月已销商品成本，A 产品每件成本 80 元，B

产品每件成本 120 元。经查，本月销售 A 产品 2 800 件，B 产品 2 325 件。

该项经济业务发生，引起费用和资产两个要素发生增减变化。一方面引起费用要素中的主营业务成本增加，另一方面，引起资产要素中库存商品减少，说明由于销售商品使企业的库存商品减少，月末时，应从“库存商品”账户的贷方转入“主营业务成本”账户的借方。该项经济业务应编制如下会计分录。

借：主营业务成本——A 产品　　224 000

　　　　　　　　——B 产品　　279 000

　贷：库存商品——A 产品　　224 000

　　　　　　　——B 产品　　279 000

A 产品销售成本＝2800 件×80＝224 000（元）

B 产品销售成本＝2325 件×120＝279 000（元）

实际工作中，财会人员应根据“产品出库单”和“主营业务成本计算单”等原始凭证，填制转账凭证。

根据例 5-31 中的会计分录登记“T”形账户，如图 5-59 所示。

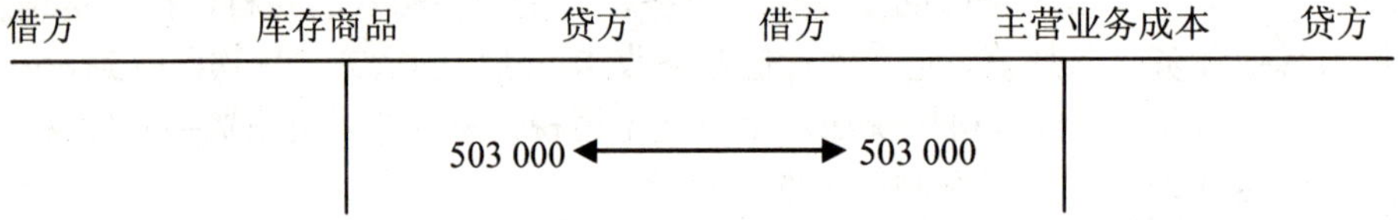

图 5-59 “T”形账户

【例 5-32】 2007 年 12 月 31 日，结转本月已销甲材料成本 10 000 元，甲材料销售见例 5-30 的一笔业务，共销售 2 000 千克，每千克进价 5.00 元。

该项业务发生，引起资产和费用要素发生增减变化。一方面，销售材料引起资产要素中库存材料减少，因为不属于主要经营业务，应记入“其他业务成本”账户的借方；另一方面引起资产要素中原材料减少，记入“原材料”账户的贷方。该项经济业务应编制如下会计分录。

借：其他业务成本　　10 000

　贷：原材料——甲材料　　10 000

实际工作中，财会人员应根据“材料出库单”，填制转账凭证。

根据例 5-32 中的会计分录登记“T”形账户，如图 5-60 所示。

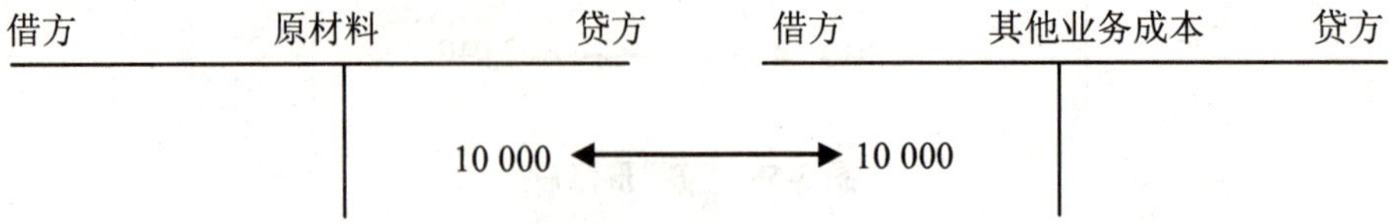

图 5-60 “T”形账户

【例 5-33】 2007 年 12 月 31 日，按税收有关规定，计算应交城市维护建设税为 233.10 元，教育费附加为 99.90 元。

该项经济业务的发生，引起企业费用要素和负债要素发生增减变化。一方面，引起企业费用要素中的主营业务税金及附加项目增加，应记入“营业税金及附加”账户的借方；另一方面，引起企业负债要素中应交税费和其他应交款项目增加，应分别记入“应交税费——应交城市维护建设税 ”和“应交税费——应交教育费附加”账户的贷方。该项经济业务应编制如下会计分录。

借：营业税金及附加　　　　　　　　　　333.00
　贷：应交税费——应交城建税　　　　　　　233.10
　　　　　　——应交教育费附加　　　　　　　99.90

实际工作中，财会人员应根据“城市维护建设税和教育费附加计算表”，填制转账凭证。

根据例 5-33 中的会计分录登记“T”形账户，如图 5-61 所示。

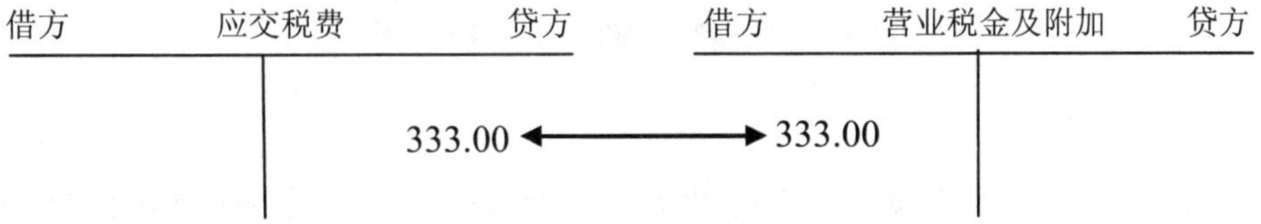

图 5-61 “T”形账户

5.5 利润形成及分配业务的账务处理

5.5.1 利润形成及分配业务的核算内容

利润是企业在一定期间的经营成果，是企业的收入减去有关的成本与费用后的差额。收入大于相关的成本与费用，企业就可获取盈利，收入小于相关的成本与费用时，企业就会发生亏损。企业的收入，广义地讲不仅包括营业收入，还包括营业外收入；企业的费用，广义地讲不仅包括为取得营业收入而发生的各种耗费，还包括营业外支出和所得税费用。

1. 利润的构成

（1）营业利润

营业利润是企业一定时期生产经营活动、投资活动等所形成的利润，是企业利润总额的主要来源。营业利润以营业收入为基础减去营业成本、营业税金及附加、销售费用、管理费用、财务费用、资产减值损失、加上公允价值变动收益和投资收益。用公式表示为：

营业利润＝营业收入－营业成本－营业税金及附加－销售费用－管理费用－财务费用－资产减值损失＋公允价值变动收益（－公允价值变动损失）＋投资收益（－投资损失）

（2）利润总额

根据《企业会计准则》的有关规定，企业的利润一般包括营业利润和营业外收支净额。如果企业能够按规定获取补贴收入，则也应作为当期的利润总额的组成部分。用公式表式为：

利润总额＝营业利润＋营业外收入－营业外支出

（3）净利润

净利润是企业当期利润总额减去所得税费用以后的余额，即企业的税后利润。用公式表示为：

净利润＝利润总额－所得税费用

2. 利润分配

利润分配是企业按照国家有关规定和投资者的决议，对企业净利润所进行的分配。

企业本年实现的净利润加上年初未分配利润为可供分配的利润。企业利润分配的内容和程序如下。

（1）提取法定盈余公积。法定盈余公积按本年实现净利润的一定比例提取，公司制企业（包括国有独资公司、有限责任公司和股份有限公司，下同）按公司法规定净利润的 10%提取；其他企业可以根据需要确定提取比例，但至少应按 10%提取。企业提取的法定盈余公积累计额超过其注册资本的 50%以上的，可以不再提取。

（2）提取法定公益金。公司制企业按照本年实现净利润的 5%~10%提取法定公益金；其他企业按不高于法定盈余公积的提取比例提取公益金，企业提取的法定公益金用于企业职工集体福利设施。

（3）提取任意盈余公积。公司制企业提取法定盈余公积后，经过股东大会决议，可以提取任意盈余公积，其他企业也可根据需要提取任意盈余公积。任意盈余公积的提取比例由企业视情况而定。

（4）向投资者分配利润。企业提取法定盈余公积和公益金后，可以按规定向投资者分配利润。

（5）企业如果发生亏损，可以用以后年度实现的利润弥补，也可以用以前年度提取的盈余公积弥补。企业以前年度亏损未弥补完，不能提取法定盈余公积和法定公益金。在提取法定盈余公积和法定公益金前，不得向投资者分配利润。

5.5.2　利润形成及分配业务的账户设置

为了反映利润的形成及分配情况，企业应设置“营业外收入”、“营业外支出”、“投资收益”、“本年利润”、“所得税费用”、“盈余公积”、“应付股利”、“利润分配”等账户进行核算。

1. “营业外收入”账户

“营业外收入”账户，属于损益类账户。该账户用以核算企业发生的与企业生产经营无直接关系的各项收入，包括固定资产盘盈、处置固定资产净收益、确实无法支付的款项、返还教育费附加等。企业发生属于营业外收入内容时，记入该账户的贷方，期末从借方将该账户余额全部转入“本年利润”账户的贷方，结转后该账户无余额。该账户应按收入项目设置明细账，进行明细分类核算。“营业外收入”账户的核算内容及其结构如图 5-62 所示。

借方　　　　营业外收入	贷方
期末将本期发生的营业外收入 转入“本年利润”账户的数额	本期发生的各项营业外收入数额

图 5-62　“营业外收入”账户的核算内容及其结构

2. “营业外支出”账户

“营业外支出”账户，属于损益类账户。该账户用以核算企业发生的与企业生产经营无直接关系的各项支出，如固定资产盘亏、处置固定资产净损失、非常损失、非正常停工损失、公益救济性捐赠、赔偿金、违约金等。企业发生营业外支出时，记入该账户的借方，期末从贷方将该账户的余额全部转入“本年利润”账户的借方，结转后，该账户无余额。该账户应按支出项目设置明细账。“营业外支出”账户的核算内容及其结构如图 5-63 所示。

借方　　　　营业外支出	贷方
本期发生的各项营业外支出数额	期末将本期发生的营业外支出 转入“本年利润”账户的数额

图 5-63　“营业外支出”账户的核算内容及其结构

3. “投资收益”账户

“投资收益”账户，属于损益类账户。该账户用以核算企业对外投资取得的投资收益或发生的投资损失。企业取得投资收益或期末投资净损失的转出数记入该账户的贷方，发生的投资损失和期末投资净收益的转出数记入该账户的借方，期末结转后，该账户无余额。该账户应按收益种类设置明细账。“投资收益”账户的核算内容及其结构如图 5-64 所示。

借方　　投资收益	贷方
本期发生额投资损失和期末投资净收益的转出数额	本期取得投资收益或期末投资净损失的转出数额

图 5-64 “投资收益”账户的核算内容及其结构

4. “本年利润”账户

“本年利润”账户，属于所有者权益类账户。该账户用以核算企业在本年度实现的利润（或亏损）总额，贷方登记期末从各收入和投资收益账户转入数，借方登记期末从各支出、有关成本、费用账户转入数。年度终了，企业将本年实现的净利润转入“利润分配”账户，记入该账户的借方（亏损总额结转记入贷方）。该账户平时贷方余额表示截至本期累计实现的利润总额，平时如为借方余额表示截至本期累计亏损总额。年终结转后，该账户无余额。“本年利润”账户的核算内容及其结构如图 5-65 所示。

借方　　本年利润	贷方
从有关成本、费用账户转入的：	从有关收入、收益账户转入的：
主营业务成本	主营业务收入
营业税金及附加	其他业务收入
销售费用	营业外收入
管理费用	投资收益
财务费用	
其他业务成本	
营业外支出	
投资损失	
所得税费用	
期末余额：发生的亏损数额	期末余额：实现的净利润数额

图 5-65 “本年利润”账户的核算内容及其结构

5. “所得税费用”账户

“所得税费用”账户，属于损益类账户。该账户用以核算企业在实现利润总额以后，按规定方法计算缴纳的所得税，计算应缴纳所得税数额时记入“所得税费用”账户的借方，期末从该账户贷方转入“本年利润”账户的借方，该账户结转后无余额。“所得税费用”账户的核算内容及其结构如图 5-66 所示。

借方	所得税费用　　　　　　贷方
按一定方法计算的所得税费用	期末转入“本年利润”账户的所得税数额

图 5-66 “所得税费用”账户的核算内容及其结构

6. “盈余公积”账户

“盈余公积”账户，属于所有者权益类账户。该账户用来反映和监督企业从税后利润中提取的盈余公积金和公益金的增减变动和结余情况的账户。贷方登记从税后利润（即净利润）中提取的盈余公积金和公益金，借方登记盈余公积金和公益金的使用，如转增资本、弥补亏损等。期末余额在贷方，表示期末盈余公积的结余数。“盈余公积”账户的核算内容及其结构如图 5-67 所示。

借方	盈余公积　　　　　　贷方
本期盈余公积金的支用数额	本期从税后利润中提取的盈余公积金数额
	期末余额：盈余公积金结余数

图 5-67 “盈余公积”账户的核算内容及其结构

7. “应付股利”账户

“应付股利”账户，属于负债类账户。该账户用来反映和监督企业向投资者（包括国家、其他单位及个人）支付的现金股利（股份制企业）或利润（非股份制企业）情况的账户。贷方登记企业计算出的应支付给投资者的股利（或利润），借方登记实际支付给投资者的股利（或利润），期末余额在贷方，表示应付而未支付的股利（或利润），如在借方，表示多支付的股利（或利润）。“应付股利”账户的核算内容及其结构如图 5-68 所示。

借方	应付股利　　　　　　贷方
实际支付给投资者的股利（或利润）	计算出应支付给投资者的股利（或利润）
	期末余额：应付而尚未支付股利（或利润）

图 5-68 “应付股利”账户的核算内容及其结构

8. “利润分配”账户

“利润分配”账户，属于所有者权益类账户。企业进行利润分配，意味着企业实现的“利润”这项所有者权益的减少，本应借记“本年利润”账户，直接冲减本年实现利润额。

但是，如果这样处理，那么“本年利润”账户的期末贷方余额只能是未分配利润（实现的利润减已分配的利润），就不能提供本年累计实现的利润额。而这项指标恰恰又是管理上需要提供的。基于这种原因，为了使“本年利润”账户既能反映企业实现利润的原始数据，又能反映企业未分配利润数额，核算中便专门设置了“利润分配”账户，用以反映企业已分配的利润数额。账户借方登记实际分配的利润数额，或年终是从“本年利润”账户的贷方转来的全年亏损总额，贷方平时一般不作登记。因而在年度中间该账户的期末余额为借方余额，表示截止本期企业累计已分配利润数额，平时，将“本年利润”账户的贷方余额，即累计实现的利润与“利润分配”账户的借方余额，即累计已分配的利润相减，可以求得未分配的利润余额。年末，企业将全年实现的净利润，自“本年利润”账户借方结转记入“利润分配”账户的贷方，结转后，“利润分配”账户如为贷方余额，表示年末尚未分配的利润数额，如为借方余额表示年末尚未弥补的亏损。

为了详细地反映和监督企业利润分配的去向和历年分配后的结余金额，“利润分配”账户一般应设置“提取盈余公积”、“应付利润”、“未分配利润”等明细账户，进行明细分类核算。企业应将“利润分配”账户的各明细账户的余额分别转入“利润分配——未分配利润”账户的借方或贷方。结转后除“未分配利润”明细账户外，其他明细账户应无余额。“利润分配”账户的核算内容及其结构如图 5-69 所示。

借方　　　利润分配	贷方
年末从“本年利润”账户转入全年发生的亏损 实际分配的利润数额	年末从“本年利润”账户转入全年实现的净利润
期末余额：年末未弥补亏损	期末余额：年末未分配利润

图 5-69 “利润分配”账户的核算内容及其结构

5.5.3 利润形成及利润分配业务的账务处理举例

【例 5-34】 2007 年 12 月 31 日，经批准企业将确实无法支付给甲单位的应付账款转为营业外收入，共计 30 000 元。

该项经济业务表明，企业确实无法支付的款项，按规定经批准可以转作营业外收入，应借记“应付账款”账户和贷记“营业外收入”账户。该项经济业务应编制如下会计分录。

借：应付账款——甲单位　　　　　　30 000

　贷：营业外收入　　　　　　　　　　30 000

实际工作中，财会人员应根据“转销凭据”，填制转账凭证。

根据例 5-34 中的会计分录登记“T”形账户，如图 5-70 所示。

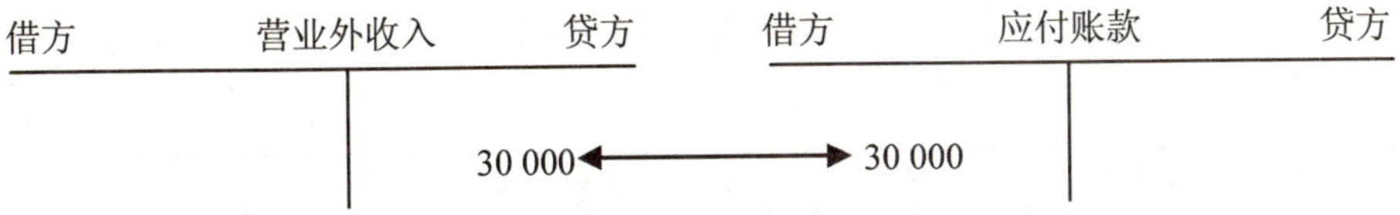

图 5-70　“T”形账户

【例 5-35】 2007 年 12 月 31 日，开出转账支票一张，捐赠给某福利部门 2 000 元。

该项经济业务的发生，减少了银行存款 2 000 元，记入“银行存款”贷方，同时捐赠给福利部门属于公益救济性捐赠，列入营业外支出，应记入“营业外支出”的借方。该项经济业务应编制如下会计分录。

借：营业外支出　　2 000

　贷：银行存款　　2 000

实际工作中，财会人员根据“转账支票”存根和“收据”等原始凭证，填制付款凭证。

根据例 5-35 中的会计分录登记“T”形账户，如图 5-71 所示。

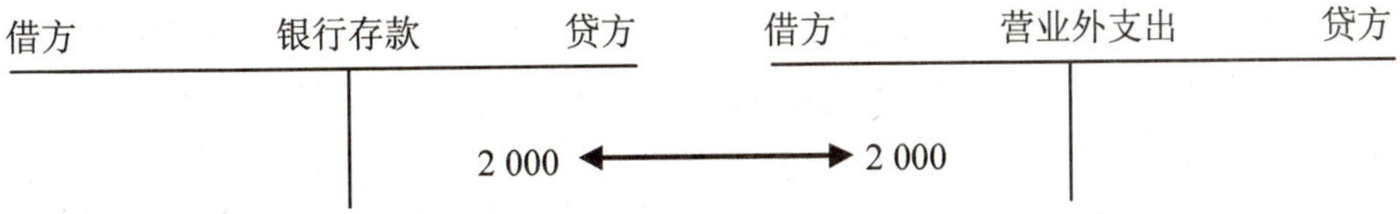

图 5-71　“T”形账户

【例 5-36】 2007 年 12 月 31 日，企业因对外投资取得收入 80 000 元，存入银行。

该项经济业务的发生，使企业的银行存款增加 80 000 元，借记“银行存款”，同时收入增加了投资收益，记入“投资收益”的贷方。该项经济业务应编制如下会计分录。

借：银行存款　　80 000

　贷：投资收益　　80 000

实际工作中，财会人员应根据“汇款凭证”，填制银行存款收款凭证。

根据例 5-36 中的会计分录登记“T”形账户，如图 5-72 所示。

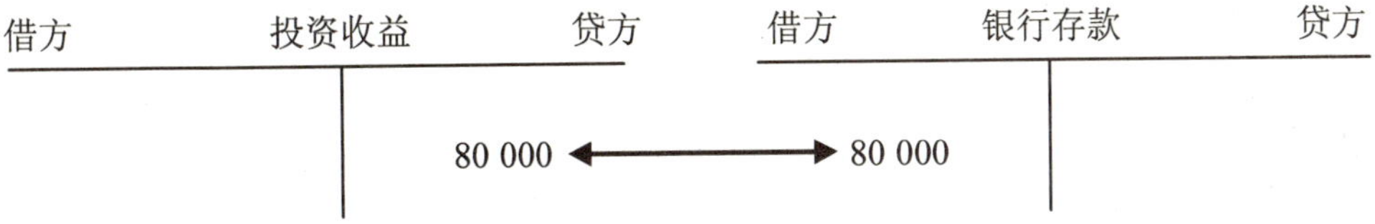

图 5-72　“T”形账户

【例 5-37】 2007 年 12 月 31 日，经查本月各损益类账户余额，如表 5-8 所示。

表 5-8 有关损益类账户余额表

单位：元

账户名称	借方余额	贷方余额
主营业务收入		782 500
主营业务成本	503 000	
营业税金及附加	333	
销售费用	1 350	
其他业务收入		12 000
其他业务成本	10 000	
管理费用	18 950	
财务费用	13 240	
投资收益		80 000
营业外收入		30 000
营业外支出	2 000	

按规定程序企业应于年末将有关损益类账户的余额，全部转入“本年利润”的借方或贷方，以便计算财务成果。成本、费用、支出、税金等账户，发生额在借方，结转时全部从贷方转出，转入“本年利润”账户的借方，即：借记“本年利润”账户，贷记有关成本费用账户。收入、收益账户，发生额在贷方，结转时全部从借方转出，转入“本年利润”的贷方，即：借记有关的收入、收益账户，贷记：“本年利润”账户。年末编制结转的会计分录如下。

（1）结转成本、费用、税金账户

借：本年利润　　548 873

　贷：主营业务成本　　503 000

　　营业税金及附加　　333

　　销售费用　　1 350

　　其他业务成本　　10 000

　　管理费用　　18 950

　　财务费用　　13 240

　　营业外支出　　2 000

（2）结转收入、收益账户

借：主营业务收入　　782 500

　其他业务收入　　12 000

　投资收益　　80 000

　营业外收入　　30 000

　贷：本年利润　　904 500

实际工作中，财会人员应根据“内部转账单”，填制转账凭证。

根据例 5-37 中的会计分录登记“T”形账户，如图 5-73 所示。

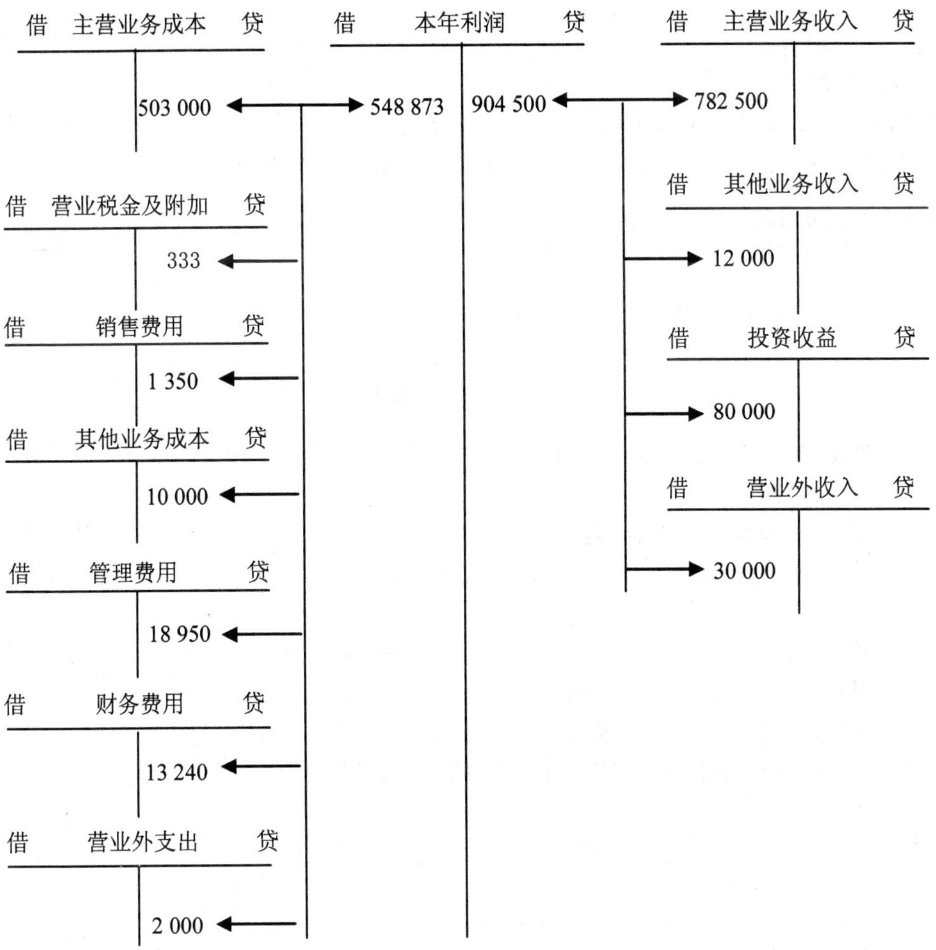

图 5-73　“T”形账户

【例 5-38】 2007 年 12 月 31 日，计算结转应交所得税（税率为 25%）。

所得税的计算，是按企业应纳税所得乘以税率计算求出。应纳税所得等于企业利润总额加或减纳税调整额求出。这一部分内容将在财务会计中论述。假设该企业利润总额即为应纳税所得。那么应交所得税即为：

利润总额×25%＝355 627×25%＝88 906.75（元）

该项经济业务应编制会计分录如下。

借：所得税费用　　　　　　　　　　　　　　88 906.75

　贷：应交税费——应交所得税　　　　　　　　　　88 906.75

同时

借：本年利润　　　　　　　　　　　　　　　88 906.75

　贷：所得税费用　　　　　　　　　　　　　　　88 906.75

实际工作中，财会人员应根据“所得税计算表”和“内部转账单”，填制转账凭证。

根据例 5-38 中的会计分录登记“T”形账户，如图 5-74 所示。

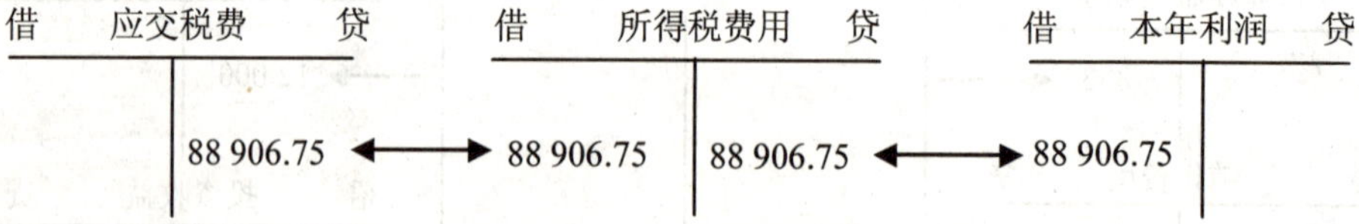

图 5-74 “T”形账户

【例 5-39】 2007 年 12 月 31 日，将本年实现的净利润 266 720.25 元，转入“利润分配”账户，以便进行分配。

该项经济业务表明，企业计算应交所得税后，将实现的净利润，按国家规定的程序进行分配，即从“本年利润”账户的借方，转入“利润分配”账户的贷方。该项经济业务应.编制会计分录如下。

借：本年利润　　　　　　　　　　　　　　266 720.25

　贷：利润分配——未分配利润　　　　　　　　　266 720.25

实际工作中，财会人员应根据“净利润计算表”，填制转账凭证。

根据例 5-39 中的会计分录登记“T”形账户，如图 5-75 所示。

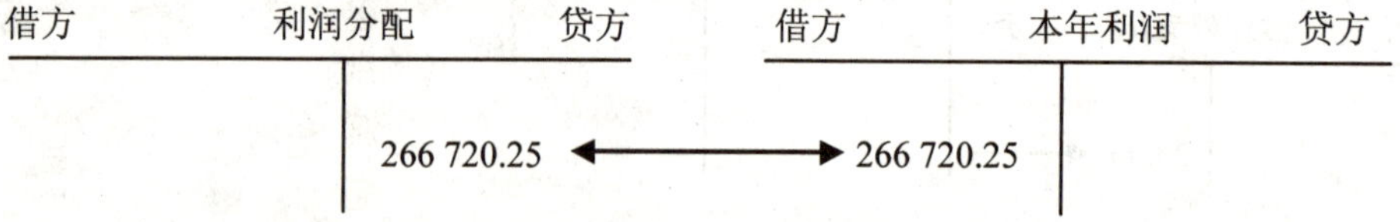

图 5-75 “T”形账户

【例 5-40】 2007 年 12 月 31 日，按规定从本年净利润中提取 10%法定盈余公积金。

企业提取的法定盈余公积金＝266 720.25×10%＝266 720.03（元）

该项经济业务表明，企业提取法定盈余公积金，是对已实现的利润进行分配，应记入“利润分配——提盈余公积”的借方，同时记入“盈余公积”的贷方。该项经济业务应编制会计分录如下。

借：利润分配——提取盈余公积　　266 720.03

　贷：盈余公积——法定盈余公积　　266 720.03

实际工作中，财会人员应根据“利润分配计算表”，填制转账凭证。

根据例 5-40 中的会计分录登记“T”形账户，如图 5-76 所示。

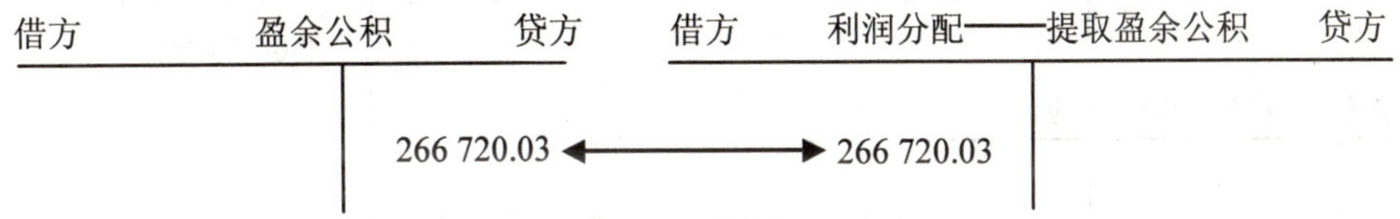

图 5-76　“T”形账户

【例 5-41】2007 年 12 月 31 日，按规定计算出应付给投资者的利润，本例按 30%计提。

应付利润＝净利润×30%　＝266 720.25×30%　＝80 016.08（元）

该项经济业务表明，企业实现净利润，在提取盈余公积后，才能分配给投资者利润，计提时记入“利润分配——应付利润”借方，同时记入“应付利润”的贷方。该项经济业务应编制会计分录如下。

借：利润分配——应付利润　　80 016.08

　贷：应付利润　　80 016.08

实际工作中，财会人员应根据“利润分配计算表”，填制转账凭证。

根据例 5-41 中的会计分录登记“T”形账户，如图 5-77 所示。

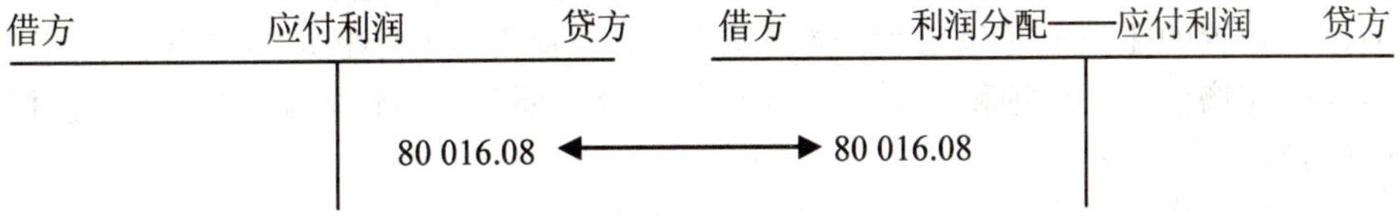

图 5-77　“T”形账户

【例 5-42】 年末，计算企业当年未分配利润（假设年初未分配利润为 100 000 元）。

年末未分配利润＝100 000＋266 720.25－26 672.03－80 016.08

＝260 032.14（元）

将“利润分配——提取盈余公积、应付利润”各明细账结转“未分配利润”明细账户，编制会计分录如下。

借：利润分配——未分配利润　　106 688.11

　贷：利润分配——应付利润　　80 016.08

　　　　　　——提取盈余公积　　26 672.03

至此，企业利润及利润分配的过程全部结束，年终，“利润分配——未分配利润”账户的发生情况，如图 5-78 所示。

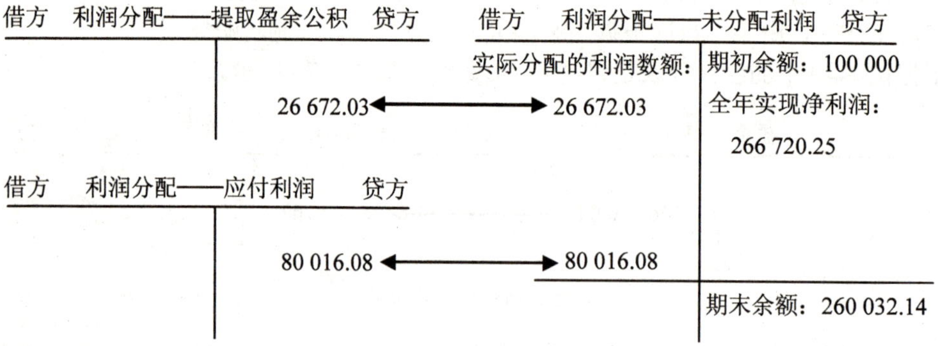

图 5-78 “T”形账户

本 章 小 结

工业企业的资金运动按其运动的程序可分为资金投入、资金周转、资金退出 3 个基本环节。

工业企业生产经营过程主要包括供应过程、生产过程和销售过程。

供应过程设置的账户主要包括“物资采购”、“原材料”、“应付账款”、“应付票据”、“应交税费——应交增值税（进项税额）”。会计核算内容主要包括材料采购的核算以及材料采购成本的确定。

生产过程也是生产耗费的过程，各项耗费按其与产品的关系，分为直接费用与间接费用。

直接费用是指为生产某种产品而发生的，如直接材料、直接人工费、其他直接费用。

间接费用是企业生产单位发生的各种费用，不能直接计入成本，如制造费用。企业应划清生产成本和期间费用的界限，准确、及时、全面、系统地核算企业在产品生产经营过程中发生成本费用，正确计算产品的生产成本。

企业在商品销售过程中，会计核算业务主要包括在发出商品、提供劳务的同时收讫价款或者取得索取价款的凭据时，确认营业收入，支付发生的销售费用，结转已销商品的生产成本，计算并交纳销售税金及附加的核算等内容。

利润是企业一定期间的经营成果。企业利润包括营业利润、利润总额和净利润。企业实现的利润，首先按照国家规定的所得税率计算缴纳所得税，然后按照规定的利润分配顺序进行分配。

思 考 题

一、单项选择题

1. 应付票据是指企业发生债务时签发的，于到期日支付款项的（　　）。
A. 商业汇票　　B. 转账支票　　C. 银行本票　　D. 银行汇票
2. 投资者投入的资本包括（　　）。
A. 企业投资　　B. 法人投入资本
C. 部门投入资本　　D. 机关投入资本
3. 企业购买货物，应支付的增值税，在“应交税金——应交增值税（　　）”项目记录。
A. 销项税额　　B. 进项税额　　C. 已交税金　　D. 出口退税
4. 企业在每个会计期间发生的期间费用，应（　　）处理。
A. 计入产品成本　　B. 冲减当期主营业务收入
C. 冲减当期损益　　D. 冲减应交税金
5. 预付下年度的报纸杂志费，应记入（　　）账户。
A. 预提费用　　B. 待摊费用　　C. 管理费用　　D. 应付福利费
6. 下列业务中，属于利润分配的有（　　）。
A. 提取固定资产折旧费　　B. 提取法定盈余公积
C. 提取应交纳所得税　　D. 提取应交城建税
7. 预提应由本月负担的借款利息，应记入（　　）账户借方。
A. 制造费用　　B. 预提费用　　C. 财务费用　　D. 管理费用
8. 企业购买材料发生的运费，应记入（　　）账户的借方。
A. 管理费用　　B. 预提费用　　C. 物资采购　　D. 制造费用
9. 工业企业的收入包括（　　）。
A. 销售商品收入　　B. 营业外收入
C. 投入资本金的收入　　D. 捐赠的收入
10. 指出下列业务中，属于营业外支出的有（　　）。
A. 固定资产盘亏　　B. 处置固定资产收益
C. 接受捐赠的收入　　D. 获取的赔偿金

二、多项选择题

1. 资本公积形成的原因是（　　）。
A. 资本溢价　　B. 接受捐赠资产的价值
C. 固定资产盘盈收入　　D. 外币资本折算差额

2．企业通过以下方式筹集资金，属于负债的有（　　）。
A．向银行借入两年期借款　　B．发行 3 年期债券收入
C．接受其他单位投入资金　　D．接受捐赠的固定资产
3．下列所有者权益，（　　）来源于企业的经营活动。
A．投入资本　　B．未分配利润
C．资本公积　　D．盈余公积
4．工业企业的收入包括（　　）。
A．主营业务收入　　B．其他业务收入
C．营业外收入　　D．投资收益
5．下列费用中，属于生产过程发生的费用有：（　　）。
A．车间机器设备折旧费　　B．材料采购费用
C．生产工人薪酬　　D．产品广告费

三、判断题

1．购入用于产品生产的原材料，其实际成本应包括应交增值税的进项税。（　　）
2．“应收账款”和“应付账款”均属于资产类账户。（　　）
3．存货是企业的流动资产。（　　）
4．企业出售固定资产收回的价款，应确认为营业外收入。（　　）
5．企业的销售业务，只有当收取货款时才能确定为销售收入的实现。（　　）
6．上月售出产品，在本月收到货款，应计入本月的收入。（　　）
7．某企业由于三废污染严重，被环卫局罚款，应直接计入生产成本。（　　）
8．预提短期借款利息时，应该借记“财务费用”账户，贷记“银行存款”账户。（　　）
9．盈余公积是根据国家规定，按企业实现利润总额的一定比例提取的。（　　）
10．管理费用、制造费用以及直接人工和直接材料构成产品的生产成本。（　　）

四、实训题

实训一

[目的] 练习供应过程的业务核算。
[资料] 光明工厂 2007 年 12 月发生以下经济业务。
1．从宏达工厂购入 A 材料 300 公斤，每公斤买价 4.50 元，增值税率 17%，货款及增值税款全部用银行存款支付，材料已运达企业，尚未验收入库。
2．从利达工厂购入 B 材料 1 000 公斤，每公斤 10 元，增值税率 17%，供方代垫运杂费 500 元，全部款项未付，材料已验收入库。
3．从宏达工厂购入的 A 材料，验收入库，按实际成本转账。
4．以银行存款支付欠利达工厂的材料款。

5. 从新兴工厂购 C 材料 500 公斤，每公斤 25 元，增值税率 17%，供方代垫运费 800 元，材料验收入库，开出期限为 3 个月的商业汇票给新兴工厂。

6. 支付已到期的不带息的商业汇票一张，面值为 20 000 元。

7. 向红星工厂购 A 材料 200 公斤，每公斤买价 5 元，增值税率 17%，购 B 材料 800 公斤，每公斤买价 10 元，增值税率 17%，供方代垫运费 600 元，材料未到，货款未付。

8. 开出商业汇票一张，偿还红星工厂货款。

9. 月末，从红星工厂购入 A、B 材料入库，按实际成本转账。

要求：根据上述经济业务编制会计分录。

实训二

[目的] 练习生产过程的业务核算。

[资料] 光明工厂 2007 年 12 月发生以下经济业务。

1. 12 月 2 日，领用材料如下表所示。

单位：元

领用部门	A 材料	B 材料	C 材料	合　计
甲产品	22 000	18 000	16 000	56 000
乙产品	24 000	20 000	18 000	62 000
车间修理用			600	600
行政管理部门用			300	300
合　　计	46 000	38 000	34 900	118 900

2. 12 月 3 日，从银行提取现金 18 000 元，备发工资。

3. 12 月 3 日，以现金 18 000 元发放本月工资。

4. 12 月 4 日，采购员王平出差，预借差旅费 1 000 元，以现金支付。

5. 12 月 5 日，以银行存款，预付下年度报纸杂志费 1 200 元。

6. 12 月 6 日，从银行借入半年期借款 100 000 元，存入银行。

7. 12 月 7 日，购办公用品一批 800 元，现付。行政管理部门使用。

8. 12 月 10 日，车间支付水、电费 2 000 元，银行付款。

9. 12 月 15 日，王平出差归来，报销差旅费 900 元，余款交回。

10. 12 月 30 日，预提本月负担的借款利息 1 000 元。

11. 12 月 30 日，分配本月职工薪酬，其中：甲产品 7 500 元，乙产品 2 500 元，车间管理人员 5 000 元，企业管理人员 3000 元。

12. 12 月 30 日，按职工薪酬总额计提福利费。

13. 12 月 30 日，摊销应由本月负担的报刊费 100 元。

14. 12 月 30 日，计提本月固定资产折旧，其中：车间设备计提 8 000 元，管理部门计提 6 000 元。

15．12 月 30 日，分配本月制造费用（按甲、乙产品工人的工资）。

16．12 月 30 日，甲、乙产品全部完工，结转完工入库的生产成本。

要求：根据上述经济业务编制会计分录，并列出相关计算过程。

实训三

［目的］练习销售过程的业务核算。

［资料］光明工厂 2007 年 12 月发生以下经济业务。

1．12 月 1 日，销售甲产品 1 000 件给飞燕工厂，每件售价 450 元，增值税率为 17%，以银行存款代垫运杂费 2 000 元，产品已发出，款项未收到。

2．12 月 2 日，销售乙产品 200 件给星火工厂，每件售价 1 000 元，增值税率为 17%，产品已发出，收到星火工厂不带息商业汇票一张。

3．12 月 8 日，接银行通知，飞燕工厂的货款已收到，记入存款户。

4．12 月 9 日，企业有一张不带息商业汇票到期，按面值 200 000 元，向银行办妥收款手续。

5．12 月 10 日，以银行存款支付产品广告费 5 000 元，支付产品展位费 8 000 元。

6．12 月 12 日，销售 C 材料 1 000 公斤，每公斤 40 元，增值税率为 17%，收到购方东风工厂转账支票一张（该材料成本每公斤 25 元）。

7．12 月 12 日，以银行存款支付汇兑手续费 200 元。

8．12 月 30 日，结转本月销售甲、乙产品的生产成本（甲产品单位成本 320 元，乙产品单位成本 800 元）。

9．12 月 30 日，结转本月已销 C 材料成本。

10．12 月 30 日，计算本月应交增值税。

11．12 月 30 日，计算本月应交城建税、教育费附加。

要求：根据上述经济业务编制会计分录，并列出相关计算过程。

实训四

［目的］练习利润形成及利润分配业务的核算。

［资料］光明工厂 2007 年 12 月发生以下经济业务。

1．12 月 8 日，企业用银行存款 10 000 元，捐赠给希望工程。

2．12 月 9 日，没收红星工厂包装物押金 200 元。

3．12 月 10 日，购入无形资产一项 50 000 元，用银行存款支付。

4．12 月 20 日，收到对外投资收益 60 000 元，存入银行。

5．12 月 28 日，无法支付丙单位货款 30 000 元，经批准转为营业外收入。

6．12 月 30 日，用银行存款归还上年度借款 50 000 元。

7．12 月 31 日，将各损益类账户结转本年利润。

8．12 月 31 日，按 25%税率计算应交所得税。

9．12 月 31 日，将净利润结转利润分配账户。

10．12 月 31 日，按净利润 10%，提法定盈余公积金。

11．12 月 31 日，按净利润 5%，提法定公益金。

12．12 月 31 日，按净利润 20%，计算应付给投资者的利润。

13．12 月 31 日，将“利润分配”所属的明细账，全部转入“未分配利润”。

要求：根据上述经济业务编制会计分录，并列出相关计算过程。

第6章 会计凭证

【学习目标】

➢ **基本知识目标**

✧ 理解会计凭证的概念和意义，了解会计凭证的分类。

✧ 明确会计凭证在会计核算中的作用。

➢ **基本能力目标**

✧ 掌握原始凭证的审核和填制方法。

✧ 掌握记账凭证的审核和填制方法，正确使用收款凭证、付款凭证和转账凭证。

✧ 掌握会计凭证的传递、整理和装订。

【学习要求】

通过本章教学，使学生了解会计凭证的概念和意义，掌握原始凭证的分类及其填制和审核方法，掌握记账凭证的分类及审核方法；掌握经济业务发生时会计凭证在会计核算工作中的地位和影响。

6.1 会计凭证概述

1. 会计凭证的含义

会计凭证是记录经济业务，明确经济责任，据以登记账簿的具有法律效力的书面证明文件。为了保证会计记录能如实反映企业的经济活动情况，保证账户记录的真实性、准确性，记账必须严格以会计凭证为依据。

企业单位发生经济业务时，通常情况下由执行或完成该项经济业务的有关人员从单位外部取得或自行填制能够如实反映经济业务性质、内容、数量和金额的有关凭证，并在凭证上签名或盖章，以明确经济责任。会计凭证在取得或填制后，要按照规定的传递时间和路线送交相关人员进行审核，审核无误的会计凭证才能作为记账的依据。

填制和审核会计凭证是会计工作的起点和基础，在整个会计核算过程中起着至关重要的作用。会计凭证的合法取得、正确填写，对于如实反映经济业务的内容，有效监督经济业务的合理性和合法性，保证会计核算资料的真实性、可靠性、完整性，发挥会计在经济管理中的作用，具有重要意义。

(1) 会计凭证的填制和审核反映了日常经济业务的完成情况，提供记账依据。填制和审核会计凭证是会计工作的起点和基础。任何经济业务的发生，首先都必须要取得或填制会计凭证，会计凭证的正确与否直接影响着会计账簿记录的正确性，进而影响会计报表所提供信息的质量。因此，只有审核无误的会计凭证才可以作为记账的依据。

(2) 会计凭证的填制和审核加强了企业管理的经济责任制，强化了内部控制。任何会计凭证除了记录有关经济业务的基本内容以外，还必须具有相关部门和人员的签章。也就是说，每笔经济业务的发生，都要有经办部门和人员依据凭证办理手续在凭证上签名盖章，以明确经济责任。各部门和人员之间通过推行责任制，可以相互牵制和相互制约，有利于及时发现经济管理上的弱点，加强内部控制。

(3) 充分发挥监督在会计核算中的作用。会计凭证反映了企业的所有经济业务内容，通过对会计凭证的严格审核，就可以查明企业的各项经济业务是否符合国家的有关制度、法令、准则、条例等的规定，查明企业是否存在弄虚作假、贪污盗窃等违法乱纪行为。对于经济管理制度上的问题和漏洞，做到及时发现、及时制止，从而发挥会计的监督作用。

2. 会计凭证的种类

会计凭证种类繁多，按其编制程序和用途的不同，可以分为原始凭证和记账凭证。

(1) 原始凭证。原始凭证又称单据，是在经济业务发生或完成时取得或填制的，用以记录、证明经济业务已经发生或完成的原始证据，是非常具有法律效力的书面文件，是会计核算的重要资料和依据。原始凭证多种多样，格式、大小都不尽相同。

(2) 记账凭证。记账凭证是由会计人员根据审核无误的原始凭证或原始凭证汇总表上所反映的经济内容，进行整理，并运用会计科目和复式记账法来填制的会计凭证。记账凭证体现了会计核算的第一步，它将纷繁复杂的经济业务，通过会计语言转化为会计信息，并进行系统地划分，使会计信息系统化。

原始凭证和记账凭证同属于记账凭证，但在实际业务中，二者的填制顺序有先有后，原始凭证是由经办员根据发生或完成的经济业务填制的，而记账凭证是由会计人员根据审核无误的原始凭证填制的，原始凭证是填制记账凭证的依据；记账凭证是登记账簿的依据。

6.2 原始凭证的填制与审核

6.2.1 原始凭证的基本内容和填制要求

1. 原始凭证的基本内容

由于企业经济业务的形式是多种多样的，因此反映经济业务具体内容的原始凭证就其规格来讲，也是多种多样的，原始凭证的填制和审核也因此变得多种多样。但无论是哪种规格的原始凭证都是经济业务已经发生或完成的原始单据，都必须具备一些基本内容，这些基本内容主要包括以下几个方面。

（1）原始凭证的名称。

（2）填制原始凭证的日期和编号。

（3）接受原始凭证单位名称。

（4）经济业务内容（含数量、单价、金额等）。

（5）填制单位签章。

（6）有关人员签章。

2. 原始凭证的填制要求

原始凭证是根据已经发生或完成的经济业务来填制的具有法律效力的一种书面证明。原始凭证需要填制人根据经济业务的具体内容逐项填列，虽然说经济业务的种类繁多，原始凭证的形式也多种多样，但究其根本，从反映经济业务内容、明确经济责任而言，原始凭证填制的一般要求是相同的，都要遵循以下几项要求。

（1）经济业务要真实。原始凭证上反映的经济内容、金额、数字，均要从实际出发，与实际相符。不能篡改事实，伪造凭证。若从外单位取得的原始凭证有遗失，则需要原签发单位开出证明并加盖财务专用章，证明原始凭证的编号和具体内容等。经本单位负责人批准后，可以作为原始凭证入账。若一些原始凭证遗失后无法取得相应的证明，如出差的车票等凭证，需要由当事人写明具体情况，经本单位负责人批准后，可以作为原始凭证入账。

（2）填写内容要完整。原始凭证上的各项内容必须逐项填写，不得遗漏，凭证填写的手续要完备，所需的签名和盖章要齐全且真实可靠。

（3）书写格式要规范。

① 原始凭证要用蓝色或黑色水笔填写，字迹清楚、规范。支票的填写必须使用碳素笔。需要套写的凭证，必须一次套写清楚。

② 阿拉伯数字应逐个填写，不得连笔。阿拉伯数字前应有人民币符号“￥”，且“￥”与阿拉伯数字间不得留有空白，以防篡改数字。凡阿拉伯数字前有人民币符号“￥”，数字后可以不加“元”。所有以元为单位的阿拉伯数字，除了表示单价等情况外，一律填写到角分。无角分的，角位和分位可写“00”或用符号“—”。有角无分的，分位应写“0”，不得用符号“—”代替。

③ 大写金额的书写一律用正楷字或行书字书写，如壹、贰、叁、肆、伍、陆、柒、捌、玖、拾、佰、仟、万、亿、元、角、分、零、整等。书写要工整，要易于辨认，不得涂改。不得用一、二（两）、三、四、五、六、七、八、九、十、毛、另等字样来代替。大写金额有“分”的，“分”字后面不再写“整”字，大写金额无“分”的，在“元”或“角”之后要写“整”字。需要注意的是，需要填写大写日期的原始凭证，如支票，日期的填写

要规范，月份壹至壹拾和日期的壹至玖和壹拾、贰拾、叁拾的，应在其前加“零”；日期为拾壹至拾玖的，应在其前加上“壹”，防止篡改凭证日期。

④ 凡是需要同时填写大、小写金额的凭证，如支票、发票、运单、提货单等，大写与小写金额必须相符。阿拉伯数字间有“0”的，大写金额中也要写“零”字，如￥202，大写金额写成：人民币贰佰零贰元整。若阿拉伯数字间连续有多个“0”，则大写金额中可以只写一个“零”，如￥5006.78，大写金额写成：伍仟零陆元柒角捌分。若阿拉伯数字元为“0”，且角位不为“0”，则大写金额中可以写“零”也可以不写“零”，如￥880.56，大写金额可以写成：捌佰捌拾元零伍角陆分，或捌佰捌拾元伍角陆分。

⑤ 原始凭证不得随意涂改、刮擦、挖补，一般的填写错误，应用规定的方法予以更正，对于支票等重要的原始凭证，如发现书写错误，不得涂改，应加盖“作废”戳记，重新填写。

6.2.2　原始凭证的分类

原始凭证按照来源的不同可以分为外来原始凭证和自制原始凭证。

（1）外来原始凭证是指在发生经济业务时，从外单位或个人处直接取得的原始凭证。如采购商品时取得的增值税专用发票、业务员出差乘坐的车船票、对外付款时取得的收据、货物运输的发票等。增值税专用发票和收据一般格式如表 6-1、表 6-2 所示。

表 6-1

收　　据

2007 年 11 月 15 日　　　　No 804528

收到：郭强交回的预借差旅费		科目	库存现金
摘　要	收到郭强交来的差旅费结余款		
金额	人民币（大写）贰佰肆拾元整　　￥ 400		

收款单位：　　　　收款人：李宏

财务专用章

表 6-2

X X 市增值税专用发票

开票日期： 2007 年 10 月 14 日 No 20071023

名　　称：南方公司 纳税人识别号：132002263 地址、电话：南阳市 开户行及账号：建行阳光支行 53236232					密码区	12/-3947/->59*<818<35 7>/0/433>2*3-0+672<7* 1+-<<51+41+>*>58*8460 3980000<42+*31/58>>24	
应税劳务名称：	规格型号	单位	数量	单价	金额	税率	税额
A产品		件	200	200.00	40000.00	17%	6800.00
合　　计							
价税合计（大写）	人民币肆万陆仟捌佰元整				（小写）￥46800.00		
名称：新发股份有限公司 纳税人识别号：220121638978552 地址、电话：正阳路 108 号 5963652 开户行及账号：工行正阳支行 2206065305-29					备注		

第二联：发票联 购货方记账凭证

纳税人：　　复核：　　开票人：方倩　　销货单位：（章）

（2）自制原始凭证是指单位内部的经办部门或个人，在经济业务完成时自行填制的凭证。 如产成品入库的入库单、领用材料的出库单、销售商品时填制的发货单等。自制原始凭证的一般格式如表 6-3、表 6-4、表 6-5、表 6-6 所示。

表 6-3

材料入库验收单

售货单位：南方公司　　验字第 1 号

单据号数：No 20071023　　2007 年 11 月 16 日　　结算方式：商业汇票

材料编号	名称及规格	计量单位	数　量		实际金额	
			采购	实收	单价（元）	总价（元）
			1000	1000	60	60000
010101	甲材料	千克	计划单价		运费	1300
验收意见	合 格		单价（元）	总价（元）		
入库时间	2007 年 11 月 16 日		50	50000	合计	￥61300

仓库主管：×× 材料会计：×× 收料员：×× 经办人：×× 制单：××

表 6-4

领　料　单

材料类别：主料　　　　　　　　　　　　　　　　　　领用部门编号：1 2

领用部门：生产一部　　　　2007 年 11 月 18 日　　　　发料部门编号：7

材料编号	名称及规格	计量单位	数　量		金　额	
			请领数	实发数	单价（元）	总价（元）
010101	甲材料	千克	300	300	50	15 000
合计						¥15 000
用途	生产 A 产品					

仓库主管：××　　材料会计：××　　领料员：××　　经办人：××　　制单：××

表 6-5

固定资产折旧计算汇总表

2007 年 01 月 31 日

使用部门	固定资产项目	上月折旧额	上月增加固定资产			上月减少固定资产			本月折旧额
			原值	月折旧率（%）	折旧额	原值	月折旧率（%）	折旧额	
生产车间	房屋	3 000.00					0.4		3 000.00
	机器设备	1 920.00	46 800.00	0.008	374.40	45 000.00	0.8	360.00	1 934.40
	运输工具	358.00				19 800.00	0.8	158.40	199.60
管理部门	房屋	7 500.00					0.4		7 500.00
	办公设备	1 050.00	5 000.00	0.016	80.00		1.6		1 130.00
	运输工具	742.50	21 000.00	0.008	168.00		0.8		910.50
其他部门	房屋	750.00					0.4		750.00
	运输工具	735.00				15 000.00	0.8	120.00	615.00
合　计	——	16 055.50	72 800.00		622.40	79 800.00		638.40	16 039.50

表 6-6

材料成本差异明细账

本月收入			差异率	本月发出			月末结存		
计划成本	借方差额（超支）	贷方差额（节约）		计划成本	借方差额（超支）	贷方差额（节约）	计划成本	借方差额（超支）	贷方差额（节约）
			1%				10 000		100
40 000	2 000						50 000	1 900	
			3.8%	30 000	1140		20 000	760	

原始凭证按照填制手续和方法不同，可以分为一次原始凭证、累计原始凭证、汇总原始凭证和记账编制凭证。

（1）一次原始凭证是指一次性完成的原始凭证，绝大多数自制原始凭证和所有的外来凭证都是一次原始凭证。一次原始凭证一般反映一项经济业务和多项同类型的经济业务的内容。

（2）累计原始凭证是指在一定时期内连续记载同类型经济业务，到期末按照累计数作为记账依据的原始凭证。如限额领料单，如表 6-7 所示。

表 6-7

限额领料单

领料部门：　　　　年　月　日　　　　编号：

用　　途：　　　　　　　　　　　　　仓库：　　号

材料类别	材料编号	材料名称	规格		计量单位	单价	领料限额	实领	
								数量	金额
日期	请领			实发		退回			限额结余
	数量	领料单位负责人签章	领料人签章	数量	发料人签章	数量	退料人	收料人	

仓库负责人：　　　　计划部门：　　　　供应部门：

（3）汇总原始凭证是指将一定时期内的反映同类型经济业务的原始凭证汇总，编制成一张原始凭证。汇总原始凭证所汇总的内容，只能是同类型的经济业务。汇总原始凭证在简化了会计工作手续、减少工作量的同时还可以提供总量数据。如发出材料汇总表，如表 6-8 所示。

表 6-8

发出材料汇总表

用　　途	原材料名称			
	甲材料	乙材料	丙材料	合　　计
生产产品耗用				
生产车间一般耗用				
生产管理部门耗用				
合　　计				

（4）记账编制凭证是由会计人员根据已经入账的结果，对某些特定事项进行归类、整理而编制的原始凭证。记账编制凭证属于企业的自制原始凭证，大多数自制原始凭证都是以实际发生或完成的经济业务为依据，而记账编制凭证则是根据已入账的账簿记录来编制的。例如，月末为固定资产记提折旧，根据固定资产明细账的记录整理汇总编制的固定资产折旧计算表，如表 6-5 所示。月末计算产品生产成本时，根据制造费用账簿记录所编制的制造费用分配表、产品成本计算表（如表 6-9 所示），以及月末编制的利润分配计算表，都属于记账编制凭证。

表 6-9

产品成本计算表

年　　月　　日

成本项目	直接材料	直接人工	制造费用	合　　计
期初余额				
本月发生费用				
合　　计				

主管：　　　　　　　　　　　　　　　　制表人：

6.2.3 原始凭证的审核

为了保证会计信息的真实性、完整性、合法性、及时性，会计人员必须对取得或填制的原始凭证进行严格的审核，只有审核无误的原始凭证才能作为记账的依据，才能保证会计信息的真实可靠。

（1）合规性审核。审核原始凭证上反映的经济内容是否符合国家的方针、政策、法律、法规；是否符合会计制度的规定；是否具有完备的审批手续；是否按照规定程序办理；是否具有合理不合法的行为等。如发现违反财政纪律和制度的情况，会计人员有权拒绝付款、报销或执行；对于营私舞弊、弄虚作假、涂改伪造凭证的违法乱纪行为，应扣留凭证，即时向领导部门汇报，以便进行严肃处理。

（2）完整性审核。会计人员根据原始凭证的基本内容逐项审核原始凭证所记录的经济业务是否完整；凭证上各个项目的填写是否完全；是否按规定程序办理。对于内容不完整、手续不完备的凭证应予以退回补办，待更正后再予办理。

（3）技术性审核。根据原始凭证的基本内容审核原始凭证所填写的摘要和数字及其他项目是否填写清楚、正确；数量、单价、金额及合计数等的填写是否正确；若存在大写金额，那么大写金额和小写金额是否相符。对于存在差错的凭证应退回经办人进行更正。

6.3 记账凭证的填制与审核

6.3.1 记账凭证的基本内容和填制要求

1．记账凭证的基本内容

记账凭证是由会计人员根据审核无误的原始凭证或原始凭证汇总表上所反映的经济内容进行整理，并运用会计科目和复式记账法来填制的会计凭证。记账凭证是登记账簿的依据，其内容主要包括以下几个方面。

（1）记账凭证的名称。

（2）填制凭证的日期。

（3）记账凭证的编号。

（4）经济业务的摘要。

（5）账户的名称、方向和金额。

（6）附原始凭证张数。

（7）相关人员的签章。（包括凭证的填制人员、审核人员、会计机构负责人或会计主管人员，以明确经济责任。对于收、付款凭证还需要出纳人员的签章）。

2. 记账凭证的填制要求

记账凭证是登记会计账簿的依据，严格按规定方法填制记账凭证，保证其真实性、正确性和完整性。记账凭证填制时，应注意以下填制要求。

（1）摘要的内容要简明。摘要是对经济业务具体内容的表达，对发生的经济业务要用简明的语言加以概括，语言上要简明扼要。

（2）分录的填写要正确。根据经济业务的内容，按会计制度统一规定的会计科目正确地编制分录，不得随意变更科目名称。账户之间的关系清晰明确：通常情况下编制一借一贷、一借多贷、多借一贷的会计分录，一般不采用多借多贷的会计分录。

（3）凭证的编号要连续。凭证的编号方法有多种，单位可以根据自身情况，制定编号方法：采用收、付、转记账凭证可以分类编号。一般情况下，每个月都要按业务的发生顺序对记账凭证分类进行连续编号，也就是说每月从 1 号编起至月末。若一项经济业务需要填制两张以上的凭证，可以采用分数编号法来编号。例如，$1\frac{1}{2}$、$1\frac{2}{2}$，整数为总顺序号，分数为该项业务的分号。

（4）附原始凭证要齐全。记账凭证是根据审核无误的原始凭证填列的，除了结账和更正错账的凭证外，记账凭证后都应附有相应的原始凭证，并在记账凭证上注明原始凭证张数。方便查阅和核对。需要注意的是：如果记账凭证附有原始凭证汇总表，那么原始凭证张数为所有原始凭证及原始凭证汇总表张数之和。如果一张原始凭证上所列项目需要几个单位共同负担，应按其他单位负担部分的金额，开出原始凭证分割单。

（5）空行要注销。记账凭证如果存在空行，要在最后使用的一行的金额栏下方至合计金额栏的上方划线注销，以防止篡改凭证上的金额。

（6）发生错误要改正。发现记账凭证填制有误，应及时作相应处理：如果在记账前发现记账凭证有误，可以重新填制一张正确的记账凭证，并将错误的凭证作废或撕毁；如果在记账后发现记账凭证有误，当年的错误可以用红字填制一张与原凭证内容一样的凭证。再用蓝字填制一张正确的凭证。若发现错误凭证的科目没有错误，仅是金额错了，可以直接填制一张调整金额的凭证。以前年度的错误，应当用蓝字填制一张更正的记账凭证。

6.3.2　记账凭证的分类

记账凭证按照凭证的使用范围和用途的不同，分为专用记账凭证和通用记账凭证。对于同一个企业来讲，两类凭证不能同时使用，也就是说如果企业采用的是专用记账凭证，那么就不能同时采用通用记账凭证。

专用记账凭证按其反映经济业务的内容不同，分为收款凭证、付款凭证和转账凭证。

（1）收款凭证。它是用来记录货币资金收款业务的凭证，由出纳人员在审核无误的原始凭证收款后，记录企业收到库存现金、银行存款的凭证。根据收款形式的不同，收款凭证还可以分为库存现金收款凭证和银行存款收款凭证两种。收款凭证的格式如表6-10所示。

表6-10

收 款 凭 证

借方：

科目：________　　　　年　　月　　日　　　　职　字第　　号

摘　要	贷方科目		金　额										记账符号
	总账科目	明细科目	千	百	十	万	千	百	十	元	角	分	
合　计													

附单据　张

财务主管：　　记账：　　出纳：　　审核：　　制单：

（2）付款凭证。它是用来记录货币资金付款业务的记账凭证，由出纳人员根据库存现金和银行存款付出业务的原始凭证填制的，用于反映库存现金和银行存款付出业务的记账凭证。付款凭证根据反映付款形式不同，可以分为库存现金付款凭证和银行存款付款凭证两种。付款凭证的格式如表6-11所示。

表6-11

付 款 凭 证

贷方：

科目：__________　　　　年　　月　　日　　　　字第　　号

摘　要	借方科目		金　额										记账符号
	总账科目	明细科目	千	百	十	万	千	百	十	元	角	分	
合　计													

附单据　张

财务主管：　　记账：　　出纳：　　审核：　　制单：

（3）转账凭证。凡是不涉及库存现金和银行存款的增加和减少业务，都必须填制转账凭证。转账凭证是根据审核无误的转账业务的原始凭证填制而成的，格式如表 6-12 所示。

表 6-12

转　账　凭　证

年　　月　　日

摘　要	总账科目	明细科目	√	借方金额										√	贷方金额									
				千	百	十	万	千	百	十	元	角	分		千	百	十	万	千	百	十	元	角	分
合　计																								

附单据　张

财务主管：　　记账：　　审核：　　制单：

通用记账凭证相对来说使用范围很小，一些小型企业，由于企业规模很小，业务量少，可采用通用记账凭证来记录所有经济业务。记账凭证不再区分收款、付款及转账业务，而将所有经济业务统一编号，在同一格式的凭证中进行记录。通用记账凭证和转账凭证的格式大体相同，通用记账凭证的格式如表 6-13 所示。

表 6-13

记　账　凭　证

年　　月　　日　　　　记字第　　号

摘　要	总账科目	明细科目	√	借方金额										√	贷方金额									
				千	百	十	万	千	百	十	元	角	分		千	百	十	万	千	百	十	元	角	分
合　计																								

附单据　张

财务主管：　　记账：　　审核：　　制单：

6.3.3 记账凭证的填制

1. 收款凭证的填制

收款凭证是根据审核无误的原始凭证收款后填制的，用来记录库存现金或银行存款收款业务的记账凭证。其具体填制步骤如下。

（1）“凭证日期”填制按库存现金和银行存款的实际收入日期填写。

（2）凭证的“摘要栏”内简要地填写经济业务的主要内容。

（3）左上方的“借方科目”按实际收款形式填写“库存现金”或“银行存款”；表格中的“贷方科目”按照经济业务填写对应的总账科目，需要明细地在“明细科目”栏内填写总账科目所属的明细科目。

（4）“金额”为实际业务的发生金额，若贷方存在多行金额，则借方金额为贷方的合计金额数。

（5）“记账符号”栏可以填写记入总账、日记账和明细分类账的页次，也可以注明“√”表示已经记账。

【例 6-1】 2007 年 10 月 1 日，收到仓库保管员张强工作违规罚款 200 元，如表 6-14 所示。

表 6-14

收　款　凭　证

借方：

科目：库存现金　　　　2007 年 10 月 01 日　　　　现收字第 1 号

摘　要	贷方科目		金额										记账符号
	总账科目	明细科目	千	百	十	万	千	百	十	元	角	分	
收现	营业外收入							2	0	0	0	0	√
合　计							¥	2	0	0	0	0	

附单据 1 张

财务主管：　　　记账：　　　出纳：　　　审核：　　　制单：李宏

【例 6-2】 2007 年 10 月 2 日，家具厂销售桌子一批，价款 50 000 元，增值税 8 500 元，款项已收存入银行，如表 6-15 所示。

表 6-15

收 款 凭 证

借方：

科目：银行存款　　　　2007 年 10 月 02 日　　　　银收 字第 1 号

摘要	贷方科目		金额										记账符号
	总账科目	明细科目	千	百	十	万	千	百	十	元	角	分	
销售桌子一批	主营业务收入					5	0	0	0	0	0	0	√
	应交税费	应交增值税（销）					8	5	0	0	0	0	√
合计					¥	5	8	5	0	0	0	0	

附单据 2 张

财务主管：　　记账：　　出纳：　　审核：　　制单：李宏

2. 付款凭证的填制

付款凭证是由出纳人员根据审核无误的原始凭证付款后填制的，用来记录库存现金或银行存款付款业务的记账凭证。付款凭证的填制与收款凭证大体相同，不同的是付款凭证左上方需要填写的是“贷方科目”，对于付款业务，贷方科目应为“库存现金”或“银行存款”；而表格中需要填写的是“借方科目”，借方科目应按经济业务发生的内容填写对应的总账科目，需要明细的在“明细科目”栏中填写总账科目所属的明细科目。需要说明一点：对于库存现金与银行存款之间相互转化的业务，为了避免重复记账，一般情况下，只填制付款凭证。

【例 6-3】 2007 年 10 月 18 日，从银行提取现金 6 000 元，如表 6-16 所示。

表 6-16

付 款 凭 证

贷方：

科目：银行存款　　　　2007 年 10 月 18 日　　　　银付　字第 16 号

摘要	借方科目		金额										记账符号
	总账科目	明细科目	千	百	十	万	千	百	十	元	角	分	
提现	库存现金						6	0	0	0	0	0	√
合计						¥	6	0	0	0	0	0	

附单据 1 张

财务主管：　　记账：　　出纳：　　审核：　　制单：李宏

【例 6-4】 2007 年 10 月 20 日，销售部王琛出差借款 3 000 元，出纳以库存现金付讫，如表 6-17 所示。

表 6-17

付 款 凭 证

贷方：

科目：库存现金　　　　2007 年 10 月 20 日　　　　现付 字第 9 号

摘要	借方科目		金额										记账符号
	总账科目	明细科目	千	百	十	万	千	百	十	元	角	分	
王琛预借差旅费	其他应收款	王琛					3	0	0	0	0	0	√
合计						¥	3	0	0	0	0	0	

附单据 1 张

财务主管：　　记账：　　出纳：　　审核：　　制单：李宏

3. 转账凭证的填制

转账凭证是由会计人员根据审核无误的原始凭证填制的，用来记录与库存现金或银行存款收、付款无关的经济业务。其具体填制步骤如下。

（1）“凭证日期”的填制可以按收到原始凭证的日期填写，也可以按收到原始凭证后编制记账凭证的日期填写。

（2）转账业务没有相对固定的对应科目，因此，经济业务所涉及的所有科目全部都要填列在凭证主体的表格内，按照先借后贷的顺序。借方科目的金额在相应的借方金额栏中填写；贷方科目的金额在相应的贷方金额栏中填写，借方金额的合计应等于贷方金额的合计。

【例 6-5】 2007 年 10 月 23 日，生产一部领用 A 材料 1 000 千克，B 材料 800 千克，A 材料的单价为 60 元/千克，B 材料的单价为 70 元/千克，如表 6-18 所示。

表 6-18

记 账 凭 证

2007 年 10 月 23 日

摘要	总账科目	明细科目	√	借方金额										√	贷方金额									
				千	百	十	万	千	百	十	元	角	分		千	百	十	万	千	百	十	元	角	分
领料	生产成本		√			1	1	6	0	0	0	0	0											
	原材料	A 材料												√				6	0	0	0	0	0	0
		B 材料												√				5	6	0	0	0	0	0
合计					¥	1	1	6	0	0	0	0	0			¥	1	1	6	0	0	0	0	0

附单据 1 张

财务主管：　　记账：　　审核：　　制单：李宏

4. 通用记账凭证的填制

通用记账凭证多适用于一些小型企业，通用记账凭证的规格和转账凭证大体相同，故填制方法也相同。需要注意的是，采用通用记账凭证的企业，不使用收、付、转凭证，因此，所有经济业务均填制在记账凭证上。

【例 6-6】 2007 年 10 月 23 日，结转已销售甲产品 2 000 件的实际成本，甲产品成本价 50 元/件，如表 6-19 所示。

表 6-19

记　账　凭　证

2007 年 10 月 23 日

摘　　要	总账科目	明细科目	√	借方金额										√	贷方金额									
				千	百	十	万	千	百	十	元	角	分		千	百	十	万	千	百	十	元	角	分
结转销售成本	主营业务成本	甲产品	√			1	0	0	0	0	0	0	0											
	库存商品	甲产品												√			1	0	0	0	0	0	0	0
合　　计					¥	1	0	0	0	0	0	0	0			¥	1	0	0	0	0	0	0	0

附单据 1 张

财务主管：　　记账：　　审核：　　制单：李宏

6.3.4　记账凭证的审核

记账凭证是登记账簿的依据，对记账凭证进行审核，可以确保账簿记录的准确性，因此，必须经专人对填制的记账凭证进行严格审核，只有审核无误的记账凭证才能作为登记账簿的依据。记账凭证的审核包括以下 3 项内容。

（1）合规性审核。根据会计准则和会计制度的规定，审核记账凭证所确定的会计分录是否合规、合法。审核人员根据记账凭证所附的原始凭证所反映的经济内容，审核会计分录的编制是否正确，应借、应贷科目及金额是否正确。同时审核记账凭证所附原始凭证的经济内容及张数是否与记账凭证记载一致。

（2）完整性审核。逐项审核记账凭证的内容是否按规定要求填制且完整无误，有关人员是否按规定手续签字盖章。

（3）技术性审核。根据记账凭证的填制要求，审核记账凭证的摘要，应借、应贷会计科目及金额是否正确，账户对应关系是否清晰、完整，一级科目与明细科目是否相符，且金额是否相等。

在记账凭证的审核过程中如果发现错误，应及时查明原因，予以重填或按规定手续更正，更正人员要在更正处签章以示负责。在工作中，只有审核无误的记账凭证才能作为登记账簿的依据。

6.4 会计凭证的传递与保管

1. 会计凭证的传递

会计凭证传递时应从凭证的填制或取得时起，经过审核、记账、装订到归档保管为止，在单位内部有关部门和人员之间的传递过程和传递时间。为了能够及时、真实地反映和监督各项经济业务的发生和完成情况，为经济管理提供可靠的信息，因此，必须正确、及时地传递会计凭证，不得积压。正确地组织会计凭证的传递，对于及时处理和登记经济业务，协调各部门之间的关系，明确经济责任，实行会计监督，加强内部控制，具有重要的意义。

合理地组织会计凭证传递需要单位在制定会计凭证的传递程序，规定传递时间时，注意以下两个问题。

（1）各单位可以根据自身经济业务的特点，以及内部机构的设置和人员分工情况，设置适合本单位的传递程序。使经办业务的部门及人员能够及时办理各种凭证手续，保证必要的环节，避免不必要的环节，从而提高工作效率。

（2）不同的会计凭证所反映的经济内容不同，因此不同的会计凭证所需的传递过程也不尽相同，合理地确定办理经济业务的最佳时间，可以保证会计核算的及时性。

2. 会计凭证的保管

会计凭证是记录经济业务的书面证据，是会计人员登记账簿的依据，是会计档案的重要组成部分。因此，对于会计凭证要根据工作的需要进行整理装订，并妥善地保管，防止丢失、散落，保证会计凭证的完整性，以便日后查阅。会计凭证的保管方法和要求如下。

（1）每月记账完毕，将本月所有记账凭证连同所附原始凭证按记账凭证的编号顺序分类加以整理，在确保完整无损后，装订成册并加具封面，注明单位名称、年度、月份、凭证种类、起讫号码等。如果某些原始凭证数量过多，可另行装订或单独保管，应在记账凭证中注明。各种经济合同、存出保证金收据以及涉外文件等重要的原始凭证，应当另编目录，单独登记保管，并在记账凭证和原始凭证上相互注明日期和编号。

（2）会计凭证存档后，应有专人负责集中保管。会计凭证原则上不外借，如需查阅，需经单位领导批准同意，必要时可以提供复印件。

（3）会计凭证的保管期限和销毁手续，必须严格遵守国家会计法规和财经法规。《会计档案管理法》规定，会计凭证保管期限一般为 15 年，如涉及外事和重要业务资料按国家法规进行保管。对保管期满需销毁的会计凭证，需开列清单，必须报经本单位领导审核，报主管部门检查、核实通过后，方能按规定由有关人员监督销毁。

本章小结

会计凭证是记录经济业务，明确经济责任，据以登记账簿的书面证明文件。会计凭证按编制程序和用途的不同，可以分为原始凭证和记账凭证。

原始凭证又称单据，是在经济业务发生或完成时取得或填制的，是具有法律效力的书面文件，是会计核算的重要资料，是编制记账凭证的依据。通过学习原始凭证的填制进而掌握原始凭证的审核方法。

记账凭证是由会计人员根据审核无误的原始凭证或原始凭证汇总表上所反映的经济内容进行整理，并运用会计科目和复式记账法来填制的会计凭证。记账凭证按照核算内容的不同，可以分为收款凭证、付款凭证和转账凭证。掌握会计凭证的填制和审核，了解凭证传递程序和传递时间以及会计档案的保管。

思考题

一、单项选择题

1. 下列各项中属于外来原始凭证的是（　　）。

A. 领料单　　B. 出库单

C. 固定资产折旧计提表　　D. 银行入账通知单

2. 编制登记账簿的依据是（　　）。

A. 真实的原始凭证　　B. 审核无误的原始凭证

C. 真实的记账凭证　　D. 审核无误的记账凭证

3. “限额领料单”属于（　　）。

A. 一次原始凭证　　B. 累计原始凭证

C. 汇总原始凭证　　D. 记账编制凭证

4. 用来反映库存现金或银行存款收入的业务的凭证是（　　）。

A. 收款凭证　　B. 付款凭证　　C. 转账凭证　　D. 原始凭证

5. 下列不能作为原始凭证入账的是（　　）。

A. 差旅费报销单　　B. 增值税专用发票

C. 合同书　　D. 罚款通知单

6. 业务员报销差旅费并交回余款，这笔业务应填制的记账凭证是（　　）。

A. 转账凭证和记账凭证　　B. 收款凭证和付款凭证

C. 付款凭证和转账凭证　　D. 收款凭证和转账凭证

二、多项选择题

1．下列属于原始凭证的有（　　）。

A．领料单　　B．增值税专用发票

C．支票存根　　D．银行对账单

2．会计凭证的传递从原始凭证的取得或填制开始，经历（　　）的过程直到归档保管为止。

A．填制　　B．审核　　C．记账　　D．装订

3．收款凭证左上角的“借方科目”可能登记的科目有（　　）。

A．应收账款　　B．银行存款　　C．库存现金　　D．预收账款

4．记账凭证的基本内容包括（　　）。

A．记账凭证的名称　　B．记账凭证的编号

C．附原始凭证张数　　D．账户的名称、方向和金额

5．收款凭证左上角的“借方科目”可能登记的科目有（　　）。

A．应收账款　　B．库存现金

C．预收账款　　D．银行存款

6．会计凭证按填制的程序和用途分为（　　）。

A．收款凭证　　B．原始凭证

C．记账凭证　　D．付款凭证

三、判断题

1．将现金存入银行的业务应填制现金付款凭证和银行收款凭证。（　　）

2．每一张原始凭证都要填制一张记账凭证。（　　）

3．记账凭证是登记账簿的依据，所以记账凭证必须审核，而原始凭证则不必审核。（　　）

4．限额领料单属于一次原始凭证。（　　）

5．会计凭证的种类繁多，按照填制程序和用途不同分为原始凭证和记账凭证。（　　）

四、实训题

实训一

[目的] 练习填制原始凭证。

[资料] 宏达公司2007年9月发生以下经济业务。

1．9月1日，提取现金5 000元，以备本月的零星开支。

要求：填制现金支票。

中国工商银行 现金支票存根 IXII03662931 科目:________. 对方科目:______. 出票日期　年 月 日	本支票支付期限十天	**中国工商银行　现金支票**　IXII03662931 出票日期（大写）　年　月　日　付款行名称: 收款人:　出票人账号：2206065305-29
		人民币（大写） | 亿 | 千 | 百 | 十 | 万 | 千 | 百 | 十 | 元 | 角 | 分
收款人 金额: 用途:		用途____. 上列款项请从 我账户内支付 出票人签章
		科目（借）__________. 对方科目（贷）__________. 付讫日期　年　月　日 出纳　复核　记账
单位主管　会计		贴对号单处　IXII03662931

2．9 月 5 日，收到职工刘梅交的罚款 200 元。

要求：填制收款收据。

收　款　收　据

年　月　日　№ 804528

交款人		交款项目	
金额	人民币 （大写）　¥ 收款单位盖章　收款人盖章		

3．9 月 8 日，业务部王昆准备出差去广州购买机器一台，时间为一周，经部门经理张良同意后到财务支取差旅费 3 000 元。

要求：填制借款单。

借 款 单（记账）

年　　月　　日　　　　　　　　　顺序第　　　号

<table>
<tr><td rowspan="2">借款单位</td><td rowspan="2"></td><td rowspan="2">姓名</td><td rowspan="2"></td><td rowspan="2">级别</td><td rowspan="2"></td><td>出差地点</td><td></td></tr>
<tr><td>天数</td><td></td></tr>
<tr><td>事由</td><td></td><td></td><td>借款金额（大写）</td><td colspan="2"></td><td></td><td></td></tr>
<tr><td>单　位
负责人
签　署</td><td colspan="2"></td><td>借款人
签　章</td><td></td><td>注意
事项</td><td colspan="2"></td></tr>
<tr><td>机关首
长或授
权　人
批　示</td><td colspan="2"></td><td>审核
意见</td><td colspan="4"></td></tr>
</table>

第三联　借款记账凭证

实训二

［目的］练习编制记账凭证。

［资料］宏达公司 2007 年 11 月发生以下经济业务。

1．11 月 1 日，收到万达公司前欠货款 80 000 元，款项存入银行。

2．11 月 2 日，向明成公司销售 B 产品 3000 件，不含税单价为 270 元/件，尚未收到款项。

3．11 月 6 日，从银行提取现金 8 000 元，以备零星支配。

4．11 月 8 日，业务部王昆支取差旅费 3 000 元。

5．11 月 10 日，向东城公司采购甲材料 2 000 千克，70 元/千克，增值税税率为 17%，开出一张商业承兑汇票，材料已验收入库。

6．11 月 16 日，业务部人员王昆出差回来，报销差旅费 2 600 元，余款交回。

7．11 月 18 日，向东湖工厂销售 A 产品 5 000 件，不含税单价为 400 元/件，款项存入银行。

8．11 月 20 日，分配本月职工工资，生产工人工资 30 000 元（其中 A 产品工人工资 10 000 元，B 产品工人工资 20 000 元），车间管理人员工资 8 000 元，厂部管理人员工资 12 000。

9．11 月 21 日，支付本季度短期借款利息 3 600 元。

10．11 月 23 日，收到明成公司支付货款，款项已存入银行。

11．11 月 9 日，支付本月广告费 10 000 元。

12．11 月 26 日，按生产工人工资比例结转制造费用 9 000 元。

要求：根据上述资料编制记账凭证。

收 款 凭 证

借方科目：______　　　　年　月　日　　　　字第　号

摘要	贷方科目		金额										记账符号
	总账科目	明细科目	千	百	十	万	千	百	十	元	角	分	
合计													

附单据　张

财务主管：　记账：　出纳：　审核：　制单：

收 款 凭 证

借方科目：______　　　　年　月　日　　　　字第　号

摘要	贷方科目		金额										记账符号
	总账科目	明细科目	千	百	十	万	千	百	十	元	角	分	
合计													

附单据　张

财务主管：　记账：　出纳：　审核：　制单：

收款凭证

借方：

科目：__________ 年 月 日 字第 号

摘要	贷方科目		金额										记账符号
	总账科目	明细科目	千	百	十	万	千	百	十	元	角	分	
合计													

附单据 张

财务主管： 记账： 出纳： 审核： 制单：

收款凭证

借方：

科目：__________ 年 月 日 字第 号

摘要	贷方科目		金额										记账符号
	总账科目	明细科目	千	百	十	万	千	百	十	元	角	分	
合计													

附单据 张

财务主管： 记账： 出纳： 审核： 制单：

收款凭证

借方：

科目：__________ 年 月 日 字第 号

摘要	贷方科目		金额										记账符号
	总账科目	明细科目	千	百	十	万	千	百	十	元	角	分	
合计													

附单据 张

财务主管： 记账： 出纳： 审核： 制单：

付 款 凭 证

贷方：

科目：________　　　年　　月　　日　　　字第　　号

摘　要	借方科目		金　额										记账符号
	总账科目	明细科目	千	百	十	万	千	百	十	元	角	分	
合　计													

附单据　张

财务主管：　　记账：　　出纳：　　审核：　　制单：

付 款 凭 证

贷方：

科目：________　　　年　　月　　日　　　字第　　号

摘　要	借方科目		金　额										记账符号
	总账科目	明细科目	千	百	十	万	千	百	十	元	角	分	
合　计													

附单据　张

财务主管：　　记账：　　出纳：　　审核：　　制单：

付 款 凭 证

贷方：

科目：________　　　年　　月　　日　　　字第　　号

摘　要	借方科目		金　额										记账符号
	总账科目	明细科目	千	百	十	万	千	百	十	元	角	分	
合　计													

附单据　张

财务主管：　　记账：　　出纳：　　审核：　　制单：

付款凭证

贷方:

科目:＿＿＿＿＿　　　　年　月　日　　　　字第　号

摘要	借方科目		金额										记账符号
	总账科目	明细科目	千	百	十	万	千	百	十	元	角	分	
合计													

附单据　张

财务主管:　　记账:　　出纳:　　审核:　　制单

付款凭证

贷方:

科目:＿＿＿＿＿　　　　年　月　日　　　　字第　号

摘要	借方科目		金额										记账符号
	总账科目	明细科目	千	百	十	万	千	百	十	元	角	分	
合计													

附单据　张

财务主管:　　记账:　　出纳:　　审核:　　制单:

转账凭证

年　月　日

摘要	总账科目	明细科目	√	借方金额										√	贷方金额									
				千	百	十	万	千	百	十	元	角	分		千	百	十	万	千	百	十	元	角	分
合计																								

附单据　张

财务主管:　　记账:　　审核:　　制单:

转　账　凭　证

年　　月　　日

摘　要	总账科目	明细科目	√	借方金额										√	贷方金额									
				千	百	十	万	千	百	十	元	角	分		千	百	十	万	千	百	十	元	角	分
合　计																								

附单据　张

财务主管：　　记账：　　审核：　　制单：

转　账　凭　证

年　　月　　日

摘　要	总账科目	明细科目	√	借方金额										√	贷方金额									
				千	百	十	万	千	百	十	元	角	分		千	百	十	万	千	百	十	元	角	分
合　计																								

附单据　张

财务主管：　　记账：　　审核：　　制单：

转　账　凭　证

年　　月　　日

摘　要	总账科目	明细科目	√	借方金额										√	贷方金额									
				千	百	十	万	千	百	十	元	角	分		千	百	十	万	千	百	十	元	角	分
合　计																								

附单据　张

财务主管：　　记账：　　审核：　　制单：

第7章　会计账簿

【学习目标】

➢ ***基本知识目标***

✧ 通过本章学习，进一步理解账簿的概念、作用和种类。

✧ 进一步理解账簿的启用、登记规则。

➢ ***基本能力目标***

✧ 结合企业的主要经济业务，熟练掌握总分类账、日记账、明细分类账的设置和登记。

✧ 掌握总分类账和明细分类账平行登记及账户记录的核对方法。

【学习要求】

通过本章学习，结合企业的主要经济业务，理解总账和明细账之间的联系与区别，以及总账与明细账的平行登记方法。

7.1　会计账簿概述

7.1.1　会计账簿的含义

会计账簿是指由具有一定格式并相互联系在一起的账页组成的，以会计凭证为依据，全面、系统、连续地记录各项经济业务的簿籍。设置和登记账簿，可以使会计凭证上分散的会计资料系统化、条理化，是编制会计报表的基础，是连接会计凭证和会计报表的中间环节，在会计核算中具有重要意义。

（1）记载储存会计信息。通过账簿的设置和登记，可以记载、储存会计信息，以全面、连续、系统地反映经济活动全貌。通过账簿记录，可以使企业及时掌握各项资产、负债、所有者权益的增减变动情况；了解收入的取得和费用的发生情况，为企业加强经营管理提供了依据。同时，通过账簿记录还可以监督各项实物资产的使用、保管情况。

（2）分类汇总会计信息。通过账簿的设置和登记，可以分类、汇总会计信息，为编制会计报表提供依据。每张会计凭证上所反映的内容只是个别的经济业务，提供的是零散的会计资料。会计信息使用者需要的是全面的、系统的会计信息。因此，必须通过一定的方法对零散的会计资料加以汇总，并最终以会计报表的形式提供给有关各方。会计账簿就是连接会计凭证与会计报表的中间环节。账簿资料的准确性，直接关系到会计报表的质量。

（3）检查校正会计信息。通过账簿的设置和登记，可以检查校正会计信息，为考核、分析经济活动提供依据。由于账户之间存在一定的钩稽关系，账簿之间也存在一定的钩稽关系。通过账簿之间的相互核对，可以及时发现会计处理过程中出现的错误，如过账错误，并及时加以更正，保证会计信息的准确性。

（4）考核财务状况与经营成果。通过对账簿资料的分析，可以全面考核企业的财务状况与经营成果，及时发现问题、分析原因、提出改进措施，促使企业不断提高管理水平，增加经济效益。

7.1.2　会计账簿的设置原则

会计账簿的设置包括确定账簿的种类、设计账页的格式和内容以及规定账簿的登记方法等。每个单位都应根据本身业务的特点和经营管理的需要，设置一定种类和数量的账簿，一般应遵循以下几项原则。

（1）依法设置。各单位必须按照《中华人民共和国会计法》和国家统一会计制度的规定设置会计账簿，包括总账、明细账、日记账和其他辅助性账簿，不允许不建账、不允许在法定的会计账簿之外另外建账。

（2）内容要完整。设置的账簿要能全面、系统地反映企业的经济活动，为企业经营管理提供所需的会计核算资料，同时要符合各单位生产经营规模和经济业务的特点，使设置的账簿能够反映企业经济活动的全貌。

（3）讲求科学。账簿体系要科学严密，层次分明。账簿之间要相互独立又相互补充，相互衔接又相互制约，清晰地反映账户的关系，以便提供完整、系统的会计资料。

（4）组织控制原则。设置的账簿要有利于账簿的组织、建账人员的分工，有利于加强岗位责任制和内部控制制度，有利于财产物资的管理，便于账实核对，以保证企业各项财产物资的安全完整和有效使用。

7.1.3　会计账簿的种类

1. 账簿按其用途的分类

账簿按其用途的不同，可以分为序时账簿、分类账簿和备查账簿 3 种。

（1）序时账簿。序时账簿，也称日记账，是按照经济业务发生的时间先后顺序，逐日、逐笔登记经济业务的账簿。日记账按其记录内容的不同又分为普通日记账和特种日记账。

普通日记账，也称通用日记账，是用来登记企业所发生的全部经济业务的日记账。它将每天发生的全部经济业务，按照经济业务发生的先后顺序，编制记账凭证，根据记账凭证逐笔登记到普通日记账中，如企业设置的日记总账就是普通日记账。

特种日记账是用来专门记录某一特定类型的经济业务发生情况的日记账。我国要求企业必须设置的特种日记账是现金日记账和银行存款日记账。

（2）分类账簿。分类账簿，是对各项经济业务进行分类登记的账簿。按其反映内容的详细程度不同，又分为总分类账簿和明细分类账簿。

总分类账簿（简称总账），是根据总分类科目开设的账户，用总分类登记全部经济业务，提供其总括核算资料的账簿。明细分类账簿（简称明细账），是根据明细分类科目或二级科目开设的账户，用来分类、连续地登记某一类经济业务，提供明细核算资料的分类账簿，是对总分类账的补充说明。

总分类账中某账户的金额与其所属的明细分类账的金额之和相等。

（3）备查账簿。备查账簿，是指对一些在序时账簿和分类账簿中不能记载或记载不全的经济业务进行补充登记的账簿，对序时账簿和分类账簿起补充作用，如商业汇票登记簿、租入固定资产登记簿等。

2. 账簿按其外表形式的分类

各种账簿都具有一定的外表形式，按其外表形式的不同可分为订本式账簿、活页式账簿和卡片式账簿。

（1）订本式账簿。订本式账簿，是启用之前就已将印有顺序编号的若干账页固定装订成册的账簿。其优点是：可以防止账页散失和账页被抽换，比较安全。缺点是：由于账页已被固定装订，不能随实际业务需要而增加，所以必须为每一账户预留若干空白账页，若预留账页不够用则会影响账户的连续记录，预留账页过多又会造成浪费。同一本账在同一时间只能由一人登记，不便于分工记账。一般适用于具有统驭性的和重要的账簿，如总分类账、现金日记账和银行存款日记账等。

（2）活页式账簿。活页式账簿，是在账簿登记完毕之前并不固定装订成册，而是装订在活页账夹内的账簿。其优点是：可以根据实际业务需要增减账页，使用灵活，并便于分工记账。缺点是：账页易散失和被抽换。所以在采用活页账时，必须将空白账页连续编写分号，会计期末加写目录并按实际使用的账页连续编写总号，固定装订成册后归档保管。一般适用于各种明细账。

（3）卡片式账簿。卡片式账簿，是指由印有专门格式的卡片组成的账簿。严格地说，卡片式账簿也是一种活页式账簿，只不过它不是装在活页账夹内，而是装在卡片箱内。它除了具有一般活页账的特点外，还可以跨年度使用，不需要每年更换新账。设置卡片式账簿便于随同实物转移，多用于记录内容比较复杂的财产明细账，如固定资产卡片账、低值易耗品卡片账等。

3. 账簿按账页格式的分类

账簿按账页格式的不同，可以分为三栏式账簿、多栏式账簿、数量金额式账簿 3 种。

（1）三栏式账簿。三栏式账簿，是由设置“借方、贷方、余额”3 个金额栏的账页组成的账簿。它是最基本的账页格式。这种格式适用于只提供价值核算信息，不需要提供数量核算信息的账簿，如总账、日记账、资本、债权债务类明细账等。三栏式账簿格式如表 7-6 所示。

（2）多栏式账簿。多栏式账簿，是在借方或贷方金额栏内再设多个金额栏的账页组成的账簿。这种格式适用于核算项目较多，且管理上要求提供各核算项目详细信息的账簿，如收入、费用等明细账。多栏式账簿格式如表 7-7 所示。

（3）数量金额式账簿。数量金额式账簿，是指在“收入、发出、结存”三大栏的各栏内，都分设“数量、单价、金额”三小栏的账页组成的账簿。这种格式适用于既需要提供价值量，又需要提供实物数量信息的账簿，如原材料明细账和库存商品明细账等。数量金额式账簿如表 7-13 所示。

7.1.4　会计账簿的基本内容

各单位应按照国家统一会计制度的规定和经济业务的需要设置会计账簿。具有不同用途和形式的账簿，用来记录不同的经济业务，但无论账簿是何种格式，都应具备以下基本内容。

（1）封面。封面用于记载账簿名称和记账单位名称。

（2）扉页。扉页上主要包括两个内容：一是账簿启用及经管人员一览表；二是账户目录，以便于查阅账簿中登记的内容。

（3）账页。账页是账簿的主体。记录的经济业务内容不同，其账页格式也不尽相同，但其基本内容包括以下几点。

① 账户的名称，包括总账科目、二级或三级明细科目。

② 登账日期栏。

③ 凭证种类和号数栏。

④ 摘要栏（记录经济业务内容的简要说明）。

⑤ 金额栏（记录账户的增减变动情况）。

⑥ 总页次和分户页次。

7.1.5　会计账簿的登记要求

为了保证账簿记录的正确性，必须根据审核无误的会计凭证登记账簿，并符合下列要求。

（1）准确完整。登记账簿时，应将会计凭证日期、编号、业务内容摘要、金额和其他有关资料逐项记入账内。要求做到数字准确，摘要清楚，登记及时。

（2）注明记账符号。登记完毕后，要在会计凭证上签名或盖章，并注明已经登账的符号（如“ √”），表示已经过账，避免重记、漏记。

（3）正常记账使用蓝黑墨水书写。登记账簿时必须使用蓝黑或黑色墨水书写，不得使用圆珠笔（银行的复写账簿除外）或铅笔书写。

（4）特殊记账使用红墨水。红色墨水只限在下列情况才能使用：采用红字更正法冲销错账记录；使用红线划线注销或划线结账；采用红蓝字登记法，在不设借方栏或贷方栏的多栏式明细账中，登记减少发生额；在没有注明余额方向的三栏式明细账中登记负数余额；会计制度中规定使用红字登记的其他记录。

（5）书写留空。账簿中书写的文字和数字上面要留适当空距，不要写满格，一般应占格距的1/2，以便留有改错的空间，同时也方便查账工作。

（6）账簿连续登记。各种账簿按页次顺序连续登记，不得跳行、隔页。如果发生跳行、隔页，应将空行、空页划线注销，或注明“此行空白”或“此页空白”字样，并由记账人员签名或盖章。

（7）结出余额。凡需要结出余额的账户，应当定期结出余额，现金日记账和银行存款日记账必须每天结出余额。结出余额后，应在“借”或“贷”栏内写明“借”或“贷”字样。没有余额的账户，应在“借”或“贷”栏内写“平”字，并在余额栏“元”位上用“0”表示。对需要结计“本月发生额”的账户，本页最后一行发生额合计数，应是自月初起至本页止的累计数。对需要结计“本年累计发生额”的账户，本页最后一行发生额合计数，应是自年初起至本页止的累计数。

（8）过次承前。每一账页登记完毕结转下页时，应结出本页合计数及余额，写在本页最后一行和下页第一行有关栏内，并在本页的摘要栏内注明“转次页”字样，在次页的摘要栏内注明“承前页”字样，以保证账簿记录的连续性，便于对账和结账。

（9）不允许涂改刮擦。会计账簿记录发生错误，应根据错误的性质和发现时间的不同，按规定的办法进行更正，不允许用涂改、挖补、刮擦、药水等手段更正错误，而应按规定的方法更正错误。

7.2 日 记 账

为加强对货币资金的管理，各单位一般应设置现金日记账和银行存款日记账两本特种日记账，以序时地反映其收入、支出和每日的结存情况。

7.2.1 现金日记账的登记方法

现金日记账是由出纳人员根据审核无误的现金收款凭证、现金付款凭证及从银行提取现金的银行付款凭证，按经济业务发生的顺序，逐日、逐笔进行登记的账簿。现金日记账采用订本式账簿形式，为每一张账页顺序编号，以防止账页散失、随意抽换，同时也便于查阅。其格式既可采用三栏式，也可采用多栏式，常用的是三栏式现金日记账。格式不同，其登记方法也有一定的差异。

1. 三栏式现金日记账的登记方法

三栏式现金日记账主要设有“借方”、“贷方”和“余额”3 个基本的金额栏目，一般将其分别称为“收入”、“支出”和“结余”3 个基本栏目。为了清晰地反映现金收付款业务的账户对应关系，在“摘要”和“借方”栏之间设置“对方科目”栏。其基本格式如表 7-6 所示。三栏式现金日记账各栏目登记方法如下。

（1）“日期”栏：登记凭证填制日期。年栏可填写两位数字；月栏只在每页第一行、办理月结和变更月份时填写；日栏每页第一行、变更日期和办理月结时填写，日期与上行相同时可以不重复写日期。

（2）“凭证”栏：登记每笔账所依据的收付款凭证的种类，如“现金收（付）款凭证”，简写为“现收（付）”；“银行存款收（付）款凭证”，简写为“银收（付）”。凭证栏还应登记凭证的编号数，以便于查账和核对。

（3）“摘要栏”：简要说明入账经济业务的内容。

（4）“对方科目”栏：根据记账凭证所列的对方科目登记，说明现金收入的来源或支出的方向。从银行提取现金，“对方科目”栏填写“银行存款”。其用途在于了解经济业务的来龙去脉。

（5）“收入”栏：根据现金收款凭证和与现金有关的银行存款付款凭证（从银行提取现金的业务）登记现金收入金额。

（6）“支出”栏：根据现金付款凭证登记现金支出金额。

（7）“结余”栏：每日终了，应分别计算现金收入和付出的合计数，并根据“上日余额＋本日收入－本日支出＝本日余额”公式，结出余额，同时将余额与库存现金核对，检查账实是否相符，即通常所说的“日清”。月终要计算现金收、付和结存的合计数，即通常所说的“月结”，并将月末余额与现金总账的月末余额相核对。

【例 7-1】 2007 年，甲企业现金日记账期初余额为 1 000 元。1 月 1 日发生以下现金收、付业务。

（1）1 日，以现金 80 元支付采购 A 材料运杂费。

（2）1 日，开出现金支票提取现金 30 000 元备发工资。

（3）1 日，李丽预借差旅费 200 元，以现金付讫。

（4）1 日，刘建报销差旅费 450 元，退回现金 50 元。

第一步：根据上述经济业务，编制会计分录如下。

（1）借：原材料——A 材料　　80

　　贷：库存现金　　80

（2）借：库存现金　　30 000

　　贷：银行存款　　30 000

（3）借：其他应收款——李丽　　200

　　贷：库存现金　　200

（4）借：管理费用　　450

　　贷：其他应收款——刘建　　450

　　借：库存现金　　50

　　贷：其他应收款——刘建　　50

第二步：分别编制现金付款凭证 1 号（见表 7-1）、银行存款付款凭证 1 号（见表 7-2）、现金付款凭证 2 号（见表 7-3）、转账凭证 1 号（见表 7-4）、现金收款凭证 1 号（见表 7-5）所示。

表 7-1

付　款　凭　证

贷方：

科目：库存现金　　　　20××年 01 月 01 日　　　　现付字第 01 号

摘　要	借方科目		金　额										记账
	总账科目	明细科目	千	百	十	万	千	百	十	元	角	分	符号
支付采购材料运杂费	原材料	A 材料							8	0	0	0	
合　　计								¥	8	0	0	0	

附单据　张

财务主管：　　记账：　　出纳：　　审核：　　制单：

表 7-2

付　款　凭　证

贷方：

科目：银行存款　　　　20××年 01 月 01 日　　　　银付字第 01 号

摘　　要	借方科目		金　　额										记账
	总账科目	明细科目	千	百	十	万	千	百	十	元	角	分	符号
提取现金备发工资	库存现金					3	0	0	0	0	0	0	
合　　计					¥	3	0	0	0	0	0	0	

附单据　张

财务主管：　　记账：　　出纳：　　审核：　　制单：

表 7-3

付　款　凭　证

贷方：

科目：库存现金　　　　20××年 01 月 01 日　　　　现付字第 02 号

摘　　要	借方科目		金　　额										记账
	总账科目	明细科目	千	百	十	万	千	百	十	元	角	分	符号
李丽预借差旅费	其他应收款	李丽						2	0	0	0	0	
合　　计							¥	2	0	0	0	0	

附单据　张

财务主管：　　记账：　　出纳：　　审核：　　制单：

表 7-4

转 账 凭 证

20××年 01 月 01 日

摘 要	总账科目	明细科目	√	金 额										√	金额									
				千	百	十	万	千	百	十	元	角	分		千	百	十	万	千	百	十	元	角	分
刘建报销差旅费	管理费用								4	5	0	0	0											
	其他应收款	刘建																		4	5	0	0	0
合 计								¥	4	5	0	0	0						¥	4	5	0	0	0

附单据 张

财务主管： 记账： 审核： 制单：

表 7-5

收 款 凭 证

借方：

科目：库存现金 20××年 01 月 01 日 现收字第 01 号

摘 要	贷方科目		金 额										记账
	总账科目	明细科目	千	百	十	万	千	百	十	元	角	分	符号
刘建报销差旅费	其他应收款	刘建							5	0	0	0	
合 计								¥	5	0	0	0	

附单据 张

财务主管： 记账： 出纳： 审核： 制单：

第三步：根据记账凭证登记三栏式现金日记账，如表 7-6 所示。

表 7-6　现金日记账（三栏式）

第×页

2007 年		凭证		摘　　要	对方科目	收入	支出	结余
月	日	种类	编号					
1	1			上年结余				1 000
	1	现付	01	支付购材料运费	原材料		80	920
	1	银付	01	提现备发工资	银行存款	30 000		30 920
	1	现付	02	李丽预借差旅费	其他应收款		200	30 720
	1	现收	01	刘建报销差旅费	其他应收款	50		30 770
				本日合计		30 050	280	30 770
				……	……	……	……	……
	31			本日合计		780	600	1180
				本月合计		89 000	79 000	11 000
				……				

2. 多栏式现金日记账的登记方法

多栏式现金日记账是指分别按现金收入和支出的对应科目设若干专栏，以详细反映现金收入来源和支出去向的账簿，其基本格式如表 7-7 所示。

表 7-7　现金日记账（多栏式）

第×页

20××年		凭证		摘　要	贷方科目		现金收入合计	借方科目			现金支出合计	结余
月	日	种类	编号		银行存款	其他业务收入		银行存款	应付职工薪酬	管理费用		
				过总账号码		第×页	第×页		第×页	第×页	第×页	第×页

由于现金对应科目较多，多栏式现金日记账账页会很大，登记账簿有一定难度。因此，又可将多栏式现金日记账分为现金收入日记账和现金支出日记账。现金收入日记账格式如表 7-8 所示。现金支出日记账的形成与现金收入日记账相同，只是“贷方科目”改为“借方科目”。

表 7-8 现金收入日记账

第×页

20××年		凭证		摘要	贷方科目			收入合计	支出合计	余额
月	日	种类	编号		银行存款	主营业务收入	……			

多栏式现金日记账的登记方法与三栏式现金日记账登记方法的基本原理相同，区别在于现金收入和现金支出分别反映在两本账上。会计期末，将现金收入日记账中“现金收入合计”转入现金支出日记账，同时，将现金支出日记账中“现金支出合计”转入现金收入日记账，并结出余额。

7.2.2 银行存款日记账的登记方法

银行存款日记账是专门用于记录银行存款的存入、支出及结存情况的账簿。通常由出纳人员根据银行存款收款凭证、付款凭证及现金存入银行的现金付款凭证序时、逐日逐笔进行登记。为了保证银行收入和支出的真实、完整，银行存款日记账采用订本式账簿。广泛使用的账页格式是三栏式，也有多栏式。格式不同，其登记方法也有一定的差异。

1. 三栏式银行存款日记账的登记方法

三栏式银行存款日记账与三栏式现金日记账的结构基本相同，只是增加了“结算凭证”一栏，用于登记支票号码。其格式如表 7-9 所示。

表 7-9 银行存款日记账（三栏式）

20××年		凭证		摘要	结算凭证		借方	贷方	余额
月	日	种类	编号		种类	编号			
1	1			上年结余					
	1	银付	1	支付购材料运费	转支	0212			
	2	银付	2	提现备发工资	现支	6500			
	3	银收	1	销售收入	进账	2356			
	5	现付	2	现金存银行	进账	2357			
				本日合计			30 050	280	30 770
				……	……		……	……	……
				本日合计			780	600	1 180
	31			本月合计			89 000	79 000	11 000

三栏式银行存款日记账与三栏式现金日记账的登记方法和要求基本相同。每日终了和月终要进行“日清月结”工作，并与银行对账单进行核对，编制“银行存款余额调节表”。

（1）三栏式银行存款日记账主要设有“借方”、“贷方”、“余额”3 栏，通常由出纳员根据审核无误的银行存款收款凭证、银行存款付款凭证、现金付款凭证逐日逐笔地顺序登记“借方金额”和“贷方金额”，并结出余额。

（2）银行存款日记账应按每一项存款分别设置，在登记时应填明日期、凭证号数、摘要、结算凭证的种类和号数、对方科目、收入和付出的金额。

（3）对于将现金存入银行的业务，应根据现金付款凭证，登记银行存款的收入。

（4）银行存款日记账余额应定期与银行对账单进行核对，以检查银行存款日记账的正确性及完整性。

2. 多栏式银行存款日记账的登记方法

多栏式银行存款日记账分别按照银行存款收入和支出的对应科目设若干专栏，以详细反映银行存款的收入来源和支出去向。其格式如表 7-10 所示。

表 7-10 多栏式银行存款日记账

第×页

××年		凭证		摘要	贷方科目				银行存款收入合计	借方科目						银行存款支出合计	余额
月	日	种类	编号		主营业务收入	应收账款	库存现金	其他业务收入		在途物资	库存现金	应付账款	应交税费	销售费用	……		
1	1			期初余额													100 000
	1	银付	01	付购材料货款						30 000						30 000	70 000
	2	银付	02	提现备发工资							60 000					60 000	10 000
		银收	01	销售产品	50 000				50 000								60 000
		现付	01	现金存银行			4 000		4 000								64 000
	31			本月合计	200 000	30 000	20 000	100 00	260 000	80 000	60 000	10 000	20 000	1 000	……	200 000	160 000
				过入总账页码	第 60 页	第 10 页	第 2 页	第 65 页	第 6 页	第 25 页	第 3 页	第 30 页	第 35 页	第 70 页		第 6 页	第 6 页

多栏式银行存款日记账的登记方法：逐日逐笔将银行存款收款凭证中“银行存款”科

目的对应科目及金额登记在日记账中“贷方科目”相应栏目中，将银行存款付款凭证中“银行存款”科目的对应科目及金额登记在日记账中“借方科目”相应栏目中，登记完毕后，计算出银行存款收入和支出合计，并结出余额。会计期末，根据日记账中会计科目的合计数登记相应的总分类账。

多栏式银行存款日记账也可以分别设置多栏式银行存款收入日记账与多栏式银行存款支出日记账。其格式和登记方法可参照现金收入日记账和现金支出日记账。

7.3 分类账

分类账，是对各项经济业务进行分类登记的账。其按反映内容的详细程度不同，又分为总分类账和明细分类账。

7.3.1 总分类账的设置和登记

总分类账（简称总账），是按照总分类账户分类登记经济业务，提供其总括核算资料的分类账簿。

在总分类账中，应按照总账会计科目的编码顺序分别开设账户，由于总分类账一般都采用订本式账簿，因此应事先为每一个账户预留若干账页。任何单位都必须设置总分类账。

1. 总分类账的设置

总分类账最常用的格式为三栏式。采用三栏式时，要求按照每一账户开设借方、贷方和余额 3 个栏次，一个账户占用一张或几张账页。三栏式总账根据其是否提供对应科目信息，又可分为普通三栏式和反映对方科目的三栏式。

（1）普通三栏式总账。它是在账页中设有借方、贷方和余额 3 个金额栏。其格式如表 7-11 所示。

表 7-11 总分类账

会计科目： 第×页

20××年		凭证		摘要	借方	贷方	借或贷	余额
月	日	种类	编号					

（2）反映对方科目的三栏式总账。反映对方科目的三栏式总账，除在账页中设置借方、贷方和余额 3 个金额栏外，还分别在借方和贷方栏下设有对方科目栏，以便直接从总账中了解经济业务的来龙去脉。其格式如表 7-12 所示。

表 7-12　总分类账

会计科目：　　　　　　　　　　　　　　　　　　　　　　第×页

20××年		凭证		摘要	对方科目	借方	贷方	借或贷	余额
月	日	种类	编号						

2. 总分类账的登记方法

总分类账的记账依据和登记方法取决于企业采用的账务处理程序。可以根据记账凭证逐日逐笔登记；也可以将一定时期的记账凭证汇总编制成“汇总记账凭证”或“科目汇总表”（或“记账凭证汇总表”），再据以登记总账；还可以直接根据多栏式现金和银行存款日记账登记总账。

总分类账账页中各栏目的登记方法如下。

（1）“日期”栏：在逐日逐笔登记总账的方式下，填写业务发生的具体日期，即记账凭证的日期；在汇总登记总账的方式下，填写汇总凭证的日期。

（2）“凭证”字、号栏；填写登记总账所依据的凭证的字和号。在依据记账凭证登记总账的情况下，填写记账凭证的字及其编号；在依据科目汇总表登记总账的情况下，填写“科汇”字及其编号；在依据汇总记账凭证登记总账的情况下，填写“现（银）汇收”字及其编号、“现（银）汇付”字及其编号和“汇转”字及其编号；在依据多栏式日记账登记总账的情况下，可填写日记账的简称，如现金收入日记账可缩写为“现收账”，现金支出日记账可缩写为“现支账”，银行存款多栏式日记账的缩写方法同现金多栏式日记账的缩写方法相同。

（3）“摘要”栏：填写所依据的凭证的简要内容。对于依据记账凭证登记总账的单位，应与记账凭证中的摘要内容一致；对于依据科目汇总表登记总账的单位，应填写“某月科目汇总表”或“某月某日的科目汇总表”字样；对于依据汇总记账凭证登记总账的单位，应填写每一张汇总记账凭证的汇总依据，即是依据第几号记账凭证至第几号记账凭证而来的；对于依据多栏式日记账登记总账的单位，应填写日记账的详细名称。

（4）“对方科目”栏：填写与总账账户发生对应关系的总账账户的名称。

（5）“借方”、“贷方”金额栏：填写所依据的凭证上记载的各总账账户的借方或贷方发生额。

（6）“借或贷”栏：登记余额的方向，如余额在借方，则写“借”字；如余额在贷方，则写“贷”字。如果期末余额为零，则在“借或贷”栏写“平”字，并在“余额”栏的中间写“0”符号。

7.3.2 明细分类账的设置和登记

明细分类账簿（简称明细账），是根据二级科目或明细科目开设账户，分类、连续地登记经济业务，提供明细核算资料的账簿，是对总分类账的补充。

明细分类账一般采用活页式账簿，特殊情况如固定资产明细账采用卡片式账簿。其格式一般有三栏式、数量金额式、多栏式和横线登记式（或称平行式）多种。企业应根据本单位业务量的大小、经营管理需要及所记录的经济业务内容，确定各种明细分类账的登记方法。可以根据审核后的原始凭证、汇总原始凭证或记账凭证逐笔进行登记，也可以根据这些凭证逐日或定期汇总登记。

1. 三栏式明细分类账

三栏式明细分类账的格式与三栏式总分类账基本相同，设有借方、贷方和余额 3 个金额栏。一般适用于那些只需要进行金额核算而不需要进行数量核算的债权、债务等结算科目，如应收账款、应付账款等科目的明细核算。其格式与表 7-11 相同。

2. 数量金额式明细分类账

数量金额式明细分类账是在“收入”、“发出”、“结存”三大栏内设有“数量”、“单价”、“金额”3 个小栏目。它适用于既要反映金额又要反映实物数量的各项物资的明细核算，如“原材料”、“库存商品”等科目的明细核算。其格式如表 7-13 所示。

表 7-13 原材料明细分类账

类　　别：圆钢　　计量单位：千克

名称或规格：60mm　　存放地点：2 号仓库

编　　号：111200　　储存定额：600 千克

20××年		凭证		摘要	收入			发出			结存		
月	日	种类	编号		数量	单价	金额	数量	单价	金额	数量	单价	金额
7	1			期初余额							100	8	800
	10	转	12	入库	400	8	3 200				500	8	4 000
	18	转	26	发出				300	8	2 400	200	8	1 600

数量金额式明细账可以由会计人员根据原始凭证，按照经济业务发生的时间先后顺序逐日逐笔进行登记，也可以由仓库保管员根据原始凭证，按照时间先后顺序逐日逐笔进行登记。其“收入”、“发出”栏根据财产物资的收入、发出原始凭证或原始凭证汇总表登记。如原材料明细分类账的“收入”栏是根据“收料单”登记的，“发出”栏是根据“发料单”登记的。登记材料收入、发出后计算出“结存”栏的数量、单价和金额。

3. 多栏式明细分类账

多栏式明细分类账，是根据经济业务的特点和经营管理的需要，在一张账页上按有关明细科目或明细项目分设若干栏目，以在同一张账页上集中反映各有关明细科目或明细项目的核算资料。按照明细分类账登记的经济业务的特点不同，多栏式明细分类账又可分为借方多栏式、贷方多栏式和借贷方多栏式 3 种格式。

（1）借方多栏式明细分类账

借方多栏式明细分类账，在账页中单独开设借方金额分析栏。这种格式的账页适用于借方需要设置多个明细科目的成本或费用类账户，如“材料采购”明细分类账、“生产成本”明细分类账（如表 7-14 所示）、“管理费用”明细分类账、“制造费用”明细分类账等。

表 7-14　生产成本明细分类账

产品名称：　　第×页

年		凭证		摘要	借方（成本项目）				余额
月	日	种类	编号		直接材料	直接人工	制造费用	合计	

（2）贷方多栏式明细分类账

贷方多栏式明细分类账，在账页中单独开设贷方金额分析栏。它适用于贷方需要设多个明细科目或明细项目进行登记的账户，如“主营业务收入”明细分类账和“营业外收入”明细分类账（如表 7-15 所示）等。

表 7-15　营业外收入明细分类账

第×页

年		凭证		摘要	贷方（项目）				余额
月	日	种类	编号		罚款收入	非常损失	……	合计	

（3）借贷方多栏式明细分类账（特种明细账）

借贷方多栏式明细分类账，是在账页中设有借方、贷方和余额 3 个金额栏，并同时在借方和贷方栏下设置若干个明细科目或明细项目进行登记的账簿。它适用于借贷方均需要设置多个栏目进行登记的账户，如“本年利润”明细分类账（如表 7-16 所示）、“应交税费——应交增值税”明细分类账等。

表 7-16 本年利润明细分类账

第×页

年		凭证		摘要	借方（项目）				贷方（项目）				余额
月	日	种类	编号		主营业务成本	营业费用	……	合计	主营业务收入	非常损失	……	合计	

4. 横线登记式明细分类账

横线登记式明细分类账，是将同一经济业务从开始到结束的全过程，不论其发生时间的先后都完整地登记在账页的同一横行内，以检查各项经济业务完成及变动情况。它适用于登记材料采购业务和一次性备用金等业务的明细核算。

【例 7-2】 某企业 2007 年 9 月发生下列有关业务。

（1）9 月 5 日刘畅借款 800 元。

（2）9 月 7 日张君预借差旅费 1 000 元。

（3）9 月 25 日张君报销 1 000 元。

上述业务记账后，有关备用金明细账如表 7-17 所示。

表 7-17 备用金明细账

07 年		凭证号	摘要	借方			07 年		凭证号	摘要	贷方			余额
月	日			原借	补付	合计	月	日			报销	退	合计	
9	5	6	刘畅	800		800								
9	7	12	张君	1 000		1 000	9	25	28	报销	1 000		1 000	0

7.3.3 总分类账与明细分类账的关系

总分类账与明细分类账登账的原始依据相同，核算内容相同，但核算指标的详细程度不同，总分类账对其所属的明细分类账起着统驭和控制作用，明细分类账对其从属的总分类账起着补充和说明的作用。两者相互补充，既提供总括核算指标，又提供详细核算指标，从不同的角度反映相同的经济业务。总账中某账户的金额与其所属的明细账的金额之和相等。

7.3.4 总分类账与明细分类账的平行登记

平行登记，是指经济业务发生后，应根据有关会计凭证（包括原始凭证和记账凭证），一方面要登记有关的总分类账户；另一方面要登记该总分类账户所属的各有关明细分类账户。

平行登记法的要点可概括为以下 3 点。

（1）同时登记：即对发生的每一笔经济业务，要根据审核无误的同一会计凭证，在同一会计期间，既要在有关的总分类账中进行登记，又要在该总账所属的明细分类账中进行明细登记。

（2）方向相同：即对于一笔经济业务，在依据同一会计凭证登记总分类账户的借贷方向与登记所属明细分类账户的借贷方向必须一致。

（3）金额相等：即记入总账中的金额，必须与记入其所属的各明细分类账户中的金额之和相等。

【例 7-3】 华泰公司 2007 年 10 月初“原材料”和“应付账款”账户期初余额如表 7-18 所示。

表 7-18　“原材料”和“应付账款”账户期初余额表

账户名称		数量	单价（元）	金额（元）	
总账	明细账			总账	明细账
原材料				179 000（借）	
	A 材料	10 000 千克	5.60		56 000（借）
	B 材料	20 吨	30		75 000（借）
	C 材料	2 500 件	30		75 000（借）
应付账款				90 000（贷）	
	甲公司				40 000（贷）
	乙公司				30 000（贷）
	丙公司				20 000（贷）

华泰公司2007年10月经济业务与会计分录如下。

（1）10月3日，用银行存款偿还上月欠甲公司货款40 000元，乙公司货款30 000元。

借：应付账款——甲公司　　40 000
　　　　　　——乙公司　　30 000
　贷：银行存款　　70 000

（2）10月5日，向甲公司购入A材料30 000千克，单价5.60元，计168 000元；购入B材料30吨，单价2 400元，计72 000元。增值税为40 800元，料入库，货款以银行存款付讫。

借：原材料——A材料　　168 000
　　　　　——B材料　　72 000
　　应交税费——应交增值税　　40 800
　贷：银行存款　　280 800

（3）10月12日，用银行存款归还前欠丙公司货款20 000元。

借：应付账款——丙公司　　20 000
　贷：银行存款　　20 000

（4）10月20日，向甲公司购入A材料20 000千克，每千克5.60元，计112 000元。增值税为19 040元，料入库，款未付。

借：原材料——A材料　　112 000
　　应交税费——应交增值税　　19 040
　贷：应付账款——甲公司　　131 040

（5）10月26日，向丙公司购入C材料7 500件，每件30元，计225 000元。增值税为38 250元，料入库，款未付。

借：原材料——C材料　　225 000
　　应交税费——应交增值税　　38 250
　贷：应付账款——丙公司　　263 250

（6）10月30日，仓库发出A材料40 000千克，单价5.60元，计224 000元；B材料40吨，单价2 400元，计96 000元；C材料8 000件，每件30元，计240 000元。

借：生产成本　　560 000
　贷：原材料——A材料　　224 000
　　　　　　——B材料　　96 000
　　　　　　——C材料　　240 000

根据上述资料，进行平行登记。

（1）“原材料”总分类账户与其所属的各有关明细分类账户的平行登记，用“T”形账户说明，如图7-1所示。

原材料

借方	贷方
期初 179 000	
（2） 240 000	
（4） 112 000	
（5） 225 000	（6） 560 000
发生额 577 000	发生额 560 000
余额 196 000	

原材料——A 材料

借方	贷方
期初 56 000	
（2） 168 000	
（4） 112 000	
	（6） 224 000
发生额 280 000	发生额 224 000
余额 112 000	

原材料——B 材料

借方	贷方
期初 48 000	
（2） 72 000	
	（6） 96 000
发生额：72 000	发 生 额 96 000
余额 24 000	

原材料——C 材料

借方	贷方
期初 75 000	
（5） 225 000	
	（6） 240 000
发生额 225 000	发生额 240 000
余额 60 000	

图 7-1　原材料的“T”形账户

（2）“应付账款”总分类账户与其所属的各有关明细分类账户的平行登记，用“T”字形账户说明，如图 7-2 所示。

应付账款

借方	贷方
	期初 90 000
（1） 70 000	
（3） 20 000	（4） 131 040
	（5） 263 250
发生额 90 000	发生额 394 290
	余额 394 290

应付账款——甲公司

借方	贷方
	期初 40 000
（1） 40 000	
	（4） 131 040
发生额 40 000	发生额 131 040
余额 131 040	

应付账款——乙公司

借方	贷方
	期初 30 000
（1） 30 000	
发生额 30 000	发生额 0
	余额 0

应付账款——丙公司

借方	贷方
	期初 20 000
（3） 20 000	
	（5） 263 250
发生额 20 000	发生额 263 250
	余额 263 250

图 7-2　应付账款的“T”形账户

7.4 会计账簿的启用规则及更换和保管

7.4.1 会计账簿的启用规则

1. 会计账簿的选用

各企业应从本单位实际出发，综合考虑账簿的用途、形式和账页，合理选用会计账簿。从账簿的形式来看，现金日记账、银行存款日记账、总分类账应选用订本式账簿，各种明细账，一般应选用活页式账簿，个别明细账可以采用卡片式账簿。从账页格式来看，现金日记账、银行存款日记账、总分类账及一部分只进行金额核算的明细账，选用三栏式账页。对既要进行金额核算，又要进行数量核算的有关财产物资的明细分类账，应采用数量金额式账页。对于有关收入、成本费用详细记录的明细分类账，根据需要可采用多栏式账页。

2. 会计账簿的启用

为保证账簿记录的合法性、明确记账责任，账簿在启用时，须在账簿扉页填列启用表及交接表（活页式账簿和卡片式账簿应装订成册后填列）。启用会计账簿时应当在账簿封面上写明单位名称和账簿名称。账簿扉页上包括启用日期、账簿页数、账簿编号、账簿册数、记账人员和会计主管人员姓名等，并加盖私章和公章。记账人员和会计主管人员调动工作时，应办理交接手续，并在交接记录内填写有关项目后，由交接双方签章。“账簿启用及经管人员一览表”如表 7-19 所示。

表 7-19 账簿启用及经管人员一览表

<table>
<tr><td colspan="2">单位名称</td><td colspan="6"></td><td colspan="7" rowspan="5">公章</td></tr>
<tr><td colspan="2">账簿名称</td><td colspan="6"></td></tr>
<tr><td colspan="2">账簿编号</td><td colspan="6"></td></tr>
<tr><td colspan="2">账簿页数</td><td colspan="6">本账簿共　　页</td></tr>
<tr><td colspan="2">启用日期</td><td colspan="6">年　月　日</td></tr>
<tr><td rowspan="5">经管人员</td><td colspan="2">负责人</td><td colspan="5">会计主管</td><td colspan="4">复核</td><td colspan="3">记账</td></tr>
<tr><td>姓名</td><td>签章</td><td colspan="2">姓名</td><td colspan="3">签章</td><td colspan="2">姓名</td><td colspan="2">签章</td><td colspan="2">姓名</td><td>签章</td></tr>
<tr><td></td><td></td><td colspan="2"></td><td colspan="3"></td><td colspan="2"></td><td colspan="2"></td><td colspan="2"></td><td></td></tr>
<tr><td></td><td></td><td colspan="2"></td><td colspan="3"></td><td colspan="2"></td><td colspan="2"></td><td colspan="2"></td><td></td></tr>
<tr><td></td><td></td><td colspan="2"></td><td colspan="3"></td><td colspan="2"></td><td colspan="2"></td><td colspan="2"></td><td></td></tr>
<tr><td rowspan="4">交接记录</td><td colspan="2">经管人员</td><td colspan="5">接管</td><td colspan="6">移交</td><td rowspan="4">备注</td></tr>
<tr><td>姓名</td><td>性别</td><td>年</td><td colspan="2">月</td><td>日</td><td>签章</td><td>年</td><td colspan="2">月</td><td colspan="2">日</td><td>签章</td></tr>
<tr><td></td><td></td><td></td><td colspan="2"></td><td></td><td></td><td></td><td colspan="2"></td><td colspan="2"></td><td></td></tr>
<tr><td></td><td></td><td></td><td colspan="2"></td><td></td><td></td><td></td><td colspan="2"></td><td colspan="2"></td><td></td></tr>
</table>

启用订本式账簿，应从第一页连续编定页数，中间不得跳页、缺页。启用活页式账簿，应按账户顺序编号。

7.4.2　会计账簿的更换和保管

1. 会计账簿的更换

为了保证会计账簿资料的连续性、系统性、完整性，在每一会计年度终了，新的会计年度开始时，应按照会计制度的规定进行各类账簿的更换。更换时需要注意以下几点。

（1）更换新账时，要注明各账户的年份，然后在第一行日期栏内写明 1 月 1 日；在摘要栏内注明“上年结转”或“上年余额”字样；根据上年账簿的账户余额直接写在“余额”栏内。不必填制记账凭证。在此基础上再登记新年度所发生的相关会计事项。

（2）应根据各账户经济业务的多少，合理估计各账户在新账中所需要的账页，并填写账户目录，然后据以设立账户。

（3）有些有余额的明细账，如应收账款、应付账款、其他应收款、其他应付款等明细账，必须将各明细账户的余额，按照上述的方法，详细填写在与新建明细账相同的明细账户下，以备清查和查阅；对于采用借贷方多栏式的应交增值税明细账，应按照有关明细项目的余额采用正确的结转方法予以结转。

订本式账簿如在会计年度中记满需要更换时，与年初更换新账一样处理。

2. 会计账簿的保管

会计账簿管理制度主要包括日常管理和旧账归档保管两部分内容。

（1）会计账簿的日常管理

会计账簿的日常管理包括：各种账簿要分工明确，并指定专人管理，一般是谁负责登记，谁负责管理；会计账簿未经本单位领导或会计部门负责人允许，非经管人员不得翻阅查看会计账簿；会计账簿除需要与外单位核对账目外，一律不准携带外出。对需要携带外出的账簿，必须经本单位领导和会计部门负责人批准，并指定专人负责，不准交给其他人员管理，以保证账簿安全和防止任意涂改账簿等现象的发生。

（2）会计账簿的归档保管

会计档案的保管包括以下内容：会计档案的内容；会计档案的保管机构和保管人员；会计档案存档办法；会计档案的保管期限，分为永久、定期两类。各单位保存的会计档案不得借出，如有特殊需要，经本单位负责人批准，可以提供查阅或者复制，并办理登记手续。查阅或复制会计档案的人员，严禁在会计档案上涂画、拆封和抽换。会计档案保管期满，单位负责人签署意见后，可以进行销毁。

本章小结

会计账簿是指由具有一定格式并相互联系在一起的账页组成的，以会计凭证为依据，全面、系统、连续地记录各项经济业务的簿籍。设置和登记账簿，可以使会计凭证上分散的会计资料系统化、条理化，是编制会计报表的基础，是连接会计凭证和会计报表的中间环节，在会计核算中具有重要意义。

账簿按其用途的不同，可以分为序时账簿、分类账簿和备查账簿 3 种；按其外表形式的不同可分为订本式账簿、活页式账簿和卡片式账簿；按账页格式的不同，可以分为三栏式账簿、多栏式账簿、数量金额式账簿 3 种。

平行登记，是指经济业务发生后，应根据有关会计凭证（包括原始凭证和记账凭证），一方面要登记有关的总分类账；另一方面要登记该总分类账所属的各有关明细分类账。平行登记法的要点可概括为以下 3 点：同时登记；方向相同；金额相等。

思考题

一、单项选择题

1.“应收账款”明细账的格式一般采用（　　）。

A．数量金额式　　B．多栏式

C．订本式　　D．三栏式

2．多栏式明细账格式一般适用于（　　）。

A．债权、债务类账户　　B．财产物资类账户

C．费用成本类和收入成果类账户　　D．货币资产类账户

3.“原材料”明细账的格式一般采用（　　）。

A．数量金额式　　B．横线登记式　　C．三栏式　　D．多栏式

4．按经济业务发生时间的先后顺序逐日逐笔进行登记的账簿是（　　）。

A．总分类账簿　　B．序时账簿　　C．备查账簿　　D 明细分类账簿

5．日记账按用途分类属于（　　）。

A．序时账簿　　B．备查账簿　　C．分类账簿　　D．卡片账簿

6．固定资产明细账簿一般采用（　　）形式。

A．订本式账簿　　B．活页式账簿

C．卡片式账簿　　D．以上 3 种任意一种都可

7．下列适用于三栏式明细分类账簿的是（　　）。

A．管理费用　B．原材料　C．应收账款　D．商品销售收入

8．总分类账和日记账适用于（　　）账簿。

A．活页式　B．订本式　C．卡片式　D．备查式

9．不可以采用三栏式账页的有（　　）。

A．总账　B．应付账款明细账　C．现金日记账　D．原材料明细账

10．特种日记账的账页格式有（　　）。

A．三栏式和多栏式　B．两栏式　C．三栏式　D．多栏式

二、多项选择题

1．必须采用订本式账簿的有（　　）。

A．原材料明细账　B．现金日记账　C．银行存款日记账

D．应付账款明细账　E．总分类账

2．账簿按其外表形式分类，可分为（　　）。

A．序时账簿　B．订本式账簿　C．活页式账簿　D．卡片式账簿

3．会计账簿应具备的基本内容有（　　）。

A．封面　B．扉页　C．账页　D．封底

4．下列会计凭证中，可以作为登记现金日记账的依据的是（　　）。

A．现金收款凭证　B．现金付款凭证

C．现金支票存根　D．银行存款付款凭证

5．数量金额式明细账的账页格式适用于（　　）。

A．库存商品明细账　B．制造费用明细账

C．材料明细账　D．应付账款明细账

三、判断题

1．总账只进行金额核算，提供价值标准，不提供实物指标；而明细账有的只提供价值指标，有的既提供价值指标，又提供实物指标。（　　）

2．备查账簿是和序时账簿以及分类账簿一样必须设置的。（　　）

3．为了保证账簿记录的正确性，必须根据审核无误的会计凭证登记账簿。（　　）

4．在会计核算中，红笔一般在划线、改错、冲账和表示负数金额时用。（　　）

5．序时账簿就是现金和银行存款日记账。（　　）

四、实训题

实训一

［目的］练习日记账的登记方法。

［资料］鑫源公司 2007 年 1 月发生下列业务。

1．1 月 1 日，向银行借款 50 000 元，存入银行存款户，期限 3 个月，月利率 3%。

2．1 月 3 日，以银行存款 5 000 元购进 A 材料，同时支付增值税 850 元。

3．1 月 5 日，从银行提取现金 1 000 元。

4．1 月 6 日，以现金 60 元购一批办公用品。

5．1 月 8 日，销售一批产品，销售收入 70 000 元，增值税 11 900 元，款项存入银行。

6．1 月 9 日，销售原材料一批，收入现金 1 200 元，当日送存银行。

7．1 月 11 日，以现金支付刘明预借差旅费 800 元。

8．1 月 12 日，李丽报销差旅费 1 400 元，交回多余现金 100 元。

9．1 月 15 日，以银行存款 40 000 元归还到期的银行长期借款。

10．1 月 18 日，从银行提取现金 10 000 元，备发工资。

11．1 月 18 日，以现金 10 000 元发放工资。

12．1 月 20 日，以银行存款 2 000 元归还上月欠购货款。

13．1 月 31 日，收到上月一客户欠销货款 20 000 元存入银行。

要求：

1．根据上述经济业务编制收款凭证、付款凭证。

2．根据收款凭证、付款凭证及原始凭证登记现金日记账、银行存款日记账，结算出本期发生额及期末余额。

现金日记账

20××年		凭证号数	摘　要	对方科目	收　入	支　出	结　余
月	日						

银行存款日记账

20××年		凭证号数	摘　要	结算凭证		对方科目	收　入	支　出	结　余
月	日			种类	号数				

实训二

[目的] 练习总分类账户与明细分类账户的平行登记方法。

[资料]

1. 某公司 2007 年 8 月末“原材料”总账借方余额为 71 000 元，其中：甲材料库存数量 600 公斤，金额 3 000 元；乙材料库存数量 800 公斤，金额 64 000 元；丙材料库存数量 2 吨，金额为 4 000 元。“应收账款”总账借方余额为 20 020 元，其中各明细科目借方余额如下。

应收账款——大兴工厂　1 480 元

——长城公司　2 940 元

——万达工厂　7 400 元

——振宇公司　8 200 元

2. 该公司 2007 年 9 月发生下列相关经济业务。

(1) 9 月 2 日购入材料一批验收入库，价款 4500 元，其中甲材料 100 公斤，单价 5 元；乙材料 50 公斤，单价 80 元，货款尚未支付。

(2) 9 月 5 日，收到大兴工厂前欠货款，金额 760 元，货款已存入银行。

(3) 9 月 6 日，基本生产车间领用甲材料 300 公斤，乙材料 400 公斤，丙材料 1 吨。

(4) 9 月 10 日，购入丙材料一批验收入库，数量 3 吨，金额 6 000 元，货款已用银行存款支付。

(5) 9 月 10 日，长城公司从该公司购货一批，金额为 1 200 元，尚未收到货款。

(6) 9 月 12 日，万达工厂偿还前欠货款 7 400 元，已存入银行。

(7) 9 月 13 日，厂部领用丙材料 800 公斤，车间管理部门领用丙材料 700 公斤。

(8) 9 月 15 日，振宇公司赊购商品一批，价款 4 000 元。

(9) 9 月 20 日，购入材料一批价款合计 15 000 元，已验收入库。其中甲材料 200 公斤，金额 1 000 元；乙材料 150 公斤，金额 12 000 元；丙材料 1 吨，金额 2 000 元。货款已用银行存款支付。

(10) 9 月 23 日，万达工厂购买商品一批金额为 9 000 元，付款 7 000 元，存入银行，其余部分暂欠。

(11) 9 月 25 日，大兴工厂偿还前欠货款 480 元，存入银行。

(12) 9 月 26 日，长城公司偿还前欠货款 940 元，存入银行。

(13) 9 月 28 日，大兴工厂购入商品一批价款 4 200 元，货款尚未收到。

要求：

(1) 根据上述经济业务，编制记账凭证。

(2) 根据审核无误的记账凭证，运用平行登记法登记“原材料”总账及其明细账和“应收账款”总账及其明细账。

(3) 根据平行登记的要求，检查与所属明细账的平衡关系是否成立，编制“总分类账户与明细分类账户发生额及余额对照表”。

第8章 财产清查

【学习目标】

➢ ***基本知识目标***

✧ 通过本章学习，进一步理解财产清查是会计核算的重要方法，是确保企业财产物资安全、完整的必要手段。

✧ 熟悉各种财产物资、货币资金和往来款项的清查方法。

➢ ***基本能力目标***

✧ 掌握不同类型资产的清查方法，并运用其财产清查方法获取原始核算资料。

✧ 掌握清查结果的账务处理程序和账务处理方法。

【学习要求】

通过本章学习，使学生熟悉财产清查的基本方法，掌握财产清查结果的账务处理。

8.1 财产清查的含义、种类及准备工作

8.1.1 财产清查的含义

财产清查就是通过对货币资金、财产物资和债权债务的盘点或核对，查明其实有数与账存数是否相符，并查明账实不符的原因的一种会计核算方法。

《会计法》规定：各单位应当定期将会计账簿记录与实物、款项及有关资料相核对，保证会计账簿记录与实物及款项的实有数相符。

财产清查的关键是要解决账实不符的问题。由于一些主观和客观的原因，会使账簿记录的结存数与各项资产的实存数不相一致，即通常所说的账实不符。造成账实不符的原因是多方面的，一般有以下几种情况。

（1）在收发物资中，由于计量、检验不准确而造成品种、数量或质量上的差错。

（2）财产物资在运输、保管、收发过程中，在数量上发生自然增减变化。

（3）在财产增减变动中，由于手续不齐或计算、登记上发生错误。

（4）由于管理不善或工作人员失职，造成财产物资的损坏、变质或短缺，以及货币资金往来款项的差错。

（5）自然灾害造成的非常损失。

（6）贪污盗窃、营私舞弊造成的损失。

（7）未达账项引起的账实不符等。

由于上述种种原因，必须对各项财产物资定期或不定期地进行盘点或核对，对账实不符的，要调整账簿记录，并查明原因和责任，按有关规定做出处理。

财产清查的意义主要有以下几个方面。

（1）保护财产物资的安全和完整。通过财产清查，可以查明各项财产物资的保管情况是否良好，有无损失浪费、霉烂变质和非法挪用、贪污盗窃等情况，以便查明原因，进行处理。同时要从中吸取教训，采取措施，堵塞漏洞，建立健全各项物资管理制度，保护企业财产物资的安全和完整。

（2）保证会计核算信息资料的真实性。通过财产清查，可以查明各项财产物资的实有数，确定实有数和账面数的差异，以便分析原因，采取措施，改进工作，进一步加强财产物资的管理，确保会计信息资料的真实可靠。

（3）挖掘财产物资潜力，提高物资使用效率。通过财产清查，可以查明各种财产物资的储备、保管、使用情况，以及有无超储、积压和呆滞等情况，从而采取有效措施，充分挖掘物资潜力，加速资金周转，提高物资使用效率。

（4）维护财经纪律，遵守结算制度。通过对财产、物资、货币资金及往来账款的清查，可以查明单位有关业务人员是否遵守财经纪律和结算制度，有无贪污、盗窃、挪用公款的情况；查明各项资金使用是否合理，是否符合党和国家的方针、政策和法律，从而使工作人员更加自觉地遵纪守法，自觉维护和遵守财经纪律。

（5）促使企业对外经济往来的正常进行。通过财产清查，查明各种往来款项的结算情况，以便及时处理长期拖欠债权债务、无故拒付发出商品货款等问题。

8.1.2 财产清查的种类

财产清查的种类很多，可以按照不同的标准进行分类，主要有以下几种。

1. 按清查范围分类

财产清查按其清查范围的不同，可分为全面清查和局部清查。

（1）全面清查。全面清查就是对所有的财产物资进行全面的清查、盘点和核对。其清查的内容主要包括：库存现金、银行存款、原材料、在产品、自制半成品、库存商品、固定资产、往来款项、有价证券、委托加工材料等。

全面清查由于清查范围广，工作量大，参加人员多，有时会影响企业的生产经营工作的正常进行，所以全面清查不宜经常进行。一般存在以下情况需要进行全面清查。

① 年终结算前，需进行全面清查。

② 单位在合资、联营、合并、停办、撤销或改变隶属关系时需要进行全面清查。

③ 在开展清产核资时，为了摸清资金情况，准确核定资金定额，需进行全面清查。

④ 企业实行承包经营，在核定承包任务以及承包到期核实承包任务完成情况时，需要进行全面清查。

（2）局部清查。局部清查也称重点清查，是指根据管理的需要或依据有关规定，对部分财产物资、债权债务重点进行盘点和核对。例如，流动资产中流动性较大的材料物资，除年度清查外，年内还要轮流盘点或重点抽查；各种贵重物资需每月至少清查一次；库存现金，应由出纳人员当日清点核对；银行存款，应每月至少同银行核对一次；各种往来款项，每年至少核对一至两次。

另外，对发现某种物品被盗或者由于自然灾害造成物品损毁，以及其他责任事故造成物品损失等，都应及时进行局部清查，以便查明原因，及时处理，并调整账簿记录。

2. 按清查时间分类

财产清查按清查时间的不同，可分为定期清查和不定期清查。

（1）定期清查。定期清查是在规定的时间内对资产所进行的清查，这种清查通常在年度、半年度、季度或月度终了后进行。这种清查可以是全面清查，也可以是局部清查。一般情况下，在年末进行全面清查，季末、月末只进行局部清查。

（2）不定期清查。不定期清查也称临时清查，是指根据实际情况的需要临时进行的财产清查。不定期清查一般存在以下情况时进行：

① 更换财产物资和库存现金保管人员时，为分清经济责任，需对有关人员所保管的财产物资和库存现金进行清查。

② 企业发生非常灾害或意外损失时，要对受灾损失的财产进行清查，以查明损失情况。

③ 企业撤销、合并时。

④ 上级主管单位、财政机关和银行等部门对企业进行会计检查时，应按检查要求及范围进行清查，以验证会计资料的真实可信。

⑤ 按照有关规定，进行临时性的清查核资工作，以摸清家底。

根据上述情况进行不定期清查，可以是全面清查，也可以是局部清查，应根据实际需要而定。

8.1.3 财产清查的准备工作

财产清查是改善经营管理和加强会计核算的重要手段，也是一项涉及面广、政策性强、工作量大、复杂细致的工作。为了保质保量完成此项工作，使其发挥应有的积极作用，在清查前，必须充分做好准备工作，包括组织准备和业务准备。

1. 组织准备

财产清查不仅涉及有关物资保管部门，而且要涉及各车间和各个职能部门。为了使清查工作能顺利进行，在进行财产清查前要根据财产清查工作的实际需要，组建财产清查专门机构，由主管领导负责，会同财会部门、财产管理、使用部门等有关部门配合进行清查，以保证财产清查工作在统一领导下，分工协作，圆满完成。

2. 业务准备

为了使财产清查工作顺利进行，清查之前必须做好以下几项业务准备。

（1）制定财产清查计划，确定清查对象、范围，配备清查人员，明确清查任务。

（2）会计部门要将总账、明细账等有关资料登记齐全，核对正确，结出余额。保管部门对所保管的各种财产物资以及账簿、账卡挂上标签，标明品种、规格、数量，以备查对。并将截止财产清查盘点前的各种财产物资的收入、发出办好手续，全部登记入保管账，结出余额，并与会计部门的有关账簿记录核对相符，作为财产清查的依据。

（3）对银行存款、银行借款和结算款项，要取得银行对账单，以便查对。

（4）对需使用的量度衡器，要提前校验正确，保证计量准确。

（5）对应用的清查盘存报告表等有关表册，要准备妥当。

财产清查的准备工作做好后，就需按财产清查的方法实施财产清查。

8.2　财产清查的方法

8.2.1　财产物资的清查方法

财产物资的清查主要是对存货和固定资产的清查。对于财产物资的清查，特别是存货的清查，应明确存货的账面结存数和实际结存数，通过对账存数和实存数的比较确定账实是否相符。

1. 确定财产物资账面结存数量的方法

确定财产物资账面结存数量的方法一般有两种：永续盘存制和实地盘存制。两种盘存制度的不同，主要在于确定财产物资账面结存数量的方法不同。

（1）永续盘存制。永续盘存制又称账面盘存制，是对各项财产物资的增减变动和结存情况，根据会计凭证在有关账簿中进行登记，并随时在账面上结算出各项财产物资结存数量的一种盘存制度。采用这种盘存制度，账簿组织比较严密。在明细账中，平时既要登记收入数量，又要登记发出和结存数量，进行数量控制。会计部门设置数量金额式明细账，既要登记收入、发出和结存的数量，又要登记金额，以便随时与保管部门进行核对，并进行数量和金额双重控制。

在永续盘存制下，期末账面财产物资数量的计算公式如下：

账面期末结存数量＝账面期初结存数量＋本期增加数量－本期减少数量

由于这种方法对财产物资的增加和减少进行连续登记，且随时能结出账面结存数量，因而便于随时掌握财产物资的占用情况及其变动，有利于加强对财产物资进行有效的管理。并可以通过实地盘点，将财产物资的账存数和实存数进行对比，查明账实是否相符，如果不符，查明原因，及时纠正。

“永续盘存制”与“实地盘存制”相比，其财产物资明细分类核算工作量较大，需耗用较多的人力和费用，特别是原材料、库存商品等品种复杂繁多的企业、单位，若采用月末一次结转耗用（或销售）成本的办法，其计算工作就比较集中，增加月末工作量。

在实际工作中，除了那些价值低廉，在管理上实行“永续盘存制”有困难的财产物资外，一般都采用“永续盘存制”。

（2）实地盘存制。实地盘存制是对各项存货平时在账簿中只登记其增加数，不登记其减少数，月末根据实地盘点的结存数倒挤存货的减少数，并据以登记有关账簿的一种盘存制度。

本期发出财产物资数量的计算公式如下：

本期减少（已销或已耗）数量＝账面期初结存数量＋本期增加数量－期末实地盘存数量

“实地盘存制”与“永续盘存制”相比，其主要优点是：平时对财产物资减少或结存的数量可以不作明细记录，因此，这种方法起到了简化核算的作用。其缺点是：手续不严密，不能随时反映财产物资的收入、发出和结存情况；由于以存计耗或以存计销，这样容易将因短缺、毁损、盗窃或浪费等原因造成的损失计入已耗或已销成本中，不利于加强财产物资的控制和管理，影响成本计算的正确性。“实地盘存制”仅适用于一些价值较低、品种复杂、交易频繁的财产物资或一些损耗大、数量不稳定的鲜活存货，如鱼、虾、水果等。

实际工作中，为了加强财产物资的管理与控制，必须将“永续盘存制”与“实地盘存制”相结合，定期或不定期地对财产物资进行清查盘点。

2. 确定财产物资账面结存金额的方法

财产物资账面结存金额是财产物资账面结存数量与该项财产物资单价的乘积，即：

财产物资的账面结存金额＝财产物资期末结存数量×实际单位成本

由于财产物资发出和期末结存通常仍然是按实际成本计价，但是由于同一项财产物资每次取得时的实际成本不可能完全一致，所以，财产物资发出和期末储存实际单位成本的计算，根据管理的需要采用不同的计价方法。常用的计价方法有个别计价法、先进先出法、月末一次加权平均法、移动加权平均法等。

3. 财产物资实存数量的清查方法

不同种类的财产物资，由于其实物形态、体积、重量、堆放方式的不同，而采用不同的盘点方法。通常可按其实物特点，选用实地盘点法、技术推算法、询证核对法等清查方法。

（1）实地盘点法。实地盘点法是对各项财产物资通过逐一清点或用计量器具确定其实存数量的方法。这种方法适用范围较广泛，大部分财产物资都采用这种方法。

（2）技术推算法。技术推算法是通过量方、计尺等技术方法推算有关存货实有数量的方法。这种方法适用于大量、成堆、难以逐一清点的存货，如堆存的煤或油罐中的油等。

（3）询证核对法。询证核对法是指对于委托外单位加工或保管的物资，可以采用向对方发函调查，并与本单位的账存数相核对的方法。

在财产清查的过程中，首先，由实物保管人员和盘点人员同时在场清查，以明确经济责任，进而确定其实有数量。其次，对清查盘点的结果应及时登记在“盘存单”上，由盘点人员和实物保管人签字或盖章。盘存单是记录实物盘点结果的书面证明，也是反映财产物资实有数的原始凭证。盘存单的一般格式如表8-1所示。

表8-1 盘存单

单位名称： 编号：

财产类别： 盘点时间： 存放地点：

编号	名称	计量单位	数量	单价	金额	备注

盘点人（签章）： 实物保管人（签章）：

盘点完毕，将“盘存单”中所记录的实存数额与账面结存数额相互核对，当发现某些财产物资账实不符时，还应根据“盘存单”和账簿记录，编制“实存账存对比表”，确定财产物资盘盈或盘亏的数额。“实存账存对比表”是一个重要的原始凭证，它是调整账簿记录的原始依据，也是分析账存数和实存数发生差异的原因，是查明经济责任的原始证明材料。实存账存对比表的一般格式如表8-2所示。

表8-2 实存账存对比表

单位名称： 年 月 日

编号	类别及名称	计量单位	单价	实存		账存		实存与账存差异				备注
								盘盈		盘亏		
				数量	金额	数量	金额	数量	金额	数量	金额	

盘点人签章： 会计签章： 制表签章：

8.2.2 货币资金的清查方法

货币资金的清查一般包括库存现金和银行存款的清查。由于货币资金的收支业务比较频繁，且容易出现差错，因此要定期或不定期地进行清查。

1. 库存现金的清查方法

库存现金的清查是通过实地盘点的方法，确定库存现金的实存数，然后与库存现金日记账的账面结存数进行核对，以查明账实是否相符。库存现金的盘点，应由清查人员会同库存现金出纳人员共同负责。盘点前，出纳人员应先将库存现金收、付款凭证全部登记入账，并结出余额。盘点时，出纳人员必须在场，逐张清点库存现金，如发现盘盈、盘亏，必须当场会同出纳人员核实清楚。

库存现金的清查，除了查明账实是否相符外，还应注意有无违反现金管理制度的情况，如有无挪用现金和以“白条”抵充库存现金的现象；库存现金是否超过银行核定的库存限额，有无坐支现金等情况。清查结束，应编制“库存现金盘点报告表”，并由盘点人员和出纳员签名或盖章。“库存现金盘点报告表”具有“盘存单”和“账存实存对比表”的双重性质，它既是反映现金实存数，并据以调整账簿记录的原始凭证，也是分析账实发生差异的原因、明确经济责任的重要依据。其格式如表 8-3 所示。

表 8-3　库存现金盘点报告表

单位名称：　　　　　　　　　　　　年　　月　　日

实存金额	账存金额	清查结果		备注
		盘盈	盘亏	

盘点人（签章）：　　　　　　　　　　　　　　　　　　出纳员（签章）：

2. 银行存款的清查方法

银行存款的清查，与实物、库存现金的清查方法不同，它是采用与开户银行核对账目的方法来进行的。即将单位登记的“银行存款日记账”与银行送来的“对账单”逐笔进行核对，以查明其是否相符。银行的“对账单”上登记着本单位有关存款的存入、支用和结余的全部记录。

实际工作中，银行对账单与本单位银行存款日记账的余额往往不符。造成不相符的原因主要有两个方面：一是双方记账可能有差错；二是未达账项所致。所谓未达账项，是指企业和银行，由于办理结算手续和凭证传递的原因，一方已登记入账，另一方尚未登记入账的账项。

对于未达账项，应查明情况后编制“银行存款余额调节表”，以检查双方的账目是否相符。

未达账项主要有以下几种情况。

（1）企业存入银行的款项，企业已作存款增加入账，但银行尚未入账，即企业已收，银行未收款项。

（2）企业开出支票或其他付款凭证，企业已作存款减少入账，但银行尚未入账，即企业已付，银行未付款项。

（3）银行代企业收到的款项，银行已作企业存款增加入账，但企业尚未入账，即银行已收，企业未收款项。

（4）银行代企业支付的款项，银行已作企业存款减少入账，但企业尚未入账，即银行已付，企业未付款项。

上述情况都会使企业的银行存款日记账余额与银行对账单余额不符，因此，在清查中，应将企业银行存款日记账与银行对账单逐笔核对，找出未达账项，并据以编制“银行存款余额调节表”。

“银行存款余额调节表”的编制方法，一般是在企业的账面余额和银行对账单余额的基础上，各自分别补记对方已入账而本单位尚未入账的账项金额，然后验证经调节后的双方余额是否相等。如果相等，表明双方记账均正确无误；否则，就表明有记账错误，应进一步及时查明原因，若企业银行存款日记账有错应及时进行更正；若银行的账有错账、漏账，要通知银行予以更正。

下面举例说明“银行存款余额调节表”的编制方法。

【例 8-1】 某公司 2007 年 1 月 31 日银行存款日记账的余额为 560 000 元，银行转来对账单的余额为 740 000 元，经过逐笔核对发现有下列未达账项。

（1）企业收到销货款 20 000 元，已记银行存款增加，银行尚未记增加。

（2）企业支付购料款 180 000 元，已记银行存款减少，银行尚未记减少。

（3）银行代收某公司汇来购货款 100 000 元，银行已登记存款增加，企业尚未记增加。

（4）银行代企业支付购料款 80 000 元，银行已登记存款减少，企业尚未记减少。

根据以上资料编制银行存款余额调节表，如表 8-4 所示。

表 8-4　银行存款余额调节表

2007 年 01 月 31 日　　单位：元

项　目	金　额	项　目	金　额
企业银行存款日记账余额	560 000	银行对账单余额	740 000
加：银行已收企业未收款	100 000	加：企业已收银行未收款	20 000
减：银行已付企业未付款	80 000	减：企业已付银行未付款	180 000
调节后的存款余额	580 000	调节后的存款余额	580 000

值得注意的是，由于未达账项不是错账、漏账，据以编制的银行存款余额调节表不是原始凭证，不能根据调节表做任何账务处理，双方账面仍保持原有的余额，待收到有关凭证后，再正常进行账务处理。

8.2.3 结算往来款项的清查方法

结算往来款项主要包括应收款、应付款、预收款及预付款等款项。由于往来款项包括对本单位内部、对职工个人以及对外单位的往来款项等，财产清查时，应视不同的情况采用不同的方法加以核查。

对于外单位的往来款项的清查，与银行存款的清查一样，采用同对方单位核对账目的方法。在将本单位的往来账目核对清楚，确认准确无误的情况下，向对方单位填发对账单。对账单应按明细账逐笔抄列一式两联，其中一联作为回单。对方单位经过详细核对后，在往来账项对账单上注明相符或不相符并盖章后退回清查单位，作为清查结果的依据。在收到对方单位回单后，应填制往来款项清查表，其格式如表 8-5 所示。

表 8-5 往来款项清查表

总分类账户名称： 年 月 日

明细分类账户		清查结果		核对不符原因分析			备注
名称	账面余额	核对相符 金 额	核对不符 金 额	未达账项 金 额	有争议款项 金 额	其他	

8.3 财产清查结果的账务处理

8.3.1 财产清查结果处理的原则和步骤

通过财产清查，必然会发现财产管理和会计核算中存在的问题，妥善地处理好这些问题，是财产清查工作的重要环节。为了充分发挥财产清查的作用，促进企业、单位进一步管好财产物资，必须对财产清查的结果在认真分析和调查研究的基础上，以有关的法令、制度为依据进行严肃处理。处理的步骤如下。

（1）客观地分析账实不符的原因，明确经济责任，并按规定程序如实将盘盈、盘亏情况及处理意见，报请有关部门审批处理。

（2）积极处理各种积压物资，及时清理长期不清的债权、债务，以提高财产物资的使用效率。

（3）总结经验教训，建立健全以岗位责任制为中心的财产管理制度，进一步加强财产管理责任制，保护企业财产的安全与完整。

（4）对财产清查中所查明的各种差异，应及时地调整账簿记录，做到账实相符。

会计上对账实不符的差异的具体处理，分两个步骤进行。

第一步，根据查明属实的财产盘盈、盘亏或毁损的结果编制的“实存账存对比表”，编制记账凭证，据以登记有关账簿，调整账簿记录，使各项财产物资的实存数和账存数一致。

第二步，待查明原因、明确责任以后，再根据审批后的处理决定，编制记账凭证，分别记入有关的账户。

为了反映和监督财产清查中所查明的财产物资的盘盈、盘亏和毁损及其处理情况，应设置“待处理财产损溢”账户。“待处理财产损溢”账户属双重性质的账户，借方登记各项财产发生的盘亏、毁损数和经批准处理盘盈财产的转销数；贷方登记各项财产发生的盘盈数和经批准处理的盘亏、毁损财产转销数；期末如为借方余额，表示尚待处理的净损失，如为贷方余额，表示尚待处理的净溢余。

在该账户下设置“待处理流动资产损溢”和“待处理固定资产损溢”两个明细账户，进行明细分类核算。

“待处理财产损溢”账户的结构如图 8-1 所示。

借方　　　　待处理财产损益	贷方
① 待处理财产发生的盘亏及毁损数 ② 经批准处理盘盈财产的转销数	① 待处理财产发生的盘盈数 ② 经批准处理盘亏及毁损财产的转销数

图 8-1 “待处理财产损益”账户的结构

8.3.2 流动资产清查结果的账务处理

流动资产是企业比较重要的资产，在保管过程中，由于管理制度不健全，计量不准确等原因，会发生实物数额大于或小于账面余额的情况，应分别不同情况进行账务处理。

1. 流动资产盘盈的账务处理

（1）库存现金盘盈的账务处理

在库存现金的清查中，发现库存现金盈余时，根据“库存现金盘点报告表”，借记“库存现金”账户，贷记“待处理财产损溢——待处理流动资产损溢”账户；待查明原因后，属于应支付给有关人员或单位的，借记“待处理财产损溢——待处理流动资产损溢”账户，贷记“其他应付款”账户，属于无法查明原因的，贷记“营业外收入”账户。

【例 8-2】 企业某日进行库存现金清查时，发现盘盈 120 元，编制会计分录如下。

借：库存现金　　　　　　　　　　　　　　　　　　120
　贷：待处理财产损溢——待处理流动资产损溢　　　　　120

经反复核查，未查明原因，报经批准作营业外收入处理，编制会计分录如下：

借：待处理财产损溢——待处理流动资产损溢　　　　120
　贷：营业外收入　　　　　　　　　　　　　　　　　120

（2）存货盘盈的账务处理

在存货清查中，发现盘盈的存货时，根据“实存账存对比表”，借记“原材料”等账户，贷记“待处理财产损溢——待处理流动资产损溢”账户；待查明原因后，根据批准的处理意见，进行相应的账务处理，属于管理不善或计量不准确造成的，应记入“管理费用”账户的贷方。

【例 8-3】 某企业在财产清查中，发现甲材料盘盈 50 公斤，每公斤 10 元。根据“实存账存对比表”，编制如下会计分录。

借：原材料——甲材料　　　　　　　　　　　　　　500
　贷：待处理财产损溢——待处理流动资产损溢　　　　　500

经查明，盘盈的甲材料系计量误差而形成的溢余，经批准作管理费用处理，编制会计分录如下。

借：待处理财产损溢——待处理流动资产损溢　　　　500
　贷：管理费用　　　　　　　　　　　　　　　　　　500

2. 流动资产盘亏的账务处理

（1）库存现金盘亏的账务处理

在库存现金的清查中，发现库存现金短缺时，根据“库存现金盘点报告表”，借记“待处理财产损溢——待处理流动资产损溢”账户，贷记“库存现金”账户；待查明原因后，若属出纳人员工作疏忽造成，应由出纳人员赔偿，记入“其他应收款”账户的借方。

【例 8-4】 企业在现金清查中，发现库存现金短缺 48 元，编制会计分录如下。

借：待处理财产损溢——待处理流动资产损溢　　　　48
　贷：库存现金　　　　　　　　　　　　　　　　　　48

经查明，现金短缺，属于出纳人员工作疏忽造成，应由其赔偿，编制会计分录如下。

借：其他应收款——×××　　　　　　　　　　　　48
　贷：待处理财产损溢——待处理流动资产损溢　　　　　48

（2）存货盘亏的账务处理

在存货清查中，发现盘亏的存货时，根据“实存账存对比表”，借记“待处理财产损溢——待处理流动资产损溢”等账户，贷记“原材料”等账户。 待查明原因后，根据批准的处理意见，进行相应的账务处理。一般的处理方法是：属于保险公司、过失人赔偿的款项，记入“其他应收款”账户的借方；属于自然灾害造成的损失，作为营业外支出处理，记入

“营业外支出”账户的借方；属于经营管理不善造成的，记入“管理费用”账户的借方。

【例 8-5】 某企业财产清查时，发现盘亏乙材料 30 千克，每千克 100 元。经查明，是由于过失人造成的材料毁损，应由过失人赔偿 1 900 元，毁损材料残料价值 100 元，其余损失经批准作“管理费用”处理，编制会计分录如下。

① 批准前

借：待处理财产损溢——待处理流动资产损溢　　3 000
　贷：原材料——乙材料　　3 000

② 报经批准后

对过失人赔偿的 1 900 元进行账务处理

借：其他应收款——×××　　1 900
　贷：待处理财产损溢——待处理流动资产损溢　　1 900

③ 残料作价入库

借：原材料——乙材料　　100
　贷：待处理财产损溢——待处理流动资产损溢　　100

④ 其余损失

借：管理费用　　1 000
　贷：待处理财产损溢——待处理流动资产损溢　　1 000

8.3.3　固定资产清查结果的账务处理

固定资产的盘盈、盘亏一般是因为购入、报废或毁损，没有及时入账造成的。所以当出现以上情况时应及时进行账务处理，保证账实相符。

1. 固定资产盘盈的账务处理

企业在财产清查中盘盈的固定资产首先应按重置成本确定其入账价值，记入“固定资产”账户的借方，贷记“待处理财产损溢——待处理固定资产损溢”账户；经查明原因报批后，固定资产盘盈数作为营业外收入，记入“待处理财产损溢——待处理固定资产损溢”账户的借方，贷记“营业外收入”账户。

【例 8-6】 甲公司在财产清查中，发现一台未入账的设备，重置成本为 30 000 元，该设备八成新，经查属购入设备未及时入账，经批准在本期进行会计处理。

审批前，甲公司根据“固定资产盘盈盘亏报告单”，调整账面记录。

借：固定资产　　30 000
　贷：累计折旧　　6 000
　　　待处理财产损溢——待处理固定资产损溢　　24 000

审批后，根据批复意见，结转入账。

借：待处理财产损溢——待处理固定资产损溢　　　　24 000
　贷：营业外收入　　　　　　　　　　　　　　　　　24 000

2. 固定资产盘亏的账务处理

发现固定资产盘亏时，应按盘亏固定资产的净值借记“待处理财产损溢——待处理固定资产损溢”账户，按已提折旧额借记“累计折旧”账户，按原值贷记“固定资产”账户。按规定程序批准后，属于过失人或保险公司赔偿的金额借记“其他应收款”账户，盘亏固定资产的原值扣除累计折旧、过失人及保险公司应赔偿后的差额，借记“营业外支出”账户，按盘亏固定资产的净值贷记“待处理财产损溢——待处理固定资产损溢”账户。

【例 8-7】企业在财产清查中，发现盘亏设备一台，其原价为 80 000 元，已提折旧 20 000 元。经查，盘亏原因是自然灾害造成的，保险公司同意赔款 10 000 元。

（1）审批前，根据“固定资产盘盈盘亏报告单”，调整账面记录。

借：待处理财产损溢——待处理固定资产损溢　　　　60 000
　　累计折旧　　　　　　　　　　　　　　　　　　20 000
　贷：固定资产　　　　　　　　　　　　　　　　　　80 000

（2）审批后，根据批复意见，结转入账。

借：营业外支出　　　　　　　　　　　　　　　　　50 000
　　其他应收款——××保险公司　　　　　　　　　　10 000
　贷：待处理财产损溢—— 待处理固定资产损溢　　　　60 000

8.3.4 结算往来款项清查结果的账务处理

在财产清查中查明确实无法收回的应收账款和应付账款时，不通过“待处理财产损溢”账户进行核算，而是在原来账面记录的基础上，按规定程序报经批准后，直接转账冲销。对无法收回的应收账款，即坏账损失，冲减已计提的坏账准备；对无法支付的应付账款（比如因债权人撤销等原因而产生无法支付的应付账款），经批准后，应按其账面余额记入“营业外收入”。

【例 8-8】某企业在财产清查中，发现长期无法收回的某单位应收账款 800 元，报经批准认定为坏账损失，编制如下会计分录。

借：坏账准备　　　　　　　　　　　　800
　贷：应收账款　　　　　　　　　　　　800

【例 8-9】企业在财产清查中，发现长期无法支付的其他应付款 1 200 元，经查实债权人已死亡，经批准作销账处理，编制如下会计分录。

借：其他应付款　　　　　　　　　　　1 200
　贷：营业外收入——其他　　　　　　　　1 200

本 章 小 结

财产清查，既是企业核算的一种专门方法，又是一项行之有效的会计监督活动。这种方法的实际应用对于保证会计核算资料真实可靠，保护财产物资的安全、完整，挖掘财产物资潜力等方面都具有重要意义。

财产清查，可分为全面清查和局部清查、定期清查和不定期清查，不定期清查适用于某些特殊事项。

财产清查，要专门成立清查小组，清查前要做好各项业务准备工作，清查要根据清查对象的特点，采用相应的方法。一般对库存现金、存货、固定资产采用实地盘点法；对大量、成堆、难以逐一清点数量的财产物资采用技术推算法；对银行存款、各种往来款项通过与银行、往来单位核对账目的方法进行清查。

财产清查时，应填制“盘存单”、“实存账存对比表”等原始凭证。对发生的盘盈、盘亏，会计上应设置“待处理财产损溢”等账户，分两步处理：首先，根据相应的原始凭证，调整账簿记录，做到账实相符；然后，查明原因经审批后，再进行转销处理。

思 考 题

一、单项选择题

1. 对各项财产的增减变化，根据会计凭证连续记载并随时结出余额的制度是（　　）。

A．实地盘存制　B．应收应付制　C．永续盘存制　D．实收实付制

2. 财产清查中发现原材料的短缺的原因是由于工作中的收发误差造成的，应计入（　　）。

A．管理费用　B．其他应收款　C．营业外支出　D．生产成本

3. 库存现金的清查通常采用的方法是（　　）。

A．实地盘点法　B．永续盘存制　C．技术推算法　D．实地测量法

4. 财产清查中，财产盘亏是由于保管人员失职所造成的，应计入（　　）。

A．管理费用　B．其他应收款　C．营业外支出　D．生产成本

5. 对库存商品、原材料盘点后应编制（　　）。

A．实存账存对比表　B．盘点表　C．余额调节表　D．对账单

6. 企业在撤销或合并时，对企业的财产物资应进行（　　）。

A．全面清查　B．定期清查　C．局部清查　D．重点清查

7．财产清查的内容不包括（　　）。

A．固定资产　B．库存现金　C．应付账款　D．银行借款

8．分析账存数和实存数差异的原始凭证是（　　）。

A．盘存报告表　B．实存账存对比表

C．银行存款余额调节表　D．对账单

9．“待处理财产损溢”账户借方余额表示（　　）。

A．尚待处理的盘盈数　B．尚待处理的盘亏或毁损数

C．已处理的盘盈数　D．已处理的盘亏或毁损数

10．实存账存对比表是调整账面记录的（　　）。

A．记账凭证　B．转账凭证　C．原始凭证　D．累计凭证

二、多项选择题

1．下列方法中适用于盘点实物数量的是（　　）。

A．实地盘存制　B．先进先出法　C．永续盘存制

D．移动加权平均法　E．月末一次加权平均法

2．下列属于实物资产清查范围的是（　　）。

A．库存现金　B．存货　C．低值易耗品

D．固定资产　E．应收账款

3．下列各种财产损溢情况，经批准后在账务处理上可作增减“管理费用”处理的有（　　）。

A．固定资产丢失　B．原材料盘盈　C．出纳丢失现金

D．计量误差累计多发材料　E．原材料自然损耗

4．可以采用实地盘点法进行清查的资产项目有（　　）。

A．库存商品　B．库存现金　C．银行存款

D．应收账款　E．原材料

5．以下情况需要进行全面清查的是（　　）。

A．年终结算前　B．单位撤销　C．单位改变隶属关系

D．发现某种物品被盗　E．开展清产核资

6．结转盘亏的固定资产时，不能列入“营业外支出”核算的是（　　）。

A．固定资产的变价收入　B．过失人赔偿部分　C．已经提取的折旧

D．固定资产原价扣除累计折旧、变价收入和赔偿后的差额

E．由保险公司赔偿的部分

7．财产物资账面结存的方法采用“实地盘存制”时，平时在账簿中（　　）。

A．登记财产物资的增加数　B．登记财产物资的减少数

C．不登记财产物资的增加数　D．不登记财产物资的减少数

E．既登记财产物资的增加数，又登记财产物资的减少数

8．进行不定期财产清查的情况有（ ）。

A．更换财产保管员

B．非常灾害发生的意外损失

C．审计等部门进行的会计检查

D．财产核资工作时

E．单位合并或改变隶属关系时

9．下列属于未达账项的有（ ）。

A．企业收到支票存入银行，并已记银行存款增加，银行尚未记账

B．银行代企业付水电费，企业尚未入账

C．企业开出一张支票支付购料款，并记银行存款减少，银行尚未记账

D．银行收到某单位给企业的汇款，已记银行存款增加，企业尚未收到通知

10．进行局部财产清查时，正确的做法是（ ）。

A．库存现金每月清点一次

B．银行存款每月至少同银行核对一次

C．贵重物品每月盘点一次

D．债权债务每年至少核对一、二次

E．流动性较大的材料物资，除年度清查外，年内还要轮流盘点或重点抽查

三、判断题

1．企业撤销或兼并时，要对企业的部分财产进行重点清查。（ ）

2．永续盘存制对企业各项财产物资的增减变动，平时只登记增加数，不登记减少数。（ ）

3．未达账项只在企业与银行之间发生，企业与其他企业之间不会发生未达账项。（ ）

4．盘点实物时，发现账面数额大于实存数，即为盘盈。（ ）

5．不定期清查，可以是全面清查，也可以是局部清查。（ ）

6．采用永续盘存制确定存货数量的企业，无需再用实地盘存制。（ ）

7．月末一次加权平均法计价既适于永续盘存制，也适于实地盘存制。（ ）

8．银行存款余额调节表不是原始凭证，不能根据其做账务处理。（ ）

四、实训题

实训一

[目的] 练习银行存款余额调节表的编制方法。

[资料] 某企业 2007 年 7 月 31 日银行存款的账面余额为 535 000 元，开户银行送来对账单，其银行存款余额为 508 000 元。经查对，发现有以下几笔未达账项。

1．7 月 30 日，委托银行收款 50 000 元，款项已收入企业银行存款户，收款通知尚未

送达。

2．7月30日，企业开出现金支票一张，计1 600元，企业已减少银行存款，银行尚未记账。

3．7月31日，银行为企业支付电费1 000元，银行已入账，减少企业存款，企业尚未记账。

4．7月31日，企业收到外单位转账支票一张，计64 000元，企业已收账，银行尚未记账。

要求：根据上述资料未达账项，编制银行存款余额调节表。

实训二

［目的］练习存货清查结果的账务处理。

［资料］某企业2005年12月末财产清查时发现下列账实不符的情况：

1．企业库存甲材料盘盈1 000元，经查明，盘盈的甲材料属于计量差错所致。

2．企业库存乙材料盘亏1 200元，经查明，盘亏的乙材料中属于定额内损耗100元；由于保管人员失职造成损失200元；发生自然灾害造成损失900元；应由保险公司赔偿500元。

3．盘亏乙商品350件，每件10元，经查明，属于管理制度不完善所致。

4．盘亏甲材料260公斤，每公斤单价15元，经查明，属于保管人员失职造成损失，赔款以现金收讫。

5．盘亏甲材料120公斤，经查甲材料盘亏其中100公斤是材料收发过程计量误差所致，20公斤是由于意外事故造成，甲材料的单价10元。

要求：根据上述资料编制会计分录。

实训三

［目的］练习固定资产清查结果的账务处理。

［资料］某公司年终进行财产清查，发现以下问题。

1．企业清查时发现账外旧机器一台，重置成本为4 800元。

2．经批准转销上述盘盈的固定资产为营业外收入。

3．企业清查时发现盘亏机器一台，账面原值6 000元，已提折旧2 000元。

4．经批准转销上述盘亏的固定资产为营业外支出。

5．企业清查时发现短缺一台设备，账面原值为30 000元，已提折旧12 000元，原因待查。

要求：根据以上资料编制会计分录。

第 9 章　对账和结账

【学习目标】

➢ **基本知识目标**

✧ 通过本章学习，理解对账与结账的意义和内容。

✧ 掌握账证、账账、账实核对的方法。

➢ **基本能力目标**

✧ 结合企业实际经济业务，熟练掌握各种账簿的对账方法。

✧ 能够正确掌握账项调整方法、结账的方法与规范操作。

✧ 掌握错账的查找和更正方法。

【学习要求】

通过本章学习，使学生掌握库存现金日记账、银行存款日记账、财产物资账及往来结算账的对账方法；掌握结账前的试算平衡、账项调整及结账的方法；熟练掌握错账更正方法。

9.1　对　　账

1. 对账的含义

对账是指通过核对账簿记录，用以检查账簿是否正确的一种方法。账簿记录是否真实、准确，直接影响到对经济活动效果的分析和会计报告的质量。在实际工作中，由于各种主客观原因，可能会造成填制记账凭证的差错、记账或过账的差错、数量或金额计算的差错及财产物资的盘盈盘亏等。发生这些差错和溢缺，有的是可以避免的，如因工作疏忽失职或盗窃等行为造成的；而有的是不可避免的，如由于财产物资本身的性质或自然原因造成的。因此，为了保证账簿记录的完整和正确，如实反映和监督经济活动的状况，必须建立健全对账制度，做好对账工作。

2. 对账的内容

对账主要包括以下几个方面的内容。

（1）账证核对。账证核对，是指将各种账簿（总分类账、明细分类账、库存现金日记账和银行存款日记账等）上记载的内容与其登账时所依据的记账凭证及所附的原始凭证进行逐项核对，检查账户名称、金额、记账方向及其他相关栏目记录是否相符。账证核对是会计人员日常会计核算工作的一项重要内容，可根据业务量的大小，进行逐笔核对或者抽查核对。发现差错，应逐步查对到最初的根据，直至查出差错的原因为止。账证相符是保证账账相符、账实相符的基础。

（2）账账核对。账账核对是将有内在联系的各有关账簿之间的记录进行核实、查对。其主要内容包括以下几个方面。

① 总分类账簿有关账户的核对。总分类账簿各账户的期初余额、本期发生额和期末余额之间存在着对应平衡关系，即同一会计期间各总分类账户借方发生额之和与本期贷方发生额之和相等，各账户的期末借方余额之和与期末贷方余额之和相等。这种平衡关系是通过编制总分类账试算平衡表进行的。

② 总分类账簿与序时账簿的核对。将“库存现金日记账”、“银行存款日记账”的余额与“库存现金”、“银行存款”总分类账的余额相核对，检查是否相符。

③ 总分类账簿与所属明细分类账簿的核对。将总分类账户所属明细分类账户的余额（发生额）之和与总分类账户的余额（发生额）相核对，检查是否相符。

④ 会计部门与财产物资保管部门或使用部门的核对。将会计部门各种财产物资明细分类账期末余额与财产物资保管或使用部门的有关财产物资明细分类账的期末余额相核对，以检查是否相符。核对的方法一般是由财产物资保管部门或使用部门定期编制收发结存汇总表报会计部门核对。

（3）账实核对。账实核对，是指各种财产物资、债权债务等账面余额与其实存数额相核对。账实核对的主要内容包括如下。

① 账物核对。账物核对是指有关财产物资（固定资产、材料、库存商品）明细账的结存数应定期同实存数核对相符。一般通过财产清查的方法进行核对。

② 账款核对。账款核对是指各种货币资金和结算款项的账面余额与实存数核对相符，主要包括以下几个方面。

- 库存现金日记账的账面余额应同库存现金的实际库存数每日核对相符。
- 银行存款日记账的账面余额应同银行对账单核对相符，每月至少核对一次。
- 各种应收、应付款项等明细分类账各账户的余额，应定期与有关单位或个人核对相符；已上交的税金及其他预交款应按规定时间与有关监交部门核对相符。其中结算款项一般利用对账单的形式进行核对。

账实核对一般是通过财产清查进行的。财产清查是会计核算的专门方法之一，其具体内容已在第 8 章中作过详细介绍。

9.2　结　　账

9.2.1　结账的概念及程序

结账就是把一定时期内所发生的全部经济业务，在全部登记入账的基础上，结出每个账户的本期发生额和期末余额，并将期末余额转入下期或新的账簿的会计工作。结账为进一步总结分析一定时期内企业、行政事业单位的财务状况，经营管理情况，编制会计报告等工作提供翔实、具体的资料数据。

结账的程序有如下几个步骤。

（1）认真检查本期内日常发生的经济业务是否已经全部记入有关账簿，若有漏记、重记、错记的经济业务，应及时补记或更正。不能为了赶编会计报表提前结账，也不能把本期发生的经济业务延到下期登记，更不能先编制会计报表后结账。

（2）进行必要的账项调整，编制记账凭证，分别记入有关账簿。

（3）将损益类账户转入“本年利润”账户，结平所有损益类账户。

（4）结算资产、负债和所有者权益类各总分类账户和明细分类账户的本期发生额和期末余额，并将期末余额结转下期，作为下期的期初余额。

9.2.2　结账前的试算平衡

试算平衡是指为保证会计账务处理的正确性，依据会计等式或复式记账原理，对本期各账户的全部记录进行汇总和测算，以检查账户记录的正确性和完整性的一种方法。

由于借贷记账法是按照“有借必有贷，借贷必相等”的规则进行记账，这就保证了每一笔经济业务的会计分录借贷方发生额必然相等，进而所有账户借方发生额合计与贷方发生额合计必然相等，所有账户的期末借方余额合计数与贷方余额合计数必然相等。借贷记账法的试算平衡一般采用两种方法：本期发生额试算平衡和期末余额试算平衡。

本期发生额试算平衡公式：

所有账户本期借方发生额合计＝所有账户本期贷方发生额合计

期末余额试算平衡公式：

所有账户期末借方余额合计＝所有账户期末贷方余额合计

总分类账户的试算平衡通常是在每一会计期间结束前，将全部经济业务登记入账并结出各个账户的本期发生额和期末余额。

9.2.3　结账前的账项调整

按照权责发生制会计核算基础的要求，应该按照收入和费用的归属期确定企业在各会计期间应确认的收入和应负担的费用，以便正确计算本期的经营成果。但由于企业实际经济业务的复杂性，以及会计分期的主观性，必然存在一些收入和费用的收支期与归属期不一致的情况，在期末结账前，必须对这些账项作必要的调整。

1. 有关收入的账项调整

（1）应计收入的账项调整。应计收入是指已在本期实现、应计入本期收入但尚未收到款项的收入。主要是由于向企业外部提供商品、劳务，或转让资产使用权而尚未结算或延期付款等原因，致使本期的收入尚未收到。如应收出租包装物的租金收入、应收银行存款的利息收入、应收佣金等。按权责发生制会计核算基础，凡属于本期的收入，不管其款项是否收到，都应作为本期的收入，并于期末调整后登记入账。

为了反映应计收入的增减变动情况，需设置“应收账款”、“其他应收款”、“应收利息”、“应收股利”等账户。该类账户借方登记已经提供产品或劳务，但尚未收到款项的各种应收款项，贷方登记收到的应收款项，期末借方余额表示尚未收到的应收款项。该类账户属于资产类账户。

【例 9-1】 宏达公司于 2007 年 7 月 1 日出租柜台，租赁合同约定每月 400 元租金，年底支付半年租金 2 400 元。

这笔收入虽然于 12 月收到，但按权责发生制会计核算基础，应归属于 7～12 月，平均每月分摊 400 元。企业于 7～11 月每月末应编制如下调整分录。

借：其他应收款——应收租金　　400
　贷：其他业务收入　　400

12 月收到租金时，编制会计分录如下。

借：银行存款　　2 400
　贷：其他应收款——应收租金　　2 000
　　　其他业务收入　　400

（2）预收收入的账项调整。预收收入指本期或以前会计期间已收款入账，但尚未向对方提供商品、劳务或财产使用权的，不属于或不完全属于本期收入的预收款项。一项预收收入的发生，标志着企业承担了一项义务或债务，该项债务到期应由企业提供一定的商品或劳务来偿还。

为了反映预收收入增减变动情况，需设置“预收账款”账户，该账户贷方登记企业向购货单位预收和销售实现时购货方补付的货款，借方登记按提供的产品或劳务逐渐转化为各期收入的货款。该账户属于双重性质账户，期末贷方余额表示预收的款项；期末借方余额表示购货方应补付的款项。

【例 9-2】 宏达公司于 6 月 18 日预收 A 公司一批购货款 20 000 元存入银行。收到预收货款时，编制会计分录如下。

借：银行存款　　20 000
　　贷：预收账款——A 公司　　20 000

7 月 25 日，宏达公司按购销合同发货给 A 公司，货物价款为 40 000 元，增值税专用发票注明增值税额 6 800 元，编制会计分录如下。

借：预收账款——A 公司　　46 800
　　贷：主营业务收入　　40 000
　　　　应交税费——应交增值税（销项税额）　　6 800

7 月 28 日，A 公司补付货款，编制会计分录如下。

借：银行存款　　26 800
　　贷：预收账款——A 公司　　26 800

2. 有关费用的账项调整

需调整的费用主要包括应计费用和预付费用。

（1）应计费用的账项调整。应计费用是指企业在本期已受益或已耗用，但本期尚未实际支付的费用。按权责发生制会计核算基础，凡属于本期的费用，不管其款项是否支付，都应作为本期费用处理。因此，期末应将此类费用按预计金额作账项调整，记入有关费用账户。

为了反映应计费用，需设置 “应付职工薪酬”、“应付利息”、“应付账款”、“其他应付款”账户等。该类账户的贷方登记企业应由本期成本费用负担，但尚未实际支付的费用，借方登记实际支付预先已计入成本费用的应计费用，期末贷方余额，表示已计提而尚未支付的费用。该类账户属于负债类账户。

【例 9-3】 宏达公司预计每月应支付银行借款利息 1 400 元，按季度结算利息，3 月末接到银行付款通知，实际支付一季度利息 4 200 元。

① 2 月末编制调整分录如下。

借：财务费用　　1 400
　　贷：应付利息　　1 400

② 3 月末收到银行付款通知时，编制会计分录如下。

借：财务费用　　1 400
　　应付利息　　2 800
　　贷：银行存款　　4 200

【例 9-4】 月末，宏达公司计算本月应付行政管理人员工资 10 000 元，编制会计分录如下。

借：管理费用　　10 000
　　贷：应付职工薪酬——工资　　10 000

【例 9-5】 宏达公司向 B 公司采购材料一批，材料价款 20 000 元，增值税专用发票注明增值税额 3 400 元，材料已收到并已验收入库，货款尚未支付，编制会计分录如下。

借：原材料 20 000

应交税费——应交增值税（进项税额） 3 400

贷：应付账款——B 公司 23 400

（2）预付费用的账项调整。预付费用是指本期已付款，但其受益期为本期和以后多期，应由本期和以后多期分别负担的费用。按权责发生制会计核算基础，凡不属于本期的费用，不管其款项是否支付，都不应作为本期费用处理。

为了反映预付费用的增减变动情况，需设置 “长期待摊费用”等账户。该类账户的借方登记已经支付，但应由本期和以后多期分摊的费用额；贷方登记按各受益期分期摊销记入成本费用的金额；期末借方余额，表示结存的已经支付，应由以后各期分摊的费用。该类账户属于资产类账户。

【例 9-6】 宏达公司筹建期间以银行存款支付有关人员工资 5 000 元，注册登记费 2 000 元，其他开支 8 000 元，合计 15 000 元，编制会计分录如下。

借：长期待摊费用 15 000

贷：银行存款 15 000

宏达公司正式营业，上述开办费按 5 年分摊，每月应分摊 250 元。每月末编制调整分录如下。

借：管理费用 250

贷：长期待摊费用 250

3. 成本、利润的账项结转

（1）成本的结转

成本的结转是指将制造费用在本期所生产的各种产品之间进行分配，计算确定完工产品和本期销售产品的制造成本，并在有关账户之间进行结转的会计方法。企业期末账项调整后，还不能完全按配比性会计核算要求对收入与费用进行合理的配比，只有在成本结转完成后，才能进一步把本期的成本和收入进行对比，计算确定本期的利润或亏损。

① 制造费用的分配与结转。

经过期末账项调整以后的“制造费用”，账户的借方已完整地归集了本期的制造费用，即可将它们在本期所生产的各种产品之间进行分配，以便按产品分别计算和确定本期完工产品的制造成本。分配的制造费用，应计入“生产成本”账户及其所属相应明细账户的借方，同时记入“制造费用”账户的贷方。经过分配结转后，“制造费用”账户期末结平，不留余额。

【例 9-7】 12 月 31 日，前进厂以产品的生产工时为标准分配本月发生的制造费用。本月所归集的制造费用总额为 19 411 元，分配结转制造费用的会计分录如下。

借：生产成本　　　　　　　　　　　　　19 411
　贷：制造费用　　　　　　　　　　　　　19 411

② 本期完工产品制造成本的确定和结转。

产品生产费用通过前述的费用归集和分配后，全部计入各产品生产成本账户，期末将归集到各种产品的各项费用（包括期初在产品成本和本期发生的费用）在本月完工产品和月末在产品之间进行分配，确定完工产品的制造成本。

材料经过生产加工成为可供销售的产成品，而处在生产过程尚未制造完成的产品，称为在产品。月末，将生产过程中发生的全部生产成本，按一定的对象进行归集，然后在完工产品和在产品之间进行分摊，以计算出完工产品的总成本和单位成本。其计算公式如下：

本月完工产品总成本＝月初在产品成本＋本月发生的生产成本－月末在产品成本

公式中月初在产品成本和本月发生的生产成本可以从生产成本明细分类账户的核算资料中取得。月末在产品成本需通过计算取得，其具体的成本计算方法，将在《成本会计学》中详细讲述。

根据产品计算结果结转完工产品成本时，借记“库存商品”账户，贷记“生产成本”账户。

【例 9-8】 前进厂 2007 年 12 月“生产成本——A 产品”明细分类账户归集的生产成本总额为 60 271 元，根据有关原始凭证，编制结转会计分录如下。

借：库存商品——A 产品　　　　　　　　　60 271
　贷：生产成本——A 产品　　　　　　　　　60 271

③ 已销产品制造成本的确定和结转。

产成品的售出，意味着企业库存商品的数量和制造成本的减少。由于各批次入库库存商品的实际单位成本不可能完全相等，这就涉及已销产品的制造成本如何确定的问题。按实际成本计价时，常用的方法有先进先出法、月末一次加权平均法、个别计价法、移动加权平均法等。

根据确定的制造成本结转已销产品制造成本时，借记“主营业务成本”账户，贷记“库存商品”账户。

在此以月末一次加权平均法为例，举例说明销售产品制造成本的确定及结转。

【例 9-9】 宏达公司 10 月完工并验收入库 A 产品 100 台，总成本 1 479 750 元；验收入库 B 产品 100 台，总成本 1 361 200 元。本月销售 A 产品 80 台，B 产品 90 台。期初结存 A 产品 10 台，总成本为 148 000 元；B 产品 20 台，总成本为 272 000 元。计算本月销售 A、B 产品的制造成本如下。

A 产品加权平均单价＝（148 000＋1 479 750）/（10＋100）≈14 797.73（元/台）

A 产品销售成本＝14 797.73×80＝1 183 818.40（元）

B 产品加权平均单价＝（272 000＋1 361 200）/（20＋100）＝13 610（元/台）

B 产品销售成本＝13 610×90＝1 224 900（元）

根据计算结果及有关原始凭证，编制成本结转会计分录如下。

借：主营业务成本　　　　2 408 718.40
　贷：库存商品——A 产品　　　　1 183 818.40
　　　　　　——B 产品　　　　1 224 900.00

9.2.4 利润的结转

在进行了产品销售制造成本的结转之后，期末结账只需结算各种收入和期间费用账户，计算确定本期的利润或亏损，并结清各种收入和期间费用账户。对于各个资产、负债和所有者权益账户（包括总分类账和明细分类账），分别结出它们的本期发生额及期末余额，并将期末余额结转为下期的期初余额。

按规定企业于会计期末，要核算利润并进行结转。会计期末结转本年利润的方法有表结法和账结法两种。

（1）表结法。它是指月末在账簿中不对收入、费用等损益类账户的余额作转账处理，因此不在账户中结出本月实现的利润（或发生的亏损），而是通过编制利润表进行利润的结算。采用表结法，优点是平时从账面上可以直观了解到截止到本月发生的各种收入、费用（成本），并省去了月末结转的核算工作；缺点是由于每月利润是在账外编利润表计算的，因此在账上不能直观地反映本月和截止到本月实现的利润（或亏损）数。

（2）账结法。它是指月末在账簿中对收入、费用等损益类账户的余额作转账处理，在账户中结出本月实现的利润（或发生的亏损）。采用账结法的优点是能直观反映本月和截至本月累计实现的利润（或亏损）数；缺点是由于损益类账户每月转入了“本年利润”账户，因此不能直观地反映收入、费用等损益类账户的累计数，并增加了月末转账的工作量。

平时采用表结法结转利润的企业，必须在年末改用账结法，将收入、费用各损益类账户期末结转入“本年利润”账户。

现举例说明利润结转的表结法和账结法。

【例 9-10】 宏达公司 2007 年 11 月各损益类账户的发生额合计数见以下资料。

11 月各损益类账户的发生额合计数：

“主营业务收入”账户贷方	2 926 960
“营业税金及附加”账户借方	8 338 32
“主营业务成本”账户借方	2 408 718
“销售费用”账户借方	16 000
“管理费用”账户借方	130 770
“财务费用”账户借方	4 000
“投资收益”账户贷方	300 000
“营业外收入”账户贷方	172 000
“营业外支出”账户借方	75 000

根据以上资料编制利润结算表如表 9-1 所示。

表 9-1　利润结算表

2007 年 11 月　　单位：元

项　　目	金　　额
一、营业收入	2 926 960
减：营业税金及附加	8 338
主营业务成本	2 408 718
销售费用	16 000
管理费用	130 770
财务费用	4 000
加：投资收益	300 000
二、营业利润	659 134
加：营业外收入	172 000
减：营业外支出	75 000
三、利润总额	756 134

从上述利润结算表得知，宏达公司 11 月实现的利润总额为 756 134 元。

【例 9-11】 承例 9-10，假如宏达公司采用账结法结转利润，编制结转会计分录如下。

借：本年利润　　2 642 826
　贷：营业税金及附加　　8 338
　　主营业务成本　　2 408 718
　　销售费用　　16 000
　　管理费用　　130 770
　　财务费用　　4 000
　　营业外支出　　75 000

同时

借：主营业务收入　　2 926 960
　　投资收益　　300 000
　　营业外收入　　172 000
　贷：本年利润　　3 398 960

上述“本年利润”账户本月借、贷方的差额为宏达公司本月实现的利润总额 756 134 元。本月末“本年利润”账户的期末余额为 1～11 月公司累计实现的利润总额。

经过上述结转后，损益类账户均无余额。年终时，“本年利润”账户的余额应结转到

"利润分配——未分配利润"明细账户，结转后，"本年利润"账户也应无余额。

9.2.5 结账的方法

结账工作通常是在月份、季度和年度终了时进行的，因此分为月结、季结和年结。一般采用划线结账法。

1. 月结

对需要按月结计发生额的账户，如库存现金、银行存款和需要按月结计发生额的收入、费用等明细账，月份终了进行结账时，先在本月发生额最末一行下边通栏划单红线，再将本月借、贷方发生额和期末余额，用蓝字记录在红线下面，在摘要栏内注明"×月份月结"或"×月份发生额和余额"或"本月合计"字样，并在该行下边通栏划单红线，完成月结。如果本月末无余额，则在余额前的借或贷栏内写"平"字，余额栏写"0"或"θ"，并通栏划双红线；如果有些账户当月未发生经济业务，可不进行月结。

对不需要按月结计本期发生额的账户，如各种应收应付款明细账和各项财产物资明细账等，每次记账以后，都要随时结出余额，每月最后一笔余额即为月末余额。月末结账时，只需要在最后一笔经济业务事项记录之下通栏划单红线，不需要再结计一次余额。

2. 季结

在当季末最后一月月结的下一行，将本季度 3 个月的借贷方月结数加总，用蓝字登记，并在摘要栏内注明"第×季度季结"或"第×季度发生额和余额"或"本季累计"字样，并在该行下边通栏划单红线，完成季结。如期末账户无余额，则通栏划双红线。

3. 年结

年末，在季结的下一行"摘要"栏内注明"本年发生额和余额"或"本年累计"等字样，并在借方、贷方和余额栏分别记录账户本年借方发生额、贷方发生额及年末余额，并在该行下边通栏划双红线。

对需要结计本年累计发生额的某些明细账户，每月结账时，应在"本月合计"行下结出自年初起至本月末止的累计发生额，登记在发生额下面，在摘要栏内注明"本年累计"字样，并在下面通栏划单红线。12 月末的"本年累计"就是全年累计发生额，全年累计发生额下通栏划双红线。

年度终了结账时，有余额的账户，要将其余额结转下年，在年结的下一行的摘要栏内注明"结转下年"，将计算出的年末余额，过入新账簿，结转下年度。下一个会计年度，应首先在新开设的账簿的第一行摘要栏注明"上年结转"字样，将上年余额列入余额栏内，并标明余额方向，其余额方向应同上一会计年度本账簿的余额方向相同。举例说明如表 9-2 所示。

表 9-2　总分类账

账户名称：应付账款

200×年		凭证编号	摘　　要	借　　方	贷　　方	借或贷	余额
月	日						
1	1		上年结转			贷	12 000
	10	汇 1	1～10 日汇总	63 000	78 000		
	20	汇 2	11～20 日汇总	26 000	30 000		
	31	汇 3	21～31 日汇总	22 000	28 000	贷	37 000
			本月合计	111 000	136 000	贷	37 000
2	10	汇 1	1～10 日汇总	18 000			
	20	汇 2	11～20 日汇总	12 000	23 000		
	28	汇 3	21～28 日汇总	21 000	19 000	贷	28 000
			本月合计	51 000	42 000	贷	28 000
			本年累计	162 000	178 000		
3	10	汇 1	1～10 日汇总	28 000			
	20	汇 2	11～20 日汇总	35 000	36 000		
	31	汇 3	21～31 日汇总	10 300	12 300	贷	3 000
			本月合计	73 300	48 300	贷	3 000
			本季合计	235 300	226 300		
			本年累计	235 300	226 300		
4	10	汇 1	1～10 日汇总	3 000			
			省略				
12	31	汇 3	21～31 日汇总	21 600	13 200	贷	1 000
			本月合计	56 000	78 000	贷	1 000
			本季合计	275 000	310 000		
			本年累计	1 263 000	1 252 000		
			结转下年			贷	1 000

注：-------------- 表示红线

9.2.6　错账更正

对于查找出的错账，不能随意更改，必须采用正确的方法予以更正。常用的错账更正方法有划线更正法、红字更正法和补充登记法。

1. 划线更正法

在结账前，若发现账簿记录有错误，而记账凭证无错误，即纯属账簿记录中的文字或数字的笔误，可以用划线更正法予以更正。

更正的方法是：先在错误的文字或数字上划一条红线，以表示予以注销，再在红线上方用蓝字或黑字写上正确的文字或数字，并由更正人在红线的尾端盖章以明确责任。

划红线时应注意，仅文字错误的只划去错误的文字，而对于数字错误的，必须将全部数字划去，不能只划错误的数字，并保持原有数字清晰可辨，以便审查。

【例 9-12】 会计人员登账时，将“应收账款”账户借方发生额 6 000 元，误记在贷方，则更正方法如图 9-1 所示。

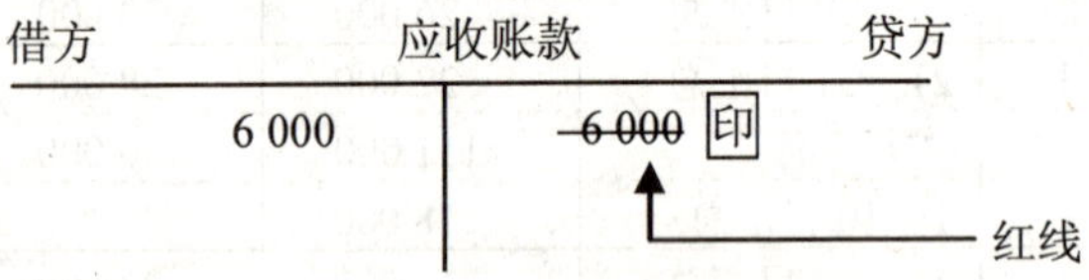

图 9-1 “T”形账户

2. 红字更正法

红字更正法一般适用于以下两种情况。

（1）登账后，发现记账凭证中应借、应贷会计科目记账方向颠倒或会计科目用错，导致登账错误。更正时，先用红字填制一张内容与错误记账凭证完全相同的记账凭证，并在摘要栏中写明“更正第××号凭证错误”，并据以用红字金额登记入账，冲销原有的错误记录；然后，再用蓝字重新填制一张正确的记账凭证并登记入账。

【例 9-13】 生产车间生产甲产品领用 A 材料 2 000 元，编制记账凭证时，借方科目误记为“制造费用”并已登记入账。

原错误的记账凭证如下。

借：制造费用　　　　2 000

　贷：原材料　　　　2 000

更正上述错误时，应用红字金额填制一张内容与原来错误凭证相同的记账凭证，并据此登账，以注销原错误。

借：制造费用　　　　[2 000]

　贷：原材料　　　　[2 000]

（注：[　　]表示红字）

再用蓝字填制一张正确记账凭证，并据此登账，以更正。

借：生产成本　　　　2 000

　贷：原材料——A 材料　　　　2 000

以上错账更正方法如图 9-2 所示。

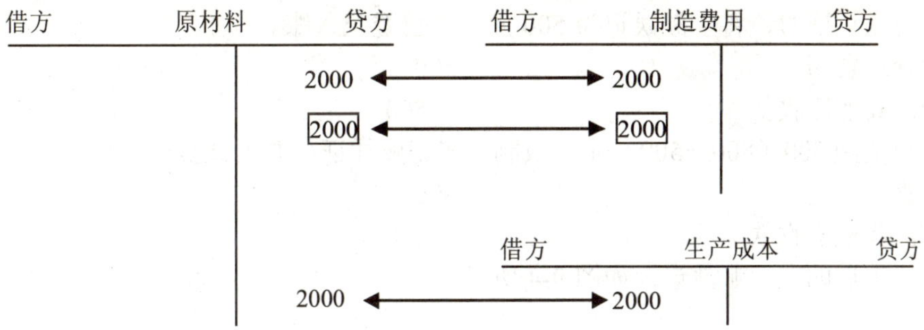

图 9-2　“T”形账户

（2）登账后，发现记账凭证中应借、应贷会计科目无误，但所记金额大于正确金额，导致登账错误。可按多记的金额部分填制一张红字金额记账凭证，在“摘要”栏内注明“冲转第××号凭证多记数”，并据以登记入账，冲销多记金额。

【例 9-14】 生产产品领用 A 材料 1 300 元。

编制记账凭证时，将金额误记为 1 800 元，并已登记入账。

借：生产成本　　　　　　　　　　　　1 800

　贷：原材料　　　　　　　　　　　　　1 800

以红字金额 500（1 800－1 300）元，填制一张记账凭证，并据此登账，以更正。

借：生产成本　　　　　　　　　　　　500

　贷：原材料　　　　　　　　　　　　　500

上述更正后的有关账簿记录如图 9-3 所示。

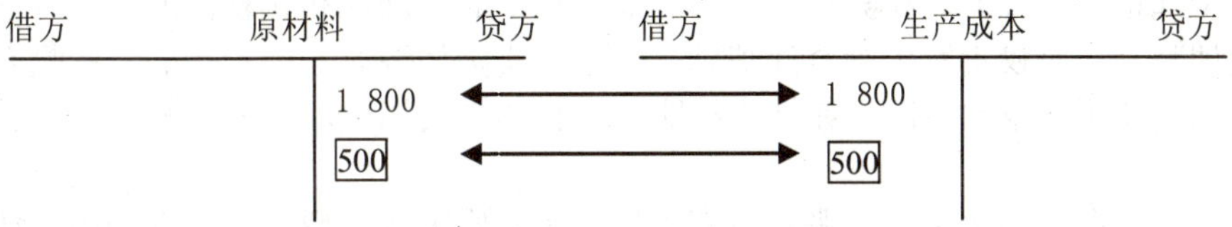

图 9-3　“T”形账户

3. 补充登记法

补充登记法，是将少记的金额（所记金额小于正确金额的差额）用蓝字填制一张记账凭证，在“摘要”栏内注明“补记第××号凭证少记数”，并据以登记入账，以补充原来少记的金额。

补充登记法适用于登账后，发现记账凭证中应借应贷会计科目运用正确，但所记金额小于正确金额，导致登账错误。

【例 9-15】 职工王明报销预借差旅费 800 元。

编制记账凭证时，将金额误记为 500 元，并已登记入账。

借：管理费用　　　　　　　　　　　500

　贷：其他应收款　　　　　　　　　　500

以少记金额 300（800－500）元，填制一张记账凭证，并据此登账，以更正。

借：管理费用　　　　　　　　　　　300

　贷：其他应收款　　　　　　　　　　300

上述更正后的有关账簿记录如图 9-4 所示。

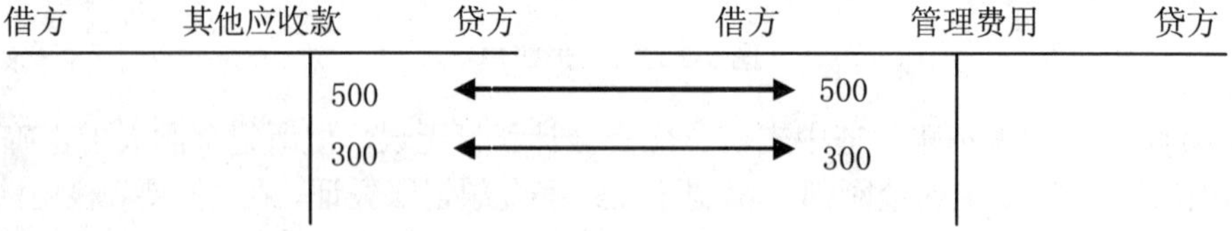

图 9-4 "T"形账户

本章小结

对账是指企业、行政事业单位在期末结账前，将账簿记录与相关的会计凭证、财产物资的实际结存数额相核对，以保证账簿记录的真实、准确的会计工作。

试算平衡是指为保证会计账务处理的正确性，依据会计等式或复式记账原理，对本期各账户的全部记录进行汇总和测算，以检查账户记录的正确性和完整性的一种方法。

账项调整是按照权责发生制会计基础，将企业实际经济业务中存在的一些收入和费用收支期与归属期不一致的情况，在期末结账前进行的必要调整。需要调整的账项有收入、费用、成本及利润等。

对于记账中发生的错误，记账人员应根据错账的原因及类型，采用正确的方法予以更正，常用的错账更正方法有划线更正法、红字更正法和补充登记法。

结账就是把一定时期内所发生的全部经济业务，在全部登记入账的基础上，结出每个账户的本期发生额和期末余额，并将期末余额转入下期的会计工作。

思考题

一、单项选择题

1．企业 7 月预付下半年 6 个月的房屋租金 6 000 元，根据权责发生制会计基础，9 月发生的租金费用（　　）元。

A．0　　B．6 000　　C．1 000　　D．500

2．根据权责发生制会计基础，预付的财产保险费作为（　　）处理。

A．待摊费用　　B．预付账款　　C．预提费用　　D．支付期费用

3．下列不属于应计收入的是（　　）。

A．应收账款　　B．其他应收款　　C．应收利息　　D．预收账款

4．某企业开出转账支票一张 8 600 元，以支付购买的办公用品，编制记账凭证时，误记金额为 6 800 元，应采用的更正方法是（　　）。

A．补充登记法　　B．红字更正法　　C．划线更正法　　D．以上均可

5．记账后发现记账凭证科目正确，但所记金额大于应记金额，可采用的更正方法是（　　）。

A．补充登记法　　B．红字更正法　　C．划线更正法　　D．平行登记法

6．下列方法中，不属于错账更正方法的是（　　）。

A．补充登记法　　B．红字更正法　　C．划线更正法　　D．平行登记法

7．（　　）的目的是为了账簿记录的真实、可靠、正确、完整。

A．过账　　B．结账　　C．转账　　D．对账

8．按照（　　）会计基础的要求，应该按照收入和费用的归属期确定企业在各会计期间应确认的收入和应负担的费用。

A．权责发生制　　B．收付实现制　　C．实地盘存制　　D．实收实付制

9．对于数字记反方向而产生的错账，应采用的错账查找方法是（　　）。

A．差数法　　B．倍数法　　C．除 9 法　　D．推算法

二、多项选择题

1．通过试算平衡不能查找的差错有（　　）。

A．重记经济业务　　B．漏记经济业务

C．借贷方向记反　　D．借贷金额记录不一致

2．按照权责发生制原则，下列应作为本期费用的是（　　）。

A．预付下年度保险费　　B．尚未付款的本月借款利息

C．采购员报销的差旅费　　D．支付材料的价款

3．下列属于结转分录的是（　　）。

A．借：所得税费用
　　贷：应交税费

B．借：本年利润
　　贷：所得税费用

C．借：本年利润
　　贷：管理费用

D．借：主营业务收入
　　贷：本年利润

4．下列属于调整分录的是（　　）。

A．借：管理费用
　　贷：长期待摊费用

B．借：财务费用
　　贷：应付利息

C．借：预付账款
　　贷：银行存款

D．借：原材料
　　贷：预付账款

5．下列属于应计费用的有（　　）。

A．应付利息　　B．应付账款

C．其他应付款　　D．预付账款

6．对账的内容包括（　　）。

A．账证核对　　B．账账核对　　C．账实核对　　D．账表核对

7．结账工作按时间划分，一般可分为（　　）。

A．月结　　B．年结　　C．季结　　D．旬结

8．下列账户中，年终结账时要将余额转入本年利润账户的是（　　）。

A．主营业务收入　　B．营业外支出

C．制造费用　　D．所得税费用

9．下列账户期末无余额的是（　　）。

A．营业税金及附加　　B．本年利润

C．制造费用　　D．未分配利润

三、判断题

1．只有权责发生制才需要设置应付、预付账户，在现金制下不需要设置此类账户。（　　）

2．某会计人员记账时将应记入“银行存款”科目借方的 5 100 元误记为 510 元。会计人员在查找该项错账时，应采用的方法是除 2 法。（　　）

3．在会计核算中，一般应通过财产清查进行账实核对。（　　）

4．由于记账凭证错误而造成的账簿记录错误，应采用划线更正法进行更正。（　　）

5．账实核对包括账物核对和账款核对。（　　）

6．预收账款属于应计收入。（　　）

7．采用划线更正法进行错账更正时，对于数字错误的，只需划掉错误的数码。（　　）

8．平时采用表结法结转利润的企业，必须在年末改用账结法。（　　）

9．表结法，是指月末在账簿中不对收入、费用等损益类账户的余额作转账处理，只是通过编制利润表进行利润的结算。（　　）

10．记账凭证正确，在记账或结账过程中发现只是账簿记录中文字或数字错误时，应用划线更正法进行错账更正。（　　）

四、实训题

实训一

[目的] 练习错账的更正方法。

[资料] 假定下列错误都在登账以后发现。

1. 以库存现金 500 元支付车间零星修理费，编制会计分录如下。

借：制造费用 500

　贷：库存现金 500

登账时借方误记为“生产成本”账户。

2. 以银行存款 1 780 元购买材料，并已验收入库，编制以下会计分录，并已登记入账。

借：原材料 1 870

　贷：银行存款 1 870

3. 本月生产产品领用材料 38 400 元，编制以下会计分录，并已登记入账。

借：制造费用 38 400

　贷：原材料 38 400

4. 以库存现金 301 元购买文具用品，编制会计分录如下。

借：管理费用 301

　贷：库存现金 301

登账时误记为 310 元。

要求：

1. 判断上列各项经济业务处理有无错误。
2. 如有错误请采用正确的更正方法予以更正，指明更正方法的种类。

实训二

[目的] 练习期末账项调整。

[资料] 某企业 2007 年 12 月发生下列经济业务。

1. 企业销售产品一批，货款 80 000 元，其中 60 000 元收到存入银行，余款购货单位暂欠。
2. 月底确认应计入本期的出租包装物租金收入 200 元，款未收到。
3. 预提本月银行借款利息。
4. 预收购货单位销货款 2 000 元存入银行。
5. 月底发出第 4 笔业务预收货款的产品，货款 3 000 元。
6. 以银行存款预付全年报纸杂志费 1 200 元。
7. 开出支票预付全年房屋租金 12 000 元。
8. 分摊应由本月负担的报纸杂志费和房屋租金。

要求：根据以上资料，编制会计分录，并指出哪些属于调整分录。

第 10 章　账户的分类

【学习目标】

- ***基本知识目标***
  - ✧ 通过本章学习，掌握账户按经济内容、用途和结构进一步分类。
  - ✧ 理解账户在经济业务中的具体应用。
- ***基本能力目标***
  - ✧ 对每一类账户，要能正确地登记经济业务，包括借方和贷方发生额，结出期末余额。
  - ✧ 掌握账户的基本结构，能够区分不同类型账户的用途。

【学习要求】

通过本章学习，熟练账户设置和运用规律，善于利用账户提供的数据资料。

10.1　账户按经济内容分类

账户的经济内容，是指账户所反映的会计对象的具体内容。会计要素就是会计对象的具体内容，因此，账户按经济内容分类，也就是按会计要素分类。

账户按照经济内容（会计要素）可以分为 5 大类：资产类、负债类、所有者权益类、成本类、损益类。

1. 资产类账户

资产类账户是用来反映企业资产的增减变化及结存情况的账户。按资产流动性不同，资产类账户又可分为以下两类。

（1）反映流动资产的账户。流动资产账户是用来反映和核算可以在 1 年或超过 1 年的一个营业周期内变现或耗用的资产，如“库存现金”、“银行存款”、“应收账款”、“其他应收款”、“原材料”、“库存商品”等账户。

（2）反映长期资产的账户，如“固定资产”、“累计折旧”、“长期股权投资”、“无形资产”、“长期待摊费用”等账户。

2. 负债类账户

负债类账户，是用来反映负债的增减变化及其实有数额情况的账户。按负债偿还期不同，负债类账户又可分为以下两类。

（1）反映流动负债的账户，如“短期借款”、“应付账款”、“其他应付款”、“应付职工薪酬”、“应交税费”等账户。

（2）反映长期负债的账户，如“长期借款”、“应付债券”、“长期应付款”等账户。

3. 所有者权益类账户

所有者权益类账户，是用来反映所有者权益增减变动及结存情况的账户。按照所有者权益的来源和构成，所有者权益类账户又可分为以下 3 类。

（1）反映投资者原始投资的账户，如“实收资本（股本）”账户。

（2）反映经营中积累的账户，如“盈余公积”、“资本公积”账户。

（3）反映未分配利润的账户，如“本年利润”、“利润分配”账户。

4. 成本类账户

成本类账户，是反映企业生产经营过程中各成本计算对象成本、费用归集和计算情况的账户。按成本所处生产经营过程的不同阶段，成本类账户又可分为以下两类。

（1）反映供应过程成本的账户，如“在途物资”等账户。

（2）反映生产过程成本的账户，如“生产成本”和“制造费用”账户。

5. 损益类账户

损益类账户，是反映企业应直接计入当期损益的各项收入和费用的账户。按损益的性质和内容不同，损益类账户又可分为以下 3 类。

（1）反映营业损益的账户，如“主营业务收入”、“其他业务收入”、“主营业务成本”、“其他业务成本”、“管理费用”、“财务费用”、“销售费用”等账户。

（2）反映营业外收支的账户，如“营业外收入”、“营业外支出”等账户。

（3）反映所得税的账户，如“所得税费用”账户。

综上所述，账户按照经济内容的分类，如表 10-1 所示。

表 10-1　账户按照经济内容的分类

账户	资产类	反映流动资产账户	“库存现金”账户
			“银行存款”账户
			“应收账款”账户
			“应收票据”账户
			“预付账款”账户

（续表）

账户	资产类	反映流动资产账户	“应收股利”账户
			“原材料”账户
			“库存商品”账户
		反映长期资产账户	“长期股权投资”账户
			“长期应收款”账户
			“固定资产”账户
			“累计折旧”账户
			“在建工程”账户
			“无形资产”账户
	负债类	反映流动负债账户	“应付账款”账户
			“短期借款”账户
			“应付职工薪酬”账户
			“应付利息”账户
			“应交税费”账户
		反映长期负债账户	“长期借款”账户
			“长期应付款”账户
	所有者权益类	反映投资者原始投资的账户	“实收资本（股本）”账户
		反映经营中积累的账户	“盈余公积”账户
			“资本公积”账户
		反映未分配利润的账户	“本年利润”账户
			“利润分配”账户
	成本类	反映供应过程成本的账户	“在途物资”账户
		反映生产过程成本的账户	“生产成本”账户
			“制造费用”账户
	损益类	反映营业损益的账户	“主营业务收入”账户
			“其他业务收入”账户
			“主营业务成本”账户
			“其他业务成本”账户
			“销售费用”账户
			“管理费用”账户
			“财务费用”账户
		反映营业外收支的账户	“营业外收入”账户
			“营业外支出”账户
		反映所得税的账户	“所得税费用”账户

10.2 账户按用途和结构分类

账户的用途，是指通过账户记录，能够提供什么核算指标，即设置和运用账户的目的。例如，设置“应收账款”账户的目的，是为了反映企业因销售商品、提供劳务应收而未收回的账款。

账户的结构，是指在账户中如何记录经济业务，以取得各种必要的核算指标。具体是指账户的借方、贷方登记的内容，一般情况下余额的方向及其表示的内容。例如，“应收账款”账户的借方登记应收账款增加额，贷方登记应收账款减少额，期末余额在借方，表示期末尚未收回的应收账款。账户的用途和结构，受账户反映的经济内容的制约。所以，在对账户进行分类研究时，应在将账户按其反映的经济内容分类的基础上，再按其用途和结构进行分类。账户按用途和结构的分类，是对账户按经济内容分类的必要补充。研究账户按用途和结构的分类，有利于掌握各类账户在怎样提供核算指标方面的规律性，以达到正确地运用账户，充分发挥账户作用的目的。

账户按用途和结构，可以分为盘存账户、结算账户、所有者投资账户、集合分配账户、跨期摊提账户、成本计算账户、收入账户、费用账户、财务成果账户、调整账户等 10 类。

1. 盘存账户

盘存账户是用来核算、监督各项货币资金和实物资产的增减变动及其实存数额的账户。盘存账户的特点如下。

（1）盘存账户所反映的内容属于资产性质。

（2）盘存账户的结构，其借方登记各项货币资金和实物资产的增加数，贷方登记各项货币资金和实物资产的减少数，期末账户余额总是在借方，表示期末各项货币资金和实物资产的结存数额。盘存账户的结构如图 10-1 所示。

借方　　　　盘存账户　　　　贷方

期初余额：财产物资、货币资金的期初余额	
本期发生额：财产物资、货币资金的本期增加额	本期发生额：财产物资、货币资金的本期减少额
期末余额：财产物资、货币资金的期末结存额	

图 10-1　盘存账户的结构

（3）盘存账户可以通过财产清查（实地盘点或对账）的方法，检查账面结存数额是否与实存数额相符及财产物资管理上存在的问题。

（4）盘存账户中除货币资金账户外，其实物明细账均可以提供实物数量和货币金额两项指标。

盘存类账户包括“库存现金”、“银行存款”、“原材料”、“库存商品”、“固定资产”等账户。

2. 结算账户

结算账户是用来核算和监督本企业同其他单位和个人以及企业内部各单位之间债权、

债务结算情况的账户，即核算各种应收、应付款项的账户。结算账户的特点如下。

（1）反映的内容是企业的各种债权、债务业务。

（2）由于结算业务的不同，结算账户可分为债权结算账户、债务结算账户、债权债务结算账户。

① 债权结算账户。

债权结算账户，亦称资产结算账户，用来反映和监督本企业与其他债务单位及个人的债权结算业务的账户。债权结算账户特点如下。

- 反映的内容均属于资产性质。
- 账户的结构：借方登记债权的增加数，贷方登记债权的减少数，期末余额一般在借方，表示尚未收回债权的实有数。债权结算账户的结构如图 10-2 所示。

债权结算账户

借方	贷方
本期发生额：本期应收款项的增加额及预付款增加额 本期发生额：本期应收款项的减少额及预付款减少额	本期发生额：本期应收款项的减少额及预付款减少额
期末余额：期末尚未收回的应收款项及未结算款项	

图 10-2　债权结算账户的结构

债权结算账户包括“应收账款”、“应收票据”、“预付账款”、“其他应收款”等账户。

② 债务结算账户。

债务结算账户，亦称负债结算账户，用来反映和监督本企业与其他债权单位或个人之间的债务结算业务的账户。债务结算账户的特点如下。

- 反映的内容均属负债性质。
- 账户的结构：贷方登记债务的增加数，借方登记债务的减少数，期末余额一般在贷方，表示尚未偿还的债务的实有数。债务结算账户的结构如图 10-3 所示。

债务结算账户

借方	贷方
本期发生额：本期应付款项及预收款项减少额	期初余额：期初结欠的应付款项及未结算的预收款金额 本期发生额：应付款项及预收款项的增加额
	期末余额：期末结欠的应付款项及未结算的预收款金额

图 10-3　债务结算账户的结构

债务类结算账户包括“短期借款”、“应付账款”、“应付职工薪酬”、“应交税费”、“其他应付款”等账户。

③ 债权债务结算账户。

债权债务结算账户，亦称往来结算账户，是用来反映和监督同其他单位与个人之间的往来结算业务的账户。债权债务结算账户的特点如下。

- 所反映的内容兼具资产、负债双重性质。
- 账户的结构：借方登记债权的增加数和债务的减少数，贷方登记债务的增加数和债权的减少数，期末余额如在借方，表示尚未收回的债权净额（尚未收回的债权大于尚未偿还的债务的差额）；期末余额如在贷方，表示尚未偿还的债务净额（尚未偿还的债务大于尚未收回的债权的差额）。债权债务结算账户的结构如图 10-4 所示。

借方	债权债务结算账户 贷方
期初余额：债权净额 本期发生额：债权的增加额；债务的减少额	期初余额：债务净额 本期发生额：债权的减少额；债务的增加额
期末余额：债权净额	期末余额：债务净额

图 10-4 债权债务结算账户的结构

当企业不单独设置“预收账款”账户时，可以用“应收账款”账户同时反映销售商品、提供劳务的应收款项和预收款项，“应收账款”账户便是债权债务结算账户；当企业不单独设置“预付账款”账户时，可以用“应付账款”账户同时反映购进材料的应付款项和预付款项，“应付账款”账户也是债权债务结算账户；当企业反映债权账户“其他应收款”与反映债务账户“其他应付款”账户同属于一个反映对象时，可合二为一，设置 “其他往来”账户，“其他往来”账户也是债权债务结算账户。

3. 所有者投资账户

所有者投资账户是用来反映和监督所有者资本的增减变化及其实有情况的账户。所有者投资账户的特点如下。

（1）反映的内容是所有者权益性质，即所有者投入企业的资本或经营中形成的资本；

（2）账户的结构：贷方登记所有者投入的资本的增加数，借方登记所有者投入资本的减少数，期末余额在贷方，表示期末所有者投入资本的实有数。所有者投资账户的结构如图 10-5 所示。

借方	所有者投资账户 贷方
本期发生额：所有者资本的减少数	期初余额：所有者资本的实有数 本期发生额：所有者资本的增加数
	期末余额：所有者资本的实有数

图 10-5 所有者投资账户的结构

所有者投资账户包括“实收资本”、“资本公积”、“盈余公积”等账户。

4. 集合分配账户

集合分配账户是用来归集生产经营过程中某一方面所发生的费用，并按一定标准将其分配给各成本计算对象的账户。集合分配账户的特点如下。

（1）反映的内容是费用类性质。

（2）账户的结构：借方登记费用的发生数，贷方登记费用的分配数，一般情况下，该类账户期末无余额。集合分配账户的结构如图 10-6 所示。

借方　集合分配账户	贷方
本期发生额：本期某种费用的发生额	本期发生额：本期某种费用的分配额

图 10-6　集合分配账户的结构

集合分配类账户包括“制造费用”账户。

5. 跨期摊提账户

跨期摊提账户是用来反映和监督在相连几个会计报告期摊配的费用，以便正确地确定属于各会计报告期的费用数额，从而正确地计算成本和盈亏的账户。跨期摊提账户的特点如下。

（1）反映费用的支付或使用比较集中，且数额较大，而费用的摊销比较分散，分期计入各期成本。

（2）账户的结构：借方登记费用的实际支出数或发生数，贷方登记应由各期负担的费用摊销数，期末余额如在借方，表示期末尚未摊销的待摊费用数。跨期摊提账户的结构如图 10-7 所示。

借方　跨期摊提账户	贷方
期初余额：期初已经支付但尚未摊销的待摊费用数 本期发生额：本期待摊费用支出数	本期发生额：本期待摊费用摊销数
期末发生额：已经支出但尚待摊销的费用	

图 10-7　跨期摊提账户的结构

跨期摊提账户包括“长期待摊费用”账户。

6. 成本计算账户

成本计算账户是用来反映和监督生产经营过程中某一阶段所发生的全部费用，并确定该阶段各个成本计算对象实际成本的账户。成本计算账户的特点如下。

（1）既可提供某一计算对象的金额指标，又可提供其实物指标。

（2）账户的结构：借方登记生产经营过程中某一阶段所发生的应计入成本的全部费用，贷方登记转出的实际成本，期末余额在借方，表示尚未完成某一阶段的成本计算对象的实际成本。成本计算账户的结构如图 10-8 所示。

借方　　成本计算账户	贷方
期初余额：尚未完成的成本计算对象的实际成本 本期发生额：生产经营过程所发生的全部费用	本期发生额：结转成本计算对象的实际成本
期末余额：尚未完成的成本计算对象的实际成本	

图 10-8　成本计算账户的结构

成本计算账户包括“材料采购”、“生产成本”、“在建工程”等账户。

7. 收入账户

收入账户是用来反映和监督企业在某一时期（月份、季度或年度）内所取得的各种收入的账户。收入账户的特点如下。

（1）反映的内容是收入性质。

（2）期末需要将其贷方发生额结转到财务成果账户中。

（3）账户的结构：贷方登记取得的收入数，借方登记收入的减少数和期末转出数，由于当期实现的全部收入都已结转到有关账户中去，所以该类账户期末无余额。收入账户的结构如图 10-9 所示。

借方　　收入账户	贷方
本期发生额：收入或收益的减少数； 期末结转到“本年利润”账户的收入或收益数	本期发生额：收入或收益的增加数

图 10-9　收入账户的结构

收入账户包括“主营业务收入”、“其他业务收入”等账户。

8. 费用账户

费用账户是用来反映和监督企业在某一时期（月份、季度或年度）内所发生的应计入当期损益的各项费用、成本、支出的账户。费用账户的特点如下：

（1）该类账户所反映的发生额只与某一特定时期有关，且期末需将其借方发生额结转到财务成果账户，所以该类账户期末无余额。

（2）账户的结构：借方登记费用、成本、支出的增加额，贷方登记费用、成本、支出的减少额。费用账户的结构如图 10-10 所示。

借方	费用账户　　　　贷方
本期发生额：本期费用、成本、支出的增加额	本期发生额：本期费用、成本、支出的减少额； 期末转入“本年利润”账户的数额

图 10-10　费用账户的结构

费用账户包括“销售费用”、“管理费用”、“财务费用”等账户。

9. 财务成果账户

财务成果账户是用来反映和监督企业在一定时期（月份、季度或年度）内全部生产经营活动最终财务成果的账户。财务成果账户的特点如下。

（1）反映的内容是从年初到报告期末累计实现的净利润或亏损。

（2）账户的结构：贷方登记期末从各收入或收益类账户转入的数额，借方登记期末从各费用、成本、支出类结转的数额，期末余额如在借方，表示企业发生的亏损总额；如在贷方，表示实现的净利润额。财务成果账户的结构如图 10-11 所示。

借方	财务成果账户　　　　贷方
本期发生额：应计入本期损益的各项费用、成本、支出	本期发生额：本期实现的各项收入和收益数
期末余额：发生的亏损总额	期末余额：实现的净利润额

图 10-11　财务成果账户的结构

财务成果账户包括“本年利润”账户。

10. 调整账户

调整账户是用来调整被调整账户，以确定被调整账户实际数额的账户。调整账户的特点如下。

（1）此类账户应与被调整账户结合起来，才能提供管理上所需要的某些特定指标。

（2）调整类账户按其调整被调整账户的方式不同分为备抵调整账户、附加调整账户和备抵附加调整账户。

① 备抵调整账户亦称抵减调整账户，是用来抵减被调整账户的余额，以求得被调整账户实际余额的账户。其调整方式用公式表示为：

被调整账户的余额－备抵调整账户余额＝被调整账户的实际金额

备抵调整账户的性质与被调整账户的性质相反；备抵调整账户分为资产备抵调整账户、

权益备抵调整账户。资产备抵调整账户，是用来抵减某一资产账户（被调整账户）的余额，以求得该资产账户实际余额的账户。被调整账户的性质是资产类账户。例如，调整账户“累计折旧”、“坏账准备”等账户，其被调整账户分别是“固定资产”、“应收账款”等账户；权益备抵调整账户，是用来抵减某一权益账户（被调整账户）的余额，以确定该权益类账户实际余额的账户。被调整账户的性质是权益类账户。例如，调整账户“利润分配”账户；其被调整的账户是“本年利润”账户。

② 附加调整账户是用来增加被调整账户的余额，以求得被调整账户实际余额的账户。附加调整账户的特点是与被调整账户的性质相同。附加调整账户的余额一定要与被调整账户的余额方向一致，其调整方式用公式表示为：

被调整账户的余额＋附加调整账户余额＝被调整账户的实际金额

备抵附加调整账户是既用来抵减又用来增加被调整账户的余额，以求得被调整账户实际余额的账户。其调整方式用公式表示为：

被调整账户的余额±备抵附加调整账户余额＝被调整账户实际余额

③ 备抵附加调整账户包括“材料成本差异”、“产品成本差异”等账户，其被调整账户分别为“原材料”和“库存商品”账户。

综上所述，账户按用途和结构的分类，如表 10-2 所示。

表 10-2　账户按用途和结构的分类

账户	盘存账户	“库存现金”账户
		“银行存款”账户
		“原材料”账户
		“库存商品”账户
		“固定资产”账户
	结算账户	“应收票据”账户
		“其他应收款”账户
		“预付账款”账户
		“短期借款”账户
		“应付账款”账户
		“应付票据”账户
		“应付职工薪酬”账户
		“应交税费”账户
	所有者投资账户	“实收资本”账户
		“资本公积”账户
		“盈余公积”账户
	集合分配账户	“制造费用”账户
	跨期摊提账户	“长期待摊费用”账户

（续表）

账户	成本计算账户	“生产成本”账户
		“在建工程”账户
	收入类账户	“主营业务收入”账户
		“其他业务收入”账户
	费用账户	“销售费用”账户
		“管理费用”账户
		“财务费用”账户
	财务成果账户	“本年利润”账户
	调整账户	“累计折旧”账户
		“坏账准备”账户

账户按经济内容分类是将账户按其所反映的经济内容进行分类。这种分类便于从理论上认识各类账户不同的性质，为编制会计报表提供便利条件；账户按用途和结构分类方法是将账户按其用途和结构进行分类，便于从账户操作的角度来认识各类账户的用途和结构特征，为账户的设置和运用提供方便。账户的用途决定于账户的经济内容，只有理解了账户的经济内容，才能运用这些账户，并了解账户的结构。因此，账户按经济内容的分类是账户分类的基础，账户按用途和结构的分类，是对账户按经济内容分类的必要补充。

本章小结

为了深入地掌握账户的设置和运用，有必要对各种账户进行适当的分类。账户分类，就是从各账户之间的区别和联系入手，从不同角度按一定规律对账户加以归类。从不同的角度账户可以分为不同的种类，本章重点介绍账户按经济内容分类及账户按用途和结构分类。

账户的经济内容，是指账户所反映的会计对象的具体内容。会计要素就是会计对象的具体内容，因此，账户按经济内容分类，也就是按会计要素分类。账户按照经济内容（会计要素）可以分为5大类：资产类、负债类、所有者权益类、成本类、损益类。账户的用途，是指通过账户记录，能够提供什么核算指标，即设置和运用账户的目的。

账户的结构，是指在账户中如何记录经济业务，以取得各种必要的核算指标。具体是指账户的借方、贷方登记的内容，一般情况下是指余额的方向及其表示的内容。账户按用途和结构的分类，是对账户按经济内容分类的必要补充。账户按用途和结构，可以分为盘存账户、结算账户、所有者投资账户、集合分配账户、跨期摊提账户、成本计算账户、收入账户、费用账户、财务成果账户、调整账户等10类。

思考题

一、单项选择题

1. 下列属于流动资产账户的有（　　）。

A. 生产成本　　B. 固定资产　　C. 销售费用　　D. 管理费用

2. 损益类账户的期末余额及方向表现为（　　）。

A. 有借方余额　　B. 有贷方余额

C. 有借贷方余额　　D. 期末结转后无余额

3. 按反映的经济内容分，制造费用属于（　　）科目。

A. 资产类　　B. 负债类　　C. 损益类　　D. 成本类

4. 以下不是企业负债类会计科目的是（　　）。

A. 应付职工薪酬　　B. 预付账款

C. 短期借款　　D. 应付账款

5. 以下不是损益类账户的是（　　）。

A. 反映收益的账户　　B. 反映生产成本的账户

C. 反映销售成本的账户　　D. 反映期间费用的账户

6. 以下账户不是按其反映的经济内容分类的账户的是（　　）。

A. 资产类　　B. 所有者权益类

C. 成本类　　D. 收入类

7.（　　）是根据会计科目开设的，用来分类记录经济业务内容，具有一定结构和格式的记账实体。

A. 资产负债表　　B. 所有者权益变动表

C. 账户　　D. 利润表

8. 账户哪方登记增加数，哪方登记减少数，要根据账户的（　　）来决定。

A. 性质和类别　　B. 用途

C. 结构　　D. 程序

9. 按照经济内容分，“本年利润”属于（　　）科目。

A. 负债类　　B. 所有者权益类

C. 损益类　　D. 成本类

10. 下列属于集合分配账户的有（　　）。

A. 生产成本　　B. 制造费用

C. 长期待摊费用　　D. 管理费用

二、多项选择题

1. 调整类账户可分为（　　）。
A. 备抵账户　　B. 附加账户
C. 备抵附加账户　　D. 其他类

2. 下列属于反映结算资金的账户有（　　）。
A. 坏账准备　　B. 预付账款
C. 待摊费用　　D. 其他应收款

3. 下列属于资产备抵账户的有（　　）。
A. 累计折旧　　B. 坏账准备
C. 利润分配　　D. 材料成本差异

4. 下列属于盘存账户的有（　　）。
A. 应收票据　　B. 委托加工物资
C. 分期收款发出商品　　D. 长期债权投资

5. 下列属于调整账户的有（　　）。
A. 累计折旧　　B. 坏账准备
C. 材料成本差异　　D. 在建工程减值准备

6. 下列属于账户按照经济内容分类的有（　　）。
A. 资产类　　B. 负债类
C. 所有者权益类　　D. 成本类

7. 会计科目与会计账户的一致性表现在（　　）。
A. 两者名称一致　　B. 两者结构一致
C. 两者反映的经济内容一致　　D. 会计科目是设置账户的依据

8. 下列属于成本计算账户的有（　　）。
A. 材料采购　　B. 生产成本
C. 在建工程　　D. 制造费用

9. 下列属于损益计算账户的有（　　）。
A. 主营业务收入　　B. 投资收益
C. 营业费用　　D. 营业外支出

10. 成本类账户的结构表现为（　　）。
A. 借记增加　　B. 贷记减少
C. 贷记增加　　D. 期末结转后无余额

三、判断题

1. 资产类账户借方登记减少数，贷方登记增加数，余额在借方。（　　）

2．成本类账户期末如有余额表示尚未完工的在产品成本。（　　）

3．收入类账户借方登记减少额，贷方登记增加额，余额在贷方。（　　）

4．会计科目所反映的经济内容就是账户所要登记的内容。（　　）

5．单位可以根据需要自己取账户名称。（　　）

6．附加账户的被调整账户的余额与附加账户的余额一定在相反方向。（　　）

7．按经济内容分类，长期待摊费用属于反映成本费用的账户。（　　）

8．期末余额＝期初余额＋本期发生额－本期减少额。（　　）

9．账户按照经济内容可以分为资产类、负债类、所有者权益类、成本类、损益类 5 大类。（　　）

10．“制造费用”账户属于费用账户。（　　）

四、实训题

［目的］练习账户的分类。

［资料］某公司设置了以下账户：库存现金、银行存款、原材料、库存商品、固定资产、应付账款、短期借款、应付职工薪酬、应交税费、应收账款、应收票据、其他应收款、实收资本、盈余公积、制造费用、生产成本、主营业务收入、营业外收入、主营业务成本、销售费用、管理费用、财务费用、营业外支出、本年利润、累计折旧、坏账准备、利润分配等。

要求：根据账户分类的要求，把以上账户的名称填入下表。

账户分类表

按经济内容分类 / 按用途和结构分类	资产类账户	负债类账户	所有者权益类账户	成本类账户	损益类账户
盘存账户					
结算账户					
所有者投资账户					
集合分配账户					
成本计算账户					
收入类账户					
费用账户					
财务成果账户					
调整账户					

第 11 章　账务处理程序

【学习目标】

➢ ***基本知识目标***

✧ 通过本章学习，了解账务处理程序意义和选择账务处理程序的基本要求，熟悉账务处理程序的概念。

✧ 掌握记账凭证账务处理程序和科目汇总表账务处理程序的特点、程序及适用范围；了解汇总记账凭证账务处理程序的特点。

➢ ***基本能力目标***

✧ 能够根据企业特点选择适用的账务处理程序，明确各种账务处理程序下凭证和账簿的设置。

✧ 能够根据日常会计事项运用记账凭证账务处理程序和科目汇总表账务处理程序进行账务处理。

【学习要求】

通过本章学习，了解账务处理程序设计的目标及账务处理程序选择的原理；熟悉各种账务处理程序的特点、凭证与账簿设置、步骤及其优缺点和适用范围；熟练掌握科目汇总表和汇总记账凭证的编制；熟练掌握各种账务处理程序下登记总账的方法。

11.1　账务处理程序概述

1. 账务处理程序的概念及意义

账务处理程序也称会计核算组织程序或会计核算形式，是指会计凭证、会计账簿、财务报表相结合的方式。该程序包括会计凭证和账簿的种类、格式，会计凭证与账簿之间的联系方法，由原始凭证到编制记账凭证、登记明细分类账和总分类账、编制财务报表的会计处理步骤和方法等。

不同的账簿组织、记账程序和方法相互结合在一起，就形成了不同的账务处理程序。不同行业的会计主体，规模大小不同，经济业务的内容和繁简程度也各不相同。一般情况下，营利性单位比非营利性单位复杂；制造性企业比商品流通性企业复杂。同一行业中，经营规模和管理要求不同，对于凭证及账簿组织、记账程序和记账方法的要求也有很大差别。每个会计主体都应结合本单位实际情况，设计适应自身生产管理特点的账务处理程序，这对于有效地组织会计核算工作具有重要的意义。

（1）有利于会计工作程序的规范化，有效克服会计工作各环节的忙乱现象，保证会计信息加工过程的严密性，提高会计信息的质量。

（2）有利于保证会计记录的完整性、正确性，通过凭证、账簿、报表之间的牵制作用，增强会计信息的可靠性。

（3）有利于减少不必要的会计核算环节，通过井然有序的账务处理程序，提高会计工作的效率。

2. 账务处理程序的要求

选择合理、适用的账务处理程序，一般应符合以下要求。

（1）要根据本单位经济业务的特点、规模大小和各类型业务的多少及繁简程度选择设计账务处理程序。例如，规模小的企业可采用记账凭证账务处理程序，而规模大的企业可采用科目汇总表账务处理程序或汇总记账凭证账务处理程序。

（2）要保证能正确、及时和完整地提供本单位的各方面会计信息，以满足各方面信息使用者的信息需求以及国家宏观管理的需要。

（3）要保证账务处理的各个环节紧密衔接、手续简便，尽可能地提高会计工作的效率，节约账务处理的时间及费用。

3. 账务处理程序的种类

目前，在我国各企业、事业、行政等单位中，常用的账务处理程序主要有以下 3 种。

（1）记账凭证账务处理程序。

（2）科目汇总表账务处理程序。

（3）汇总记账凭证账务处理程序。

此外，还有多栏式日记账账务处理程序和日记总账账务处理程序等。

11.2　记账凭证账务处理程序

1. 记账凭证账务处理程序的概念及特点

记账凭证账务处理程序是指对发生的经济业务，首先要根据原始凭证或汇总原始凭证编制记账凭证，然后根据记账凭证逐笔登记总分类账的一种账务处理程序。其主要特点是：

直接根据记账凭证逐笔登记总分类账。记账凭证账务处理程序是最基本的账务处理程序，其他各种会计账务处理程序，都是在此基础上根据经济管理的需要发展而形成的。

2. 记账凭证账务处理程序设置的会计凭证和账簿

（1）记账凭证账务处理程序设置的会计凭证。在记账凭证账务处理程序下，记账凭证可采用通用记账凭证，也可以分设收款凭证、付款凭证和转账凭证3种格式。

（2）记账凭证账务处理程序设置的账簿。在记账凭证账务处理程序下，账簿需设置现金日记账、银行存款日记账、明细分类账和总分类账。其中现金日记账、银行存款日记账和总分类账一般采用三栏式，明细分类账根据需要采用三栏式、多栏式、数量金额式。

3. 记账凭证账务处理的一般程序

（1）根据原始凭证编制汇总原始凭证。

（2）根据原始凭证或汇总原始凭证，编制记账凭证。

（3）根据收款凭证、付款凭证，逐笔登记现金日记账和银行存款日记账。

（4）根据原始凭证、汇总原始凭证和记账凭证，登记各种明细分类账。

（5）根据记账凭证逐笔登记总分类账。

（6）期末，现金日记账、银行存款日记账和明细账的余额同有关总分类账的余额核对相符。

（7）期末，根据总分类账和明细分类账的记录，编制财务报表。

记账凭证账务处理程序如图11-1所示。

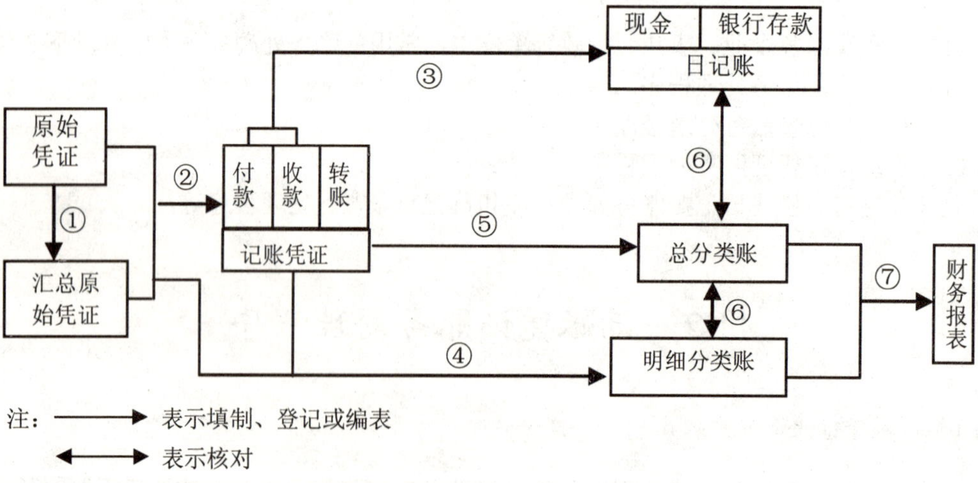

图11-1 记账凭证账务处理程序示意图

4. 记账凭证账务处理程序的优缺点和适用范围

记账凭证账务处理程序的优点是：简单明了，易于理解，总分类账可以较详细地反映经济业务的发生情况，便于分析和检查。其缺点是：根据记账凭证逐笔登记总分类账，工作量较大。因此，这种账务处理程序一般适用于规模较小、经济业务量较少的单位。

5. 记账凭证账务处理程序举例

现举例说明在记账凭证账务处理程序下，各会计工作环节的处理方法。

【例 11-1】 海丰工厂采用记账凭证账务处理程序，2007 年 6 月初各总账账户余额如表 11-1 所示。

表 11-1 海丰工厂总账账户余额

单位：元

账户名称	期初余额	账户名称	期初余额
库存现金	1 000	短期借款	10 000
银行存款	50 000	应付职工薪酬	25 000
应收账款	6 000	应交税费	4 000
其他应收款	1 800	长期借款	60 000
原材料	14 000	实收资本	110 000
库存商品	28 000	本年利润	7 800
固定资产	126 000	利润分配	10 000
合 计	226 800	合 计	226 800

海丰工厂 6 月初“原材料”明细账余额如下。

甲材料 6 400 千克 1.25 元/千克 金额 8 000 元

乙材料 3 000 千克 2.00 元/千克 金额 6 000 元

海丰工厂 6 月发生以下经济业务。

（1）1 日，购入甲材料 10 000 千克，1.25 元/千克，价款 12 500 元，增值税额 2 040 元，对方代垫运杂费 500 元，全部以银行存款支付。

（2）3 日，上述购入甲材料验收入库，按实际采购成本入账。

（3）6 日，开出现金支票一张，从银行提取现金 1 000 元。

（4）8 日，生产车间领用甲材料 4 000 千克，计 5 000 元，乙材料 1 500 千克，计 3 000 元，用于 A 产品的生产。

（5）11 日，收到新华厂交来的转账支票一张，4 000 元，偿还其前欠货款。

（6）15 日，向大连厂销售 A 产品 1 000 件，每件售价 50 元，货款 50 000 元，增值税 8 500 元，款项已收到存入银行。

（7）16 日，职工张明出差预借差旅费 800 元，以现金支付。

（8）18 日，开出转账支票一张，支付厂办购办公用品费 1 000 元。

（9）20 日，从银行提取现金 25 000 元，备发职工薪酬。

（10）20 日，以现金发放职工薪酬 25 000 元。

（11）22 日，职工张明出差回来，报销差旅费 750 元，另交回现金 50 元。

（12）24 日，由于昌隆公司违约，收到违约金 1 200 元，存入银行。

（13）29 日，开出转账支票一张，支付销售产品广告费 1 100 元。

（14）30 日，分配本月职工薪酬 22 000 元，其中 A 产品生产工人 11 500 元，车间管理人员 5 800 元，行政管理人员 4 700 元。

（15）30 日，提取本月固定资产折旧 2 500 元，其中：生产车间固定资产折旧 1 500 元，行政管理部门固定资产折旧 1 000 元。

（16）30 日，结转本月产品负担的制造费用。

（17）30 日，本月 A 产品全部完工，结转完工产品成本。

（18）30 日，结转已售产品成本（单位成本 32 元）。

（19）30 日，将本月“主营业务成本”、“管理费用”、“销售费用”结转至“本年利润”账户。

（20）30 日，将本月“主营业务收入”、“营业外收入” 结转至“本年利润”账户。

根据海丰工厂 6 月的经济业务编制记账凭证，如表 11-2 所示。

表 11-2 记账凭证（简化格式）

单位：元

2007 年		凭证号数	摘　要	一级科目	明细科目	借方金额	贷方金额
月	日						
6	1	银付 1	购材料付款	在途物资	甲材料	12 500	
				应交税费	应交增值税	2 040	
				银行存款			14 540
6	3	转 1	材料验收入库	原材料	甲材料	12 500	
				在途物资	甲材料		12 500
6	6	银付 2	提取现金	库存现金		1 000	
				银行存款			1 000
6	8	转 2	生产领用材料	生产成本	A 产品	8 000	
				原材料	甲材料		5 000
					乙材料		3 000
6	11	银收 1	收回欠款	银行存款		4 000	
				应收账款	新华厂		4 000
6	15	银收 2	销售 A 产品	银行存款		58 500	
				主营业务收入	A 产品		50 000

（续表）

2007年		凭证号数	摘　　要	一级科目	明细科目	借方金额	贷方金额
月	日						
				应交税费	应交增值税		8 500
6	16	现付 1	预支差旅费	其他应收款	张明	800	
				库存现金			800
6	18	银付 3	购办公用品	管理费用	办公费	1 000	
				银行存款			1 000
6	20	银付 4	提取现金	库存现金		25 000	
				银行存款			25 000
6	20	现付 2	发放职工薪酬	应付职工薪酬		25 000	
				库存现金			25 000
6	22	转 3	报销差旅费	管理费用	差旅费	750	
				其他应收款	张明		750
6	22	现收 1	收回多预支差旅费	库存现金		50	
				其他应收款	张明		50
6	24	银收 3	收到违约金	银行存款		1 200	
				营业外收入			1 200
6	29	银付 5	支付广告费	销售费用	广告费	1 100	
				银行存款			1 100
6	30	转 4	分配职工薪酬	生产成本	A 产品	11 500	
				制造费用	工资	5 800	
				管理费用	工资	4 700	
				应付职工薪酬			22 000
6	30	转 5	提取本月折旧	制造费用	折旧费	1 500	
				管理费用	折旧费	1 000	
				累计折旧			2 500
6	30	转 6	结转制造费用	生产成本	A 产品	7 300	
				制造费用			7 300
6	30	转 7	结转完工产品成本	库存商品	A 产品	26 800	
				生产成本	A 产品		26 800
6	30	转 8	结转已售产品成本	主营业务成本	A 产品	32 000	
				库存商品	A 产品		32 000
6	30	转 9	结转费用、成本	本年利润		40 550	
				主营业务成本			32 000
				管理费用			7 450
				销售费用			1 100
6	30	转 10	结转收入	主营业务收入		50 000	
				营业外收入		1 200	
				本年利润			51 200

根据收款凭证、付款凭证登记日记账，如表 11-3、表 11-4 所示。

表 11-3 现金日记账

单位：元

2007 年		凭证号数	摘　要	对方科目	收入	支出	结余
月	日						
6	1		期初余额				1 000
	6	银付 2	提取现金	银行存款	1 000		2 000
	16	现付 1	预支差旅费	其他应收款		800	1 200
	20	银付 4	提取现金	银行存款	25 000		
	20	现付 2	发放职工薪酬	应付职工薪酬		25000	1 200
	22	现收 1	收回预支差旅费	其他应收款	50		1 250
6	30		本月合计		26 050	25800	1 250

表 11-4 银行存款日记账

单位：元

2007 年		凭证号数	摘　要	对方科目	收入	支出	结余
月	日						
6	1		期初余额				50 000
	1	银付 1	购材料付款	在途物资		12 500	
				应交税费		2 040	35 460
	6	银付 2	提取现金	库存现金		1 000	34 460
	11	银收 1	收回欠款	应收账款	4 000		38 460
	15	银收 2	销售 A 产品	主营业务收入	50 000		
				应交税费	8 500		96 960
	18	银付 3	购办公用品	管理费用		1 000	95 960
	20	银付 4	提取现金	库存现金		25 000	70 960
	24	银收 3	收到违约金	营业外收入	1 200		72 160
	29	银付 5	支付广告费	销售费用		1 100	71 060
6	30		本月合计		63 700	42 640	71 060

根据原始凭证、汇总原始凭证和记账凭证，登记明细分类账。以“原材料——甲材料”明细账为例，如表 11-5 所示，其余略。

表 11-5　原材料明细账

类别：原料及主要材料

品名：甲材料　　　　单位：千克

2007 年		凭证号数	摘　　要	收入			发出			结余		
月	日			数量	单价	金额	数量	单价	金额	数量	单价	金额
6	1		期初余额							6 400	1.25	8 000
	3	转 1	材料验收入库	10 000	1.25	12 500				16 400	1.25	20 500
	8	转 2	生产领用材料				4 000	1.25	5 000	12 400	1.25	15 500

根据记账凭证登记总分类账（部分总账），如表 11-6 至表 11-10 所示。

表 11-6　总分类账

账户名称：库存现金　　　　单位：元

2007 年		凭证号数	摘　　要	借　　方	贷　　方	借或贷	余　　额
月	日						
6	1		期初余额			借	1 000
	6	银付 2	提取现金	1 000		借	2 000
	16	现付 1	预支差旅费		800	借	1 200
	20	银付 4	提取现金	25 000			
	20	现付 2	发放职工薪酬		25 000	借	1 200
	22	现收 1	收回预支差旅费	50		借	1 250
6	30		本月合计	26 050	25 800	借	1 250

表 11-7　总分类账

账户名称：应收账款　　　　单位：元

2007 年		凭证号数	摘　　要	借　　方	贷　　方	借或贷	余　　额
月	日						
6	1		期初余额			借	6 000
	11	银收 1	收回欠款		4 000	借	2 000
6	30		本月合计		4 000	借	2 000

表 11-8 总分类账

账户名称：银行存款 单位：元

2007 年		凭证号数	摘要	借方	贷方	借或贷	余额
月	日						
6	1		期初余额			借	50 000
	1	银付 1	购材料付款		12 500		
					2 040	借	35 460
	6	银付 2	提取现金		1 000	借	34 460
	11	银收 1	收回欠款	4 000		借	38 460
	15	银收 2	销售 A 产品	50 000			
				8 500		借	96 960
	18	银付 3	购办公用品		1 000	借	95 960
	20	银付 4	提取现金		25 000	借	70 960
	24	银收 3	收到违约金	1 200		借	72 160
	29	银付 5	支付广告费		1 100	借	71 060
6	30		本月合计	63 700	42 640	借	71 060

表 11-9 总分类账

账户名称：应收账款 单位：元

2007 年		凭证号数	摘要	借方	贷方	借或贷	余额
月	日						
6	1		期初余额			借	6 000
	11	银收 1	收回欠款		4 000	借	2 000
6	30		本月合计		4 000	借	2 000

表 11-10 总分类账

账户名称：原材料 单位：元

2007 年		凭证号数	摘要	借方	贷方	借或贷	余额
月	日						
6	1		期初余额			借	14 000
	3	转 1	材料验收入库	12 500		借	26 500
	8	转 2	生产领用材料		8 000	借	18 500
6	30		本月合计	12 500	80 00	借	18 500

将总账与日记账进行核对、总账与所属明细账进行核对（略）。

根据总账和明细账资料编制财务报表。

在编制财务报表之前，应先编制试算平衡表，如表 11-11 所示。

表 11-11　试算平衡表

2007 年 6 月 30 日　　单位：元

账户名称	期初余额		本期发生额		期末余额	
	借方	贷方	借方	贷方	借方	贷方
库存现金	1 000		26 050	25 800	1 250	
银行存款	50 000		63 700	42 640	71 060	
应收账款	6 000			4 000	2 000	
其他应收款	1 800		800	800	1 800	
在途物资			12 500	12 500		
原材料	14 000		12 500	8 000	18 500	
库存商品	28 000		26 800	32 000	22 800	
固定资产	126 000				126 000	
累计折旧				2 500		2 500
短期借款		10 000				10 000
应付职工薪酬		25 000	25 000	22 000		22 000
应交税费		4 000	2 040	8 500		10 460
长期借款		60 000				60 000
生产成本			26 800	26 800		
制造费用			7 300	7 300		
管理费用			7 450	7 450		
销售费用			1 100	1 100		
主营业务成本			32 000	32 000		
主营业务收入			50 000	50 000		
营业外收入			1 200	1 200		
实收资本		110 000				110 000
本年利润		7 800	40 550	51 200		18 450
利润分配		10 000				10 000
合　　计	226 800	226 800	335 790	335 790	24 3410	243 410

经试算平衡后，编制资产负债表、利润表，如表 11-12、表 11-13 所示。

表 11-12　资产负债表

编制单位：海丰工厂　　2007 年 6 月 30 日　　单位：元

资　　产	期末余额	年初余额	负债和所有者权益	期末余额	年初余额
流动资产：			流动负债：		
货币资金	72 310		短期借款	10 000	
应收账款	2 000		应付职工薪酬	22 000	

（续表）

资　　产	期末余额	年初余额	负债和所有者权益	期末余额	年初余额
其他应收款	1 800		应交税费	10 460	
存货	41 300		流动负债合计	42 460	
流动资产合计	117 410		非流动负债：		
非流动资产：			长期借款	60 000	
固定资产	123 500		非流动负债合计	60 000	
无形资产			负债合计	102 460	
非流动资产合计	123 500		所有者权益：		
			实收资本	110 000	
			未分配利润	28 450	
			所有者权益合计	138 450	
资产总计	240 910		负债和所有者权益总计	240 910	

表 11-13　利润表

编制单位：海丰工厂　　　　2007 年 6 月　　　　单位：元

项　　目	本期金额	上期金额
一、营业收入	50 000	
减：营业成本	32 000	
营业税金及附加		
销售费用	1 100	
管理费用	7 450	
财务费用		
加：投资收益		
二、营业利润	9 450	
加：营业外收入	1 200	
减：营业外支出		
三、利润总额	10 650	
减：所得税费用	3 514.5	
四、净利润	7 135.5	

注：假定企业适用 33%的所得税率，不考虑纳税调整事项。

11.3　汇总记账凭证账务处理程序

1. 汇总记账凭证账务处理程序的概念及特点

汇总记账凭证账务处理程序是指对发生的经济业务，首先要根据原始凭证或汇总原始凭证编制记账凭证，再根据记账凭证编制汇总记账凭证，然后根据汇总记账凭证登记总分类账的一种账务处理程序。其特点是：定期根据记账凭证分类编制汇总记账凭证，再根据汇总记账凭证登记总分类账。这种账务处理程序是在记账凭证账务处理程序的基础上发展起来的。

2. 汇总记账凭证账务处理程序设置的会计凭证和账簿

（1）汇总记账凭证账务处理程序设置的会计凭证

在汇总记账凭证账务处理程序下，除设置收款凭证、付款凭证和转账凭证外，还应设置汇总收款凭证、汇总付款凭证和汇总转账凭证。

（2）汇总记账凭证账务处理程序设置的账簿

汇总记账凭证账务处理程序下，账簿的设置与记账凭证账务处理程序基本相同，需设置现金日记账、银行存款日记账、明细分类账和总分类账，账簿格式也基本相同。

3. 汇总记账凭证账务处理的一般程序

（1）根据原始凭证编制汇总原始凭证。

（2）根据原始凭证或汇总原始凭证，编制记账凭证。

（3）根据收款凭证、付款凭证，逐笔登记现金日记账和银行存款日记账。

（4）根据原始凭证、汇总原始凭证和记账凭证，登记各种明细分类账。

（5）根据各种记账凭证编制有关汇总记账凭证。

（6）根据各种汇总记账凭证登记总分类账和明细分类账。

（7）期末，现金日记账、银行存款日记账和明细账的余额同有关总分类账的余额核对相符。

（8）期末，根据总分类账和明细分类账的记录，编制财务报表。

汇总记账凭证账务处理程序如图 11-2 所示。

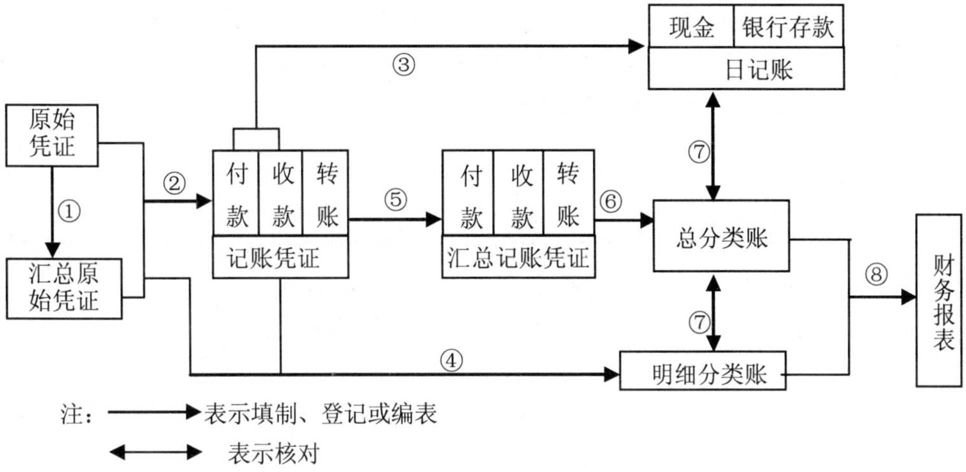

图 11-2 汇总记账凭证账务处理程序示意图

4. 汇总记账凭证及编制方法

汇总记账凭证应按汇总收款凭证、汇总付款凭证和汇总转账凭证分别设置。

（1）汇总收款凭证及其编制方法

汇总收款凭证是根据现金和银行存款收款凭证编制而成的一种汇总记账凭证。编制时，按照“库存现金”、“银行存款”科目的借方设置，将其对应的贷方科目分设专行进行归类，计算出每一个贷方科目发生额合计数，填入汇总收款凭证中。一般可5～10天汇总一次，每月编制一张，月末，计算出汇总收款凭证中各贷方科目的合计数，据以登记总分类账。例如，银行存款汇总收款凭证的编制，如表11-14所示。

表11-14　汇总收款凭证

借方科目：银行存款　　　　2007年6月　　　　汇收第2号

贷方科目	金额				总账页数	
	1日至10日收款凭证	11日至20日收款凭证	21日至30日收款凭证	合　计	借方	贷方
应收账款		4 000		4 000		
主营业务收入		50 000		50 000		
应交税费		8 500		8 500		
营业外收入			1 200	1 200		
合　计		62 500	1 200	63 700		

（2）汇总付款凭证及其编制方法

汇总付款凭证是根据现金和银行存款付款凭证编制而成的一种汇总记账凭证。编制时，按照“库存现金”、“银行存款”科目的贷方设置，将其对应的借方科目分设专行进行归类，计算出每一个借方科目发生额合计数，填入汇总付款凭证中。一般可5～10天汇总一次，每月编制一张，月末，计算出汇总付款凭证中各借方科目的合计数，据以登记总分类账。例如，银行存款汇总付款凭证的编制，如表11-15所示。

表11-15　汇总付款凭证

贷方科目：银行存款　　　　2007年6月　　　　汇付第2号

借方科目	金额				总账页数	
	1日至10日付款凭证	11日至20日付款凭证	21日至30日付款凭证	合　计	借方	贷方
在途物资	12 500			12 500		
应交税费	2 040			2 040		
库存现金	1 000	25 000		26 000		
管理费用		1 000		1 000		
销售费用			1 100	1 100		
合　计	15 540	26 000	1 100	42 640		

（3）汇总转账凭证及其编制方法

汇总转账凭证是根据转账凭证编制而成的一种汇总记账凭证。编制时，一般按照转账凭证中每一贷方科目分别设置，将其对应的借方科目进行归类，一般可 5～10 天汇总一次，每月编制一张，月末，计算出汇总转账凭证中各借方科目的合计数，据以登记总分类账。

为了便于汇总转账凭证的编制，平时在编制转账凭证时，应使账户的对应关系保持一个贷方账户与一个或几个借方账户相对应，尽量避免一个借方账户与几个贷方账户相对应。即要求转账凭证应按一贷一借、一贷多借的形式编制，尽量避免编制一借多贷、多借多贷的会计分录，否则会给汇总转账凭证的编制带来不便。例如，“应付职工薪酬”、“累计折旧”账户的汇总转账凭证的编制，如表 11-16、表 11-17 所示。

表 11-16　汇总转账凭证

贷方科目：应付职工薪酬　　2007 年 6 月　　汇转第 4 号

借方科目	金额				总账页数	
	1 日至 10 日 付款凭证 号至 号	11 日至 20 日 付款凭证 号至 号	21 日至 30 日 付款凭证 4 号至 号	合　计	借方	贷方
生产成本			11 500	11 500		
制造费用			5 800	5 800		
管理费用			4 700	4 700		
合　计			22 000	22 000		

表 11-17　汇总转账凭证

贷方科目：累计折旧　　2007 年 6 月　　汇转第 5 号

借方科目	金额				总账页数	
	1 日至 10 日 付款凭证 号至 号	11 日至 20 日 付款凭证 号至 号	21 日至 30 日 付款凭证 5 号至 号	合　计	借方	贷方
制造费用			1 500	1 500		
管理费用			1 000	1 000		
合　计			2 500	2 500		

5. 汇总记账凭证账务处理程序的优缺点和适用范围

汇总记账凭证账务处理程序的优点是：减轻了登记总分类账的工作量，由于按照账户对应关系归类编制汇总记账凭证，因此能反映出账户之间的对应关系，便于了解和分析经济业务的发生情况和查对账目。其缺点是：由于汇总转账凭证是按每一贷方科目设置，并将与其对应的所有借方科目分类汇总，而不考虑经济业务的性质，因而不便于日常核算工作的合理分工，而且，汇总转账凭证数量多，编制工作量较大。

这种账务处理程序适用于规模较大、经济业务量较多的企业。

6. 汇总记账凭证账务处理程序举例

【例 11-2】 资料同例 11-1。

（1）根据海丰工厂 6 月的经济业务编制记账凭证，如表 11-2 所示。

（2）根据收款凭证、付款凭证登记日记账，如表 11-3、表 11-4 所示。

（3）根据原始凭证、汇总原始凭证和记账凭证登记明细分类账，以“原材料——甲材料”明细账为例，如表 11-5 所示。

（4）根据记账凭证编制有关汇总记账凭证。

以银行存款汇总收款凭证，银行存款汇总付款凭证，应付职工薪酬、累计折旧汇总转账凭证为例编制有关汇总记账凭证，如表 11-14 至表 11-17 所示。

（5）根据汇总记账凭证登记总分类账。

现将根据汇总记账凭证登记的部分总分类账列示于表 11-18 至表 11-21。

表 11-18 总分类账

账户名称：库存现金

2007 年		凭证号数	摘 要	对方科目	借 方	贷 方	借或贷	余 额
月	日							
6	1		期初余额				借	1 000
	30	汇收 1	汇总	其他应收款	50			
	30	汇付 1	汇总	其他应收款		800		
				应付职工薪酬		25 000		
	30	汇付 2	汇总	银行存款	26 000		借	1 250
6	30		本月合计		26 050	25 800	借	1 250

表 11-19 总分类账

账户名称：银行存款

2007 年		凭证号数	摘 要	对方科目	借 方	贷 方	借或贷	余 额
月	日							
6	1		期初余额				借	50 000
	30	汇收 2	汇总	应收账款	4 000			
				主营业务收入	50 000			
				应交税费	8 500			
				营业外收入	1 200			
	30	汇付 2	汇总	在途物资		12 500		
				应交税费		2 040		
				库存现金		26 000		
				管理费用		1 000		
				销售费用		1 100	借	71 060
6	30		本月合计		63 700	42 640	借	71 060

表 11-20　总分类账

账户名称：应付职工薪酬

2007 年		凭证号数	摘　要	对方科目	借　方	贷　方	借或贷	余　额
月	日							
6	1		期初余额				贷	25 000
	30	汇付 1	汇总	库存现金	25 000			
	30	汇转 4	汇总	生产成本		11 500		
				制造费用		5 800		
				管理费用		4 700	贷	22 000
6	30		本月合计		25 000	22 000	贷	22 000

表 11-21　总分类账

账户名称：累计折旧

2007 年		凭证号数	摘　要	对方科目	借　方	贷　方	借或贷	余　额
月	日							
6	30	汇转 5	汇总	制造费用		1 500		
				管理费用		1 000	贷	2 500
6	30		本月合计			2 500	贷	2 500

（6）将总账与日记账进行核对、总账与所属明细账进行核对（略）。

（7）根据总账和明细账资料编制财务报表，如表 11-12、表 11-13 所示。

11.4　科目汇总表账务处理程序

1. 科目汇总表账务处理程序的概念及特点

科目汇总表账务处理程序又称记账凭证汇总表账务处理程序，是指对发生的经济业务，首先要根据原始凭证或汇总原始凭证编制记账凭证，再根据记账凭证定期编制科目汇总表，并据以登记总分类账的一种账务处理程序。其特点是：定期根据记账凭证编制科目汇总表，然后根据科目汇总表登记总分类账。

2. 科目汇总表账务处理程序设置的会计凭证和账簿

（1）科目汇总表账务处理程序设置的会计凭证

采用科目汇总表账务处理程序，除设置收款凭证、付款凭证和转账凭证外，为了定期将全部记账凭证进行汇总，还应另外设置科目汇总表。

（2）科目汇总表账务处理程序设置的账簿

采用科目汇总表账务处理程序，账簿的设置与记账凭证账务处理程序基本相同，需设置现金日记账、银行存款日记账、明细分类账和总分类账，账簿格式也基本相同。

3. 科目汇总表账务处理的一般程序

（1）根据原始凭证编制汇总原始凭证。

（2）根据原始凭证或汇总原始凭证，编制记账凭证。

（3）根据收款凭证、付款凭证，逐笔登记现金日记账和银行存款日记账。

（4）根据原始凭证、汇总原始凭证和记账凭证，登记各种明细分类账。

（5）根据记账凭证定期编制科目汇总表。

（6）根据科目汇总表登记总分类账。

（7）期末，现金日记账、银行存款日记账和明细账的余额同有关总分类账的余额核对相符。

（8）期末，根据总分类账和明细分类账的记录，编制财务报表。

科目汇总表账务处理程序如图 11-3 所示。

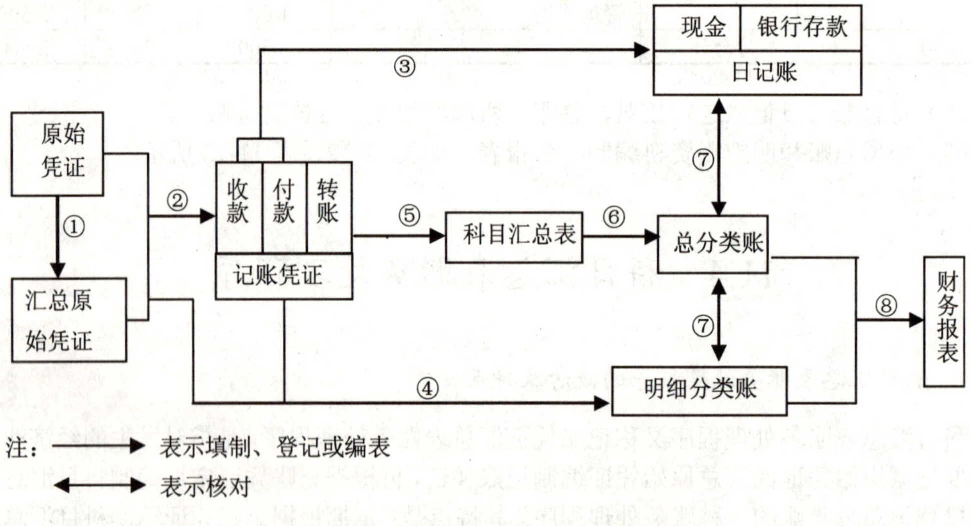

图 11-3 科目汇总表账务处理程序示意图

4. 科目汇总表的编制方法

科目汇总表的编制方法是：根据一定期间全部记账凭证，按照相同的会计科目归类，定期汇总每一个会计科目的借方发生额和贷方发生额，并将发生额填入科目汇总表的相应栏目内。按会计科目汇总后，应加总借方、贷方发生额，进行试算平衡。

科目汇总表的编制时间应根据会计主体的经济业务量来确定，可以 5 天或 10 天汇总一次，也可以分旬汇总，业务量较少的企业，还可以每月汇总一次，编制一张科目汇总表。其格式分别如表 11-22 和表 11-23 所示。

表 11-22　科目汇总表

年　月　日至　日　　　　第　号

借方金额	√	会　计　科　目	贷方金额	√
		合　计		

表 11-23　科目汇总表

年　月　日至　日　　　　第　号

会计科目	1—10 日		11—20 日		21—30 日		合计		总账页数
	借方	贷方	借方	贷方	借方	贷方	借方	贷方	
合　计									

5. 科目汇总表账务处理程序的优缺点和适用范围

科目汇总表账务处理程序的优点是：根据科目汇总表登记总分类账，极大地减少了登记总分类账的工作量，而且通过科目汇总表的编制，可以起到试算平衡的作用，可以及时发现记账凭证的错误，并保证总分类账记录的正确性。其缺点是：科目汇总表不反映账户的对应关系，不能分析经济业务的来龙去脉，不便于查找错账和核对账目。这种账务处理程序应用范围比较广，规模较大、经济业务量较多、记账凭证较多的企业和单位都可以采用。

6. 科目汇总表账务处理程序举例

【例 11-3】 资料同例 11-1。

（1）根据海丰工厂 6 月的经济业务编制记账凭证，如表 11-2 所示。

（2）根据收款凭证、付款凭证登记日记账，如表 11-3、表 11-4 所示。

（3）根据原始凭证、汇总原始凭证和记账凭证登记明细分类账，以“原材料——甲材料”明细账为例，如表 11-5 所示。

（4）根据记账凭证编制科目汇总表（假定于月终一次汇总编制科目汇总表），如表 11-24 所示。

表 11-24 科目汇总表

2007 年 6 月 1 日至 30 日 汇字第 1 号

借方金额	√	会 计 科 目	贷方金额	√
26 050		库存现金	25 800	
63 700		银行存款	42 640	
		应收账款	4 000	
800		其他应收款	800	
12 500		在途物资	12 500	
12 500		原材料	8 000	
26 800		库存商品	32 000	
		累计折旧	2 500	
25 000		应付职工薪酬	22 000	
2 040		应交税费	8 500	
26 800		生产成本	26 800	
7 300		制造费用	7 300	
7 450		管理费用	7 450	
1 100		销售费用	1 100	
32 000		主营业务成本	32 000	
50 000		主营业务收入	50 000	
1 200		营业外收入	1 200	
40 550		本年利润	51 200	
335 790		合 计	335 790	

（5）根据科目汇总表登记部分总分类账，如表 11-25 至表 11-32 所示。

表 11-25　总分类账

账户名称：库存现金

2007 年		凭证号数	摘　要	借　方	贷　方	借或贷	余　额
月	日						
6	1		期初余额			借	1 000
	30	汇 1	汇总	26 050	25 800	借	1 250
6	30		本月合计	26 050	25 800	借	1 250

表 11-26　总分类账

账户名称：银行存款

2007 年		凭证号数	摘　要	借　方	贷　方	借或贷	余　额
月	日						
6	1		期初余额			借	50 000
	30	汇 1	汇总	63 700	42 640	借	71 060
6	30		本月合计	63 700	42 640	借	71 060

表 11-27　总分类账

账户名称：应收账款

2007 年		凭证号数	摘　要	借　方	贷　方	借或贷	余　额
月	日						
6	1		期初余额			借	6 000
	30	汇 1	汇总		4 000	借	2 000
6	30		本月合计		4 000	借	2 000

表 11-28　总分类账

账户名称：其他应收款

2007 年		凭证号数	摘　要	借　方	贷　方	借或贷	余　额
月	日						
6	1		期初余额			借	1 800
	30	汇 1	汇总	800	800	借	1 800
6	30		本月合计	800	800	借	1 800

表 11-29 总分类账

账户名称：在途物资

2007 年		凭证号数	摘要	借方	贷方	借或贷	余额
月	日						
6	30	汇 1	汇总	12 500	12 500	平	0
6	30		本月合计	12 500	12 500	平	0

表 11-30 总分类账

账户名称：原材料

2007 年		凭证号数	摘要	借方	贷方	借或贷	余额
月	日						
6	1		期初余额			借	14 000
	30	汇 1	汇总	12 500	12 500	借	18 500
6	30		本月合计	12 500	12 500	借	18 500

表 11-31 总分类账

账户名称：库存商品

2007 年		凭证号数	摘要	借方	贷方	借或贷	余额
月	日						
6	1		期初余额			借	28 000
	30	汇 1	汇总	26 800	32 000	借	22 800
6	30		本月合计	26 800	32 000	借	22 800

表 11-32 总分类账

账户名称：应付职工薪酬

2007 年		凭证号数	摘要	借方	贷方	借或贷	余额
月	日						
6	1		期初余额			贷	25 000
	30	汇 1	汇总	25 000	22 000	贷	22 000
6	30		本月合计	25 000	22 000	贷	22 000

（6）将总账与日记账进行核对、总账与所属明细账进行核对（略）。

（7）根据总账和明细账资料编制财务报表，如表 11-12、表 11-13 所示。

本 章 小 结

账务处理程序是指会计凭证、会计账簿、财务报表相互结合的方式。

记账凭证账务处理程序是最基本的账务处理程序，其特点是直接根据记账凭证逐笔登记总分类账，优点在于清晰明了，较详细地反映经济业务的发生情况，但登记总分类账的工作量较大。

汇总记账凭证账务处理程序减轻了登记总分类账的工作量，但是需要编制的汇总记账凭证数量相当多，所以实际工作中应用得比较少。

目前，绝大多数企业都采用科目汇总表账务处理程序，它的优点是：极大地减少了登记总分类账的工作量，但同时也带来不反映账户对应关系、不便于查找错账和核对账目的问题。现在许多会计电算化软件已经能够通过点击明细账的某项发生额，返回相应的记账凭证查询，解决了查找错账和核对账目不便的难题。

思 考 题

一、单项选择题

1．各种账务处理程序的主要区别是（　　）。

A．编制会计凭证的依据和方法不同　　B．登记总账的依据和方法不同

C．登记明细账的依据和方法不同　　D．编制会计报表的程序不同

2．直接根据记账凭证逐笔登记总分类账的账务处理程序是（　　）。

A．科目汇总表账务处理程序　　B．汇总记账凭证账务处理程序

C．记账凭证账务处理程序　　D．多栏式日记账账务处理程序

3．科目汇总表的主要缺点是不能反映出（　　）。

A．借方发生额　　B．贷方发生额

C．借方或贷方余额　　D．账户对应关系

4．规模小、经济业务量少的企业一般采用（　　）。

A．记账凭证账务处理程序　　B．汇总记账凭证账务处理程序

C．科目汇总表账务处理程序　　D．日记总账账务处理程序

5．采用汇总记账凭证账务处理程序时，（　　）是以借方科目设置，将对应的贷方科目进行汇总编制的。

A．汇总收款凭证　　B．汇总付款凭证

C．汇总转账凭证　　D．累计凭证

二、多项选择题

1．规模较大、业务量较多的企业可采用（　　）。

A．记账凭证账务处理程序　　B．汇总记账凭证账务处理程序

C．科目汇总表账务处理程序　　D．以上三项均可

2．各种账务处理程序的基本相同点是（　　）。

A．编制记账凭证的依据和方法相同　　B．登记明细账的依据和方法相同

C．登记总账的依据和方法相同　　D．编制会计报表的程序和方法相同

3．采用记账凭证账务处理程序时，一般应设置（　　）账簿。

A．现金日记账　　B．银行存款日记账

C．明细分类账　　D．总分类账

4．汇总转账凭证应按每一账户的贷方分别设置，将借方账户归类汇总，所以平时转账凭证应保持（　　）。

A．一借一贷　　B．一借多贷

C．一贷多借　　D．多借多贷

5．科目汇总表账务处理程序的优点是（　　）。

A．减轻了登记总账的工作量　　B．起到试算平衡作用

C．便于核查账目　　D．反映账户间的对应关系

三、判断题

1．记账凭证账务处理程序是其他账务处理程序的基础。（　　）

2．所有的账务处理程序，第一步都是必须将全部原始凭证汇总编制为汇总原始凭证。（　　）

3．汇总记账凭证必须按月编制，每月编制一次。（　　）

4．汇总记账凭证能反映各科目的对应关系。（　　）

5．账务处理程序不同，所采用的记账凭证的种类、日记账和分类账的格式也各不相同。（　　）

四、实训题

[目的] 练习科目汇总表账务处理程序。

[资料]

1．某企业 2007 年 12 月初总分类账户余额如下。

总分类账户余额表

单位：元

账户名称	借方余额	账户名称	贷方余额
库存现金	1 000	短期借款	180 000
银行存款	320 000	应付账款	65 000
应收账款	3 200	应付职工薪酬	7 500
其他应收款	1 500	应交税费	25 000
原材料	12 000	应付利息	9 000
生产成本	6 000	实收资本	860 000
固定资产	900 000	资本公积	60 000
无形资产	16 000	盈余公积	40 000
累计折旧	–4 700	未分配利润	8 500
合　　计	1 255 000	合　　计	1 255 000

2．某企业 2007 年 12 月发生以下经济业务。

（1）从银行取得期限为半年的借款 120 000 元，存入银行。

（2）购入甲材料一批，价款 80 000 元，增值税 15 600 元，款项暂欠。用银行存款支付购入甲材料的运杂费 2 500 元，甲材料已验收入库。

（3）采购员张某出差，预借差旅费 4 000 元，以现金支付。

（4）销售一批产品，售价 300 000 元，增值税率为 17%，款项已收到存入银行。

（5）分配职工薪酬，其中生产工人薪酬 35 000 元，车间管理人员薪酬 9 500 元，厂部管理人员薪酬 5 500 元。

（6）销售产品一批，售价 400 000 元，增值税率为 17%，款项尚未收到。

（7）以银行存款支付办公用品费用 1 000 元。

（8）汇总本月发料情况，生产产品领用 260 000 元，车间维修领用 25 000 元，厂部领用 15 000 元，共计 300 000 元。

（9）计提本月借款利息 3 000 元。

（10）采购员张某出差回来，报销差旅费 3 750 元，余额交回现金。

要求：

（1）根据以上 12 月发生的经济业务，编制会计分录和科目汇总表。

（2）根据各账户余额和科目汇总表登记总分类账。

科目汇总表

年　月　日至　日　　　　汇字第　号

借方金额	√	会计科目	贷方金额	√

总分类账

账户名称：库存现金

年		凭证号数	摘要	借方	贷方	借或贷	余额
月	日						

总分类账

账户名称：银行存款

年		凭证号数	摘要	借方	贷方	借或贷	余额
月	日						

总分类账

账户名称：应收账款

年		凭证号数	摘　要	借　方	贷　方	借或贷	余　额
月	日						

总分类账

账户名称：其他应收款

年		凭证号数	摘　要	借　方	贷　方	借或贷	余　额
月	日						

总分类账

账户名称：原材料

年		凭证号数	摘　要	借　方	贷　方	借或贷	余　额
月	日						

总分类账

账户名称：生产成本

年		凭证号数	摘　要	借　方	贷　方	借或贷	余　额
月	日						

总分类账

账户名称：短期借款

年		凭证号数	摘要	借方	贷方	借或贷	余额
月	日						

总分类账

账户名称：应交税费

年		凭证号数	摘要	借方	贷方	借或贷	余额
月	日						

总分类账

账户名称：应付账款

年		凭证号数	摘要	借方	贷方	借或贷	余额
月	日						

总分类账

账户名称：应付利息

年		凭证号数	摘要	借方	贷方	借或贷	余额
月	日						

总分类账

账户名称：应付职工薪酬

年		凭证号数	摘　　要	借　　方	贷　　方	借或贷	余　　额
月	日						

第 12 章　财务会计报告

【学习目标】

➢ ***基本知识目标***

✧ 理解会计报表的概念和作用，进一步加深对会计要素的概念理解。

✧ 掌握资产负债表、利润表、现金流量表的结构、内容及编制方法。

✧ 了解会计报表附注和财务情况说明书的主要内容。

➢ ***基本能力目标***

✧ 理解财务报表的含义，明确财务报表的组成与分类。

✧ 熟悉资产负债表、利润表的内容和格式，掌握资产负债表、利润表的编制方法。

✧ 了解现金流量表，熟悉现金流量表的内容、格式和编制方法。

【学习要求】

通过本章教学，使学生理解会计报表的含义，掌握资产负债表、利润表的编制方法，加深对会计目标的认识和理解。

12.1　财务会计报告概述

1. 财务会计报告的含义及其目标

财务会计报告是提供会计信息的一种重要手段。财务会计报告是指企业对外提供的反映企业某一特定日期财务状况和某一会计期间经营成果、现金流量的文件。编制会计报表是会计核算的专门方法之一，是会计核算中最后提出的结果，也是会计核算工作的阶段性总结。它包括会计报表主表和附表、会计报表附注、财务情况说明书。

企业在日常的会计核算中，把所发生的各项经济业务都已按照一定的会计程序，在有关的账簿中进行全面、连续、系统地分类、汇总记录和计算。企业一定日期的财务状况和经营成果已在账簿里得到反映。但是会计账簿按照每一账户记录特定的经济内容，账户提供的资料不能充分反映单位经济业务的全貌；同时，分散记录于各账户的资料不能清晰地反映其经济指标间的内在联系。因此，在会计工作中，还必须通过编制和使用会计报表，概括地核算和监督经济业务，为会计主体的经营和业务管理提供总括的会计核算资料。所以编制会计报表的目标如下。

（1）为企业的投资者、潜在的投资者和债权人提供有关会计信息，以便他们了解企业的财务状况和经营成果，分析企业的偿债能力、获利能力、发展趋势等，从而做出是否向企业投资、投资多少、以何种方式投资以及是否向企业贷款、贷款多少等决策。

（2）为企业管理当局提供决策信息。企业管理当局利用会计报表可以了解、分析和检查企业经营情况及其成果，考核、评价企业各项经济指标的完成情况，及时发现生产经营中存在的问题，及时采取有效措施，改善自身的管理方法，提高管理水平，增加企业的管理效益。同时，企业也可以利用会计报表，对未来经营情况进行有效的预测与决策，提高企业自身的竞争能力。

（3）为政府有关部门提供单位经营活动的合理性、合法性情况，国家要加强宏观调控，必须全面了解各行各业生产经营情况。政府经济管理各部门可利用会计报表的各类财务会计信息，及时检查分析企业生产经营管理情况，以便对各类企业进行监督和管理。主要包括是否执行了国家的财经法规，是否及时、足额地交纳了税金，其发展方向是否符合国家的产业政策等，以便于国家和政府加强对经济发展的宏观调控。

2. 财务会计报表的编制原则

编制财务会计报表的基本目的，是向会计信息者提供有关财务方面的信息资料，保证财务会计报告提供的信息能够及时、准确、清晰地反映会计主体的财务状况和经营成果。为了充分发挥会计信息的作用，确保信息质量，各会计主体单位必须按照一定的程序、方法和要求，编制合法、真实和公允的财务会计报告。在编制会计报表时，应符合以下基本原则。

（1）真实可靠。真实的会计信息才能在国家宏观经济管理、投资者决策和企业内部管理中发挥作用。会计核算应当以实际发生的经济业务以及证明经济业务发生的合法凭证，如实反映企业财务状况和经营成果。这就要求企业必须按时结账；以核对无误的账簿为依据，不得以估计数或预计数代替实际数，更不允许弄虚作假，伪造数据。

（2）内容要完整。各单位对国家规定应予填报的各种报表和表内各项目，要填报齐全，不得随意漏编、漏报；应当汇总编制的所属各单位的会计报表必须全部汇总；报表附注和应该编制的附表及财务情况说明书，必须同时编报。

（3）便于理解。会计基本准则当中要求企业提供的会计信息应当具备明晰性，这就要求企业会计报表提供的会计信息应该易懂并便于广大信息者使用，使信息者能简单明了地阅读并使用会计报表。

（4）相关可比。相关可比是指会计报表提供的财务信息必须与使用者的决策需要相关联并具有可比性。这将有利于会计信息使用者对未来事项的预测及分析其变化趋势，有利于其做出正确的经营决策。

（5）报送要及时。为了充分发挥会计信息的作用，企业的会计报表必须编报及时，以保证报表使用者对会计信息的及时利用。

3. 财务会计报告的分类

为了加深对报表的内容及其意义的理解，从而掌握报表体系的规律性，因此有必要对报表进行分类。

(1) 财务会计报表按编制的时间分类。财务报表按编制的时间分类，可分为月度会计报、季度会计报表、半年会计报表和年度会计报表。

① 月度会计报表。它是反映企业本月经营成果与月末财务状况的报表。每月编制一次，如资产负债表、利润表。

② 季度会计报表。它是反映企业一个季度的经营成果和财务状况的报表。

③ 半年会计报表。它是反映企业半年度的经营成果和财务状况的报表。

④ 年度会计报表。它是反映企业全年的经营成果和年末的财务状况以及年内现金流量情况的报表。

(2) 财务会计报表按编制的单位不同分类。财务会计报表按编制单位不同分类，可分为单位会计报表、汇总会计报表。

① 单位会计报表，也称基层单位会计报表，是实行独立核算的基层单位编制的会计报表。

② 汇总会计报表，是根据上级主管部门所属单位的基层会计报表和本部门的会计报表资料汇总编制的会计报表，以反映主管部门的综合指标。

(3) 财务会计报表按报送对象不同分类。财务会计报表按报送对象不同分为对外会计报表和对内会计报表。

① 对外会计报表，是指对企业外部有关方面提供的会计报表。

② 对内会计报表，是指为企业内部服务、向企业管理者提供的会计报表。

12.2 资产负债表

1. 资产负债表的概念及作用

资产负债表是反映企业某一特定日期财务状况的报表，是依据“资产＝负债＋所有者权益”这个会计恒等式编制的。它表明企业在某一特定日期所拥有或控制的经济资源、所承担的现有义务和所有者对净资产的要求权。

资产负债表反映了企业所掌管的经济资源及其分布和构成情况，显示出企业所负担的债务及构成内容；也反映了企业偿还债务的能力，明确了所有者在企业持有的权益。为此，资产负债表有着极其重要的作用，主要表现在以下几方面。

(1) 通过编制资产负债表可以提供某一特定日期资产的总额，表明企业拥有或控制的经济资源及其分布情况，是分析企业生产经营能力的重要资料。

（2）通过资产负债表，可以反映某一特定日期的负债总额及结构，表明企业未来需要多少资产清偿债务。负债和所有者权益的比例越大，则债权人所冒的风险越大，企业的长期偿债能力越小。

（3）通过资产负债表可以了解企业未来财务状况的发展趋势。通过对不同时期资产负债表项目进行比较分析，可以反映企业财务状况的变动情况，预测企业未来财务状况的发展趋势，从而为报表使用者进行决策提供预测信息。

2. 资产负债表的内容和结构

（1）资产负债表的内容

会计核算的 6 要素中，资产、负债、所有者权益这 3 要素能反映出财务状况来。所以，资产负债表反映的经济内容是企业在报告期末所拥有和控制的资产、负债和所用者权益。表内按照“资产＝负债＋所有者权益”的关系将这 3 个要素联系起来，从而形成了资产负债表的基本内容。

① 资产。它是反映由过去的交易、事项形成并由企业在某一特定日期所拥有或控制的、预期会给企业带来经济利益的资源。资产应当按照流动资产和非流动资产两大类别在资产负债表中列示，在流动资产和非流动资产类别下进一步按性质分项列示。

流动资产是指预计在一个正常营业周期中变现、出售或耗用，或者主要为交易目的而持有，或者预计在资产负债表日起 1 年内（含 1 年）变现的资产。

资产负债表中列示的流动资产项目有货币资金、交易性金融资产、应收票据、应收账款、预付账款、应收股利、其他应收款、存货和 1 年内到期的非流动资产等。

非流动资产是指流动资产以外的资产。资产负债表中列示的非流动资产项目有长期股权投资、固定资本、在建工程、工程物资、固定资产清理、无形资产、开发支出、长期待摊费用及非流动资产等。

② 负债。它是反映在某一特定日期企业所承担的、预期会导致经济利益流出企业的现时义务。负债应当按照流动负债和非流动负债在资产负债表中列示，在流动负债和非流动负债类别下进一步按性质分项列示。

流动负债是指预计在一个营业周期中清偿，或者主要为交易目的而持有，或者自资产负债表日起在 1 年内（含 1 年）到期应予以清偿。资产负债表中列示的流动负债项目有短期借款、应付账款、应付票据、预收账款、应付职工薪酬、应交税费、应付利息、应付股利、其他应付款、1 年到期的非流动负债等。

非流动负债是指流动负债以外的负债。非流动负债项目有长期借款、应付债券和其他非流动负债等。

③ 所有者权益。它是企业资产扣除负债后的剩余权益，反映企业在某一特定日期股东（投资者）拥有的净资产的总额，它一般按照实收资本、资本公积、盈余公积和未分配利

润分别列示。

（2）资产负债表的结构

资产负债表各要素项目的不同排列方式形成了该表的具体格式，其格式有两种，即报告式和账户式。下面仅介绍账户式的结构。

账户式资产负债表是依据“资产＝负债＋所有者权益”的会计等式，以“T”字形账户基本形式来设计的，它将资产负债表分为左、右两个部分，由于资产账户的余额在借方，负债和所有者权益余额在贷方，所以，资产负债表的左方排列资产，右方排列负债和所有者权益，左、右两方保持相等，其结构如表 12-1 所示。

表 12-1 资产负债表（账户式）

资产	年初数	期末数	负债和所有者权益	年初数	期末数
流动资产：			流动负债：		
货币资金			短期借款		
……			……		
流动资产合计			流动负债合计		
非流动资产：			非流动负债：		
可供出售的金融资产			长期借款		
……			……		
非流动资产合计			非流动负债合计		
			所有者权益（股东权益）：		
			实收资本		
			……		
			所有者权益合计		
资产合计			负债和所有者权益合计		

3. 资产负债表的编制方法

资产负债表是一种静态报表，在编制该表时，应根据有关账户的期初、期末余额填列。

报表中“年初数”栏内的各项数字，应根据上年末资产负债表“期末数”栏内所列数字填列。如果本年度资产负债表规定的各个项目的名称和内容同上年度不一致，应对上年年末资产负债表各个项目的名称和数字按照本年度的规定进行调整，填入本表“年初数”栏内。

资产负债表“期末数”栏内各项数字，应根据会计账簿记录填列。大多数报表项目可以直接根据账户余额填列，少数报表项目则要根据账户余额分析计算填列。具体的填列方法可归纳为以下几种。

（1）根据总账科目余额直接填列。资产负债表中各项目数据来源主要是根据总账科目期末余额直接填列。如“短期借款”项目，直接根据“短期借款”总账科目的期末余额填列。

（2）根据总账科目余额计算填列。如“货币资金”项目，根据“现金”、“银行存款”、“其他货币资金”科目的期末余额合计数填列。

（3）根据明细科目的期末余额计算填列。如“应收账款”项目，根据“应收账款”、“预收账款”科目所属相关明细科目的期末借方余额计算填列。

（4）根据总账科目与明细科目余额分析填列。如“长期借款”项目，根据“长期借款”总账科目数扣除“长期借款”科目所属的明细科目中反映的将于1年内到期的长期借款部分分析计算填列。

（5）根据科目余额减去其备抵项目后的净额填列。如“固定资产”项目，由“固定资产”科目的期末余额减去其“累计折旧”备抵科目余额后的净额填列。

资产负债表中资产项目的金额大多是根据资产类账户的借方余额填列的，如果出现贷方余额，则以“–”号表示；负债项目的金额大多是根据负债类账户的贷方余额填列的，如果出现借方余额，也以“–”号表示；“未分配利润”项目如果是未弥补亏损，也以“–”号表示。

【例12-1】 宏达公司2007年12月31日结账后，各有关总分类账科目和有关明细分类账科目的期末余额如表12-2所示。

表12-2　科目余额表

单位：元

总账科目	借方余额	贷方余额	总账科目	借方余额	贷方余额
现金	1 500		短期借款		84 000
银行存款	26 000		应付账款		24 000
交易性金融资产	30 000		——A公司		28 000
应收账款	23 000		——B公司	4 000	
——甲公司	25 000		预收账款		8 000
——乙公司		2 000	——C公司		9 000
预付账款	4 700		——D公司	1 000	
——丙公司	5 000		其他应付款		12 000
——丁公司		300	应付职工薪酬		37 000
其他应收款	5 000		应交税费		78 000
——王力	6 000		应付股利		30 000
——李一		1000	长期借款		60 000
原材料	54 000		实收资本		380 000
生产成本	7 000		资本公积		16 000
产成品	60 000		盈余公积		26 000
长期股权投资	350 000		利润分配		80 200
固定资产	520 000		——未分配利润		80 200
累计折旧		286 000			
无形资产	40 000				
合计	835 200		合计		835 200

根据总账及有关明细账的余额编制资产负债表如表12-3所示。

表 12-3 资产负债表

会企 01 表

编制单位： 2007 年 12 月 31 日 单位：元

资产	年初数	期末数	负债及所有者权益	年初数	期末数
流动资产：			流动负债：		
货币资产		27 500	短期借款		84 000
交易性金融资产		30 000	交易性金融负债		
应收票据			应付票据		
应收账款		26 000	应付账款		28 300
预付账款		9 000	预收账款		11 000
应收股利			应付职工薪酬		37 000
应收利息			应交税费		78 000
其他应收款		6 000	应付利息		
存货		12 1000	应付股利		30 000
1 年内到期的非流动资产			其他应付款		13 000
其他流动资产			1 年内到期的非流动负债		
			其他流动负债		
流动资产合计		219 500	流动负债合计		281 300
非流动资产：			非流动负债：		
可供出售金融资产			长期借款		60 000
持有至到期投资			应付债券		
长期应收款			长期应付款		
长期股权投资		350 000	专项应付款		
投资性房地产			预计负债		
固定资产		520 000	递延所得税负债		
累计折旧		−286 000	其他流动负债		
在建工程			非流动负债合计		60 000
工程物资			负债合计		341 300
固定资产清理			所有者权益：		
无形资产		40 000	实收资本		380 000
商誉			资本公积		16 000
长期待摊费用			盈余公积		26 000
递延所得税资产			未分配利润		80200
其他非流动资产			减：库存股		
非流动资产合计		624000	所有者权益合计		502200
资产总计		843500	负债和所有者权益总计		843500

12.3 利润表

1. 利润表的概念及作用

利润表是反映企业在一定期间的经营成果的会计报表，属于一种动态报表，为报表使用者全面了解企业的经营业绩，预计现有资源和新增资源可能取得的效益提供了信息。为此，利润表具有以下作用。

（1）利润表提供的信息，是企业投资人、债权人及外部信息使用者进行相关经济决策的主要依据。通过利润表提供的反映企业经营成果的数据，并对不同时期利润表数据的分析，可以分析企业的获利能力和偿债能力，预测未来收益，分析利润发展趋势，便于投资者进行投资决策和债权人进行信贷决策。

（2）利润表提供的信息是考核评价管理者经营业绩和管理水平的一个重要依据。通过对利润表有关因素的比较分析，可以考核企业经营目标完成情况，发现经营中存在的问题，促使管理者找出差距，明确责任，不断提高经营管理水平。

（3）利润表提供的数据是政府征税的重要依据。

2. 利润表的内容和结构

利润表是“收入－费用＝利润”这一会计等式的具体表现，包括收入、费用和成本、利润这 3 部分内容，各部分内容需要列示出具体的项目。但是各部分内容具体项目的排列有差别，所以形成不同结构的利润表。我国企业《企业会计制度》规定企业的利润表采用多步式结构。按照这一要求，企业净利润的计算分为以下几个步骤进行。

（1）计算营业利润。营业利润以营业收入为基础，减去营业成本、营业税金及附加、销售费用、管理费用、财务费用、资产减值损失，加上公允价值变动收益（减去公允价值变动损失）和投资收益（减去投资损失），计算出营业利润。其计算公式如下：

营业利润＝营业收入－营业成本－营业税金及附加－销售费用－管理费用－财务费用－资产减值损失＋公允价值变动收益（－公允价值变动损失）＋投资收益（－投资损失）

（2）计算利润总额。利润总额以营业利润为基础，加上营业外收入，减去营业外支出，计算出利润总额。

其计算公式如下：

利润总额＝营业利润＋营业外收入－营业外支出

（3）计算净利润。净利润以利润总额为基础，减去所得税费用，计算出净利润（或亏损）。其计算公式如下：

净利润（或净亏损）＝利润总额－所得税费用

利润表的结构如表 12-4 所示。

表12-4 利 润 表

编制单位： 年 月 单位：元

项 目	本月数（上年数）	本年累计数
一、营业收入		
减：营业成本		
营业税金及附加		
销售费用（营业费用）		
管理费用		
财务费用		
资产减值损失		
加：公允价值变动收益（损失以“—”号填列）		
投资收益		
其中：对联营企业和合营企业的投资收益		
二、营业利润（亏损以“—”填列）		
加：营业外收入		
减：营业外支出		
三、利润总额（亏损总额以“—”填列）		
减：所得税费用		
四、净利润（净亏损以“—”填列）		
基本每股收益		
稀释每股收益		

3. 利润表的编制方法

利润表中各项的数据主要来源于对企业收入、成本和费用、利润总分类科目和明细分类科目的分析。“本月数”栏反映各项目的本月实际发生数；在编制中期财务会计报表时，填列上年同期累计实际发生数；在编制年度财务报表时，填列上年全年累计实际发生数。在编制中期和年度财务报表时应将“本月数”栏改成“上年数”栏。

“本年累计数”栏反映各项目自年初起至报告期末的累计实际发生数。

本表中项目的内容及填列方法如下。

（1）“营业收入”项目，根据“主营业务收入”、“其他业务收入”科目的发生额分析计算填列；“营业成本”项目，根据“主营业务成本”、“其他业务支出”科目的发生额分析计算填列。“投资收益”项目，反映企业以各种方式对外投资所取得的收益。本项目应根据“投资收益”科目的发生额分析填列；如为投资损失，以“—”号填列。

（2）“营业税金及附加”项目，反映企业经营主要业务应承担的营业税、消费税、城市建设税、资源税、土地增值税和教育费附加等。本项目根据“营业税金及附加”科目的发生额分析填列。

（3）“销售费用（营业费用）”项目，反映企业在销售商品和商品流通企业在购入商品等过程中发生的费用。本项目应根据“营业费用”科目的发生额分析填列。

（4）“管理费用”项目，反映企业发生的管理费用。本项目根据“管理费用”科目的发生额填列。

（5）“财务费用”项目，反映企业发生的财务费用。本项目根据“财务费用”科目的发生额填列。

（6）“营业外收入”项目和“营业外支出”项目，反映企业发生的与其经营业务无关的各项收入和支出。这两个项目应分别根据“营业外收入”和“营业外支出”科目的发生额填列。

（7）“利润总额”项目，反映企业实现的利润总额。如为亏损总额以“—”号填列。

（8）“所得税费用”项目，反映企业按规定从本期损益中减去的所得税。本项目应根据“所得税费用”科目的发生额分析填列。

（9）“净利润”项目，反映企业实现的净利润。如为亏损以“—”号填列。

4. 利润表的编制实例

【例 12-2】 宏达公司 2007 年 12 月各损益科目本年度累计发生额如表 12-5 所示。

表 12-5　2007 年度损益类科目本年发生额

单位：元

会计科目	本年 1～12 月累计发生额
主营业务收入	1 900 000
主营业务成本	1 120 000
其他业务收入	100 000
其他业务成本	80 000
营业税金及附加	80 000
销售费用	100 000
管理费用	100 000
财务费用	120 000
投资收益	50 000
营业外收入	10 000
营业外支出	8 000
所得税	149 160

根据上述资料，编制宏达公司 2007 年度利润表如表 12-6 所示。

表 12-6 宏达公司 2007 年度利润表

会企 02 表

编制单位：宏达公司 2007 年 12 月 单位：元

项 目	本月数	本年累计数
一、营业收入	略	2 000 000
减：营业成本		1 200 000
营业税金及附加		80 000
销售费用（营业费用）		100 000
管理费用		100 000
财务费用		120 000
资产减值损失		
加：公允价值变动收益（损失以"—"号填列）		
投资收益		50 000
其中：对联营企业和合营企业的投资收益		
二、营业利润（亏损以"—"填列）		450 000
加：营业外收入		10 000
减：营业外支出		8 000
三、利润总额（亏损总额以"—"填列）		452 000
减：所得税费用		149 160
四、净利润（净亏损以"—"填列）		302 840
五、每股收益		
（一）基本每股收益		
（二）稀释每股收益		

12.4 现金流量表

1. 现金流量表的概念及作用

现金流量表是反映企业一定时期现金和现金等价物流入和流出情况的会计报表，现金流量表实际是以现金为基础编制的财务状况变动表，是广义财务状况变动表的一种。该表汇总说明了企业报告期内经营活动、投资活动和筹资活动的动态报表。

现金流量是指一定会计期间内企业现金和现金等价物的流入和流出。

这里的现金是指企业库存现金以及可以随时用于支付的存款，包括库存现金、银行存款和其他货币资金等。

现金等价物，是指企业持有的期限短、流动性强、易于转换为已知金额现金、价值变动风险很小的投资。期限短，一般是指从购买日起 3 个月内到期。

现金流量表的作用，主要表现在以下几个方面。

（1）现金流量表是以现金为基础编制的财务状况变动表，它提供了企业现金流量信息。投资人和债权人通过现金流量表，可以对企业的支付能力和偿债能力，以及企业对外部资金的需求情况作出较为可靠的判断。

（2）现金流量表可以对企业整体财务状况作出客观的评价。通过现金流量表揭示出企业现金流量情况，可以大致判断其经营周转是否畅通，为企业经营活动提供可靠的决策依据。

（3）现金流量表可以预测企业未来的发展情况。如果现金流量表中各部分现金流量合理，现金流入、流出无重大异常波动，一般来说企业的财务状况基本良好，也揭示企业未来的发展状况较好。

（4）编制现金流量表，便于和国际惯例接轨。目前许多国家都要求编制现金流量表，我国编制现金流量表，将对开展跨国经营、境外筹资、加强国际经济合作起到积极的作用。

2. 现金流量表的内容和结构

（1）现金流量表的内容

现金流量表分为经营活动产生的现金流量、投资活动产生的现金流量和筹资活动产生的现金流量 3 大类。这 3 大类即为现金流量表的内容。

① 经营活动产生的现金流量。经营活动是指企业投资活动和筹资活动之外所有的交易和事项，包括销售商品或提供劳务、经营性租赁、购买货物、制造产品等。

经营活动流入的现金主要包括以下几个方面。

- 销售商品、提供劳务所获得的现金流入。
- 收到的税费返还的现金流入。
- 收到其他与经营活动有关的现金流入。

经营活动流出的现金主要包括以下几个方面。

- 购买商品、接受劳务支付的现金流出。
- 支付给职工以及为职工支付的现金流出。
- 支付的各项税费引起的现金流出。

- 支付其他与经营活动有关的现金流出。

通过现金流量表中反映的经营活动产生的现金流入和流出，说明企业经营活动对现金流入和流出的影响程度。

② 投资活动产生的现金流量。投资活动是指企业长期资产的购建和不包括在现金等价物范围内的投资及其他处置活动。

投资活动流入的现金主要包括以下几个方面。

- 收回投资收到的现金。
- 取得投资收益收到的现金。
- 处置固定资产、无形资产和其他长期资产收回的现金净额。
- 处置子公司及其他营业单位收到的现金净额。
- 收到其他与投资活动有关的现金。

投资活动流出的现金主要包括以下几个方面。

- 购建固定资产、无形资产和其他长期资产支付的现金。
- 投资支付的现金。
- 取得子公司及其他营业单位支付的现金净额。
- 支付其他与投资活动有关的现金。

通过现金流量表中反映的投资活动产生的现金流量，可以分析通过投资获取现金流量的能力以及投资产生的现金流量对企业现金流量净额的影响程度。

③ 筹资活动产生的现金流量。筹资活动是指导致企业资本及债务规模和结构发生变化的活动。

筹资活动流入的现金主要包括以下几个方面。

- 吸收投资收到的现金。
- 取得借款收到的现金。
- 收到其他与筹资活动有关的现金。

筹资活动流出的现金主要包括以下几个方面。

- 偿还债务支付的现金。
- 分配股利、利润或偿付利息支付的现金。
- 支付其他与筹资活动有关的现金。

通过现金流量表中筹资活动产生的现金流量，可以分析企业筹资的能力，以及筹资产生的现金流量对企业现金流量净额的影响程度。

（2）现金流量表的结构

我国企业现金流量表采用报告式结构，分类反映经营活动产生的现金流量、投资活动产生的现金流量和筹资活动产生的现金流量，最后汇总反映企业某一期间现金及现金等价物的净增加额。现金流量表的结构如表 12-7 所示。

表 12-7　现金流量表

编制单位：　　　　　　年　月　日　　　　　　单位：元

项　目	本期金额	上期金额
一、经营活动产生的现金流量：		
销售商品、提供劳务收到的现金		
收到的税费返还		
收到其他与经营活动有关的现金		
经营活动现金流入小计		
购买商品、接受劳务支付的现金		
支付给职工以及为职工支付的现金		
支付的各项税费		
支付其他与经营活动有关的现金		
经营活动现金流出小计		
经营活动产生的现金流量净额		
二、投资活动产生的现金流量：		
收回投资收到的现金		
取得投资收益收到的现金		
处置固定资产、无形资产和其他长期资产收回的现金净额		
处置子公司及其他营业单位收到的现金净额		
收到其他与投资活动有关的现金		
投资活动现金流入小计		
购建固定资产、无形资产和其他长期资产支付的现金		
投资支付的现金		
取得子公司及其他营业单位支付的现金净额		
支付其他与投资活动有关的现金		
投资活动现金流出小计		
经营活动产生的现金流量净额		
三、筹资活动产生的现金流量：		
吸收投资收到的现金		
取得借款收到的现金		
收到其他与筹资活动有关的现金		
筹资活动现金流入小计		
偿还债务支付的现金		
分配股利、利润或偿付利息支付的现金		
支付其他与筹资活动有关的现金		
筹资活动现金流出小计		
筹资活动产生的现金流量净额		
四、汇率变动对现金及现金等价物的影响		
五、现金及现金等价物净增加额		
加：期初现金及现金等价物余额		
六、期末现金及现金等价物余额		

12.5 会计报表的附注

1. 会计报表的附注概念及作用

会计报表附注是为了便于会计报表使用者理解会计报表的内容而对会计报表的编制基础、编制依据、编制原则、编制方法及主要项目等所做的解释和进一步的说明。编制和提供会计报表附注，其作用是有利于会计报表使用者全面、正确地理解会计报表。

2. 会计报表的附注内容

会计报表附注的内容即会计报表要披露的内容，一般会计报表附注要披露的内容主要有以下几个方面。

（1）企业的基本情况。

① 企业注册地、组织形式和总部地址。

② 企业的业务性质和主要经营活动。

③ 母公司以及集团最终母公司的名称。

④ 财务报表的批准报出者和财务报表批准报出日。

（2）财务报表的编制基础。企业应当说明财务报表的编制是否以持续经营为基础，如未以持续经营为基础编制，应说明理由。

（3）会计政策及会计政策的变更。会计政策是指企业在会计核算时所遵循的具体原则以及企业所采纳的具体会计处理方式。前者指企业按照会计准则和企业会计制度的规定原则，制定适合本企业所采用的会计原则。后者指企业会计核算时在诸多可选择的会计处理方法中所选择的、适合本企业会计处理的具体方法。

会计政策的变更是指企业对相同的交易或事项由原来采用的会计政策改用另一种会计政策的行为。会计核算应遵循一贯性原则，选定了一种会计政策后不得随意变更会计政策。只有出现了新的法律和财经法规，新规章要求变更的，或由于经济环境、客观情况的改变，企业才可以将原来的会计政策改为另一种会计政策。

会计政策变更应披露的内容包括以下几个方面。

① 变更的内容和理由。

② 变更的影响数。

③ 累计影响数不能合理确定的理由。

（4）会计估价变更。会计估价变更是指企业对其结果不确定的交易或事项以最近可利用的信息为基础所作的判断。在会计报表中如果有会计估价变更的事项，应该披露的内容包括以下几个方面。

① 会计估价变更的内容和理由。

② 会计估价变更的影响数。

③ 会计估价变更的影响数不能合理确定的理由。

（5）会计差错更正。会计差错是指会计核算时，在确认、计量、记录等方面出现的错误。出错的原因有：采用了法律、法规所不允许的会计政策；账户分类及计算错误；漏记已完成的交易和事项等。在会计报表中应披露重大会计差错的事项内容、差错的原因、差错更正方法和更正的金额。

（6）资产负债表日后事项的说明。资产负债表日后事项是指自年度资产负债表日至财务会计报告批准报出日之间发生的需要调整或说明的事项。

（7）或有事项的说明。或有事项是指在资产负债表日存在的、由过去交易或实行形成的一种状况，其结果须通过不完全由企业控制的未来不确定事项的发生或不发生予以证实，通常分为或有负债和或有资产。

① 或有负债的类型及其影响包括：已贴现商业承兑汇票形成的或有负债；未决诉讼、仲裁形成的或有负债；为其他单位提供债务担保形成的或有负债；其他或有负债；或有负债预计产生的财务影响（如无法预计，应说明理由）；或有负债获得补偿的可能性。

② 或有资产很可能会给企业带来经济利益，则应说明其形成的原因及其产生的财务影响。

（8）关联方关系及其交易的说明。存在控制和被控制关系的企业之间就是关联方关系。关联方交易是指在关联方之间转移资源或义务的事项。

① 存在控制关系的情况下不论他们之间有无交易，都应说明：企业经济性质或类型、名称、法定代表人、注册地、注册资本及其变化；企业的主营业务；所持股份或权益及其变化。

② 在有交易的情况下，应说明关系的性质、交易的类型及其交易的要素，包括：交易的金额或相应比例；未结算项目的金额或相应比例；定价政策。

③ 关联方交易应分别关联方以及交易类型予以说明，类型相同的关联方交易，在不影响会计报表使用者正确理解的情况下可以合并说明。

④ 对于关联方交易价格的确定如果高于或低于一般交易价格的，应说明其价格的公允性。

（9）会计报表重要项目的说明。企业对于报表重要项目的说明，应当按照资产负债表、利润表、现金流量表、所有者权益变动表及其项目列示的顺序，采用文字和数字描述相结合的方式进行披露，报表项目的明细金额合计，应当与报表项目金额相衔接。

（10）有助于理解和分析会计报表需要说明的其他事项。

本 章 小 结

企业财务会计报表是企业对外提供财务会计信息的主要形式。它由会计报表、会计报表附注和财务情况说明书组成。会计报表是财务会计报告的主要组成部分。

资产负债表是反映企业某一特定日期财务状况的报表。它是依据“资产＝负债＋所有者权益”这个会计恒等式编制的。它表明企业在某一特定日期所拥有或控制的经济资源、所承担的现有义务和所有者对净资产的要求权。资产负债表各要素项目的不同排列方式形成了该表的具体格式，其格式有两种，即报告式和账户式。资产负债表内各项目主要根据总分类账和明细账的期末余额填列。

利润表是反映企业在一定期间的经营成果的会计报表。属于一种动态报表，为报表使用者全面了解企业的经营业绩，预计现有资源和新增资源可能取得的效益提供了信息。目前，利润表格式主要有单步式利润表和多步式利润表。利润表内各项目主要根据收入、费用类账户的本期发生额填列。

现金流量表是反映企业一定时期现金和现金等价物流入和流出情况的会计报表，现金流量表实际是以现金为基础编制的财务状况变动表，是广义财务状况变动表的一种。该表汇总说明了企业报告期内经营活动、投资活动和筹资活动的动态报表。

会计报表附注是为了便于会计报表使用者理解会计报表的内容而对会计报表的编制基础、编制依据、编制原则、编制方法及主要项目等所做的解释和进一步的说明。

思 考 题

一、单项选择题

1．资产负债表是反映企业一定时期状况的（　　）。
A．动态报表　　B．静态报表　　C．内部报表　　D．动态和静态相结合的报表
2．在利润表的表体中，全部指标均依据有关账簿的（　　）填写。
A．期末余额　　B．发生额　　C．本期数额　　D．期末余额或发生额
3．下列资产负债表项目中，应根据其总账账户期末余额直接填列的是（　　）。
A．预收账款　　B．在建工程　　C．长期借款　　D．应付账款
4．资产负债表中的“应收账款”项目，应（　　）。
A．直接根据“应付账款”科目的期末贷方余额填列
B．根据“应付账款”科目的期末贷方余额和“应收账款”科目的期末借方余额计算填列
C．根据“应收账款”科目和“预收账款”科目所属相关明细科目的期末借方余额计算填列
D．根据“应收账款”科目的期末贷方余额和“预收账款”科目的期末贷方余额计算填列

二、多项选择题

1．会计报表按其反映的经济内容进行分类，可分为（　　）

A．财务状况报表　B．现金流量表　C．资产负债表　D．经营成果报表

2．编制资产负债表中的“预收账款”项目，应依据（　）账户分析填列。

A．预收账款　B．应付账款　C．预付账款　D．应收账款

3．资产负债表中的“存货”项目，是指（　）的期末余额。

A．物资采购　B．库存商品　C．生产成本　D．代管物资

4．下列属于投资活动产生的现金流量的有（　）。

A．处置固定资产、无形资产和其他长期资产收回的现金

B．取得投资收益所收到的现金

C．借款所收到的现金

D．吸收投资所收到的现金

三、判断题

1．我国企业利润表的结构是单步式利润表。（　）

2．资产负债表是反映一定期间财务状况的报表。（　）

3．单步式和多步式利润表就其反映的经济内容来看是相同的，只不过是项目排列组合不同。（　）

4．账户式和报告式资产负债表编制的基本原理是一致的。（　）

四、实训题

实训一

[目的] 熟悉资产负债表有关项目的填列。

[资料] 某企业有关账户余额资料如下表所示。

单位：元

账户名称	总账余额		明细账余额	
	借　方	贷　方	借　方	贷　方
应收账款	2 600			
——A			4 000	
——B				1 400
应付账款		16 000		
——C				18 000
——D			2 000	
预付账款	12 000			
——E			14 000	
——F				2 000
预收账款		8 500		
——G			300	
——H				8 800

要求：根据上述各总账余额、明细账余额，分析确定资产负债表的“应收账款”、“预付账款”、“预收账款”、“应付账款”这4个项目的余额。

实训二

[目的] 熟悉资产负债表和利润表的编制

[资料]

1．宏达公司2007年7月末各账户余额如下表所示。

单位：元

账户名称	借方余额	账户名称	贷方余额
现金	800	短期借款	132 000
银行存款	123 400	应付账款	8 100
应收账款	24 000	其他应付款	17 400
其他应收款	1 500	应付职工薪酬	16 000
原材料	659 600	应交税费	41 300
生产成本	71 000	累计折旧	441 000
库存商品	112 800	本年利润	350 770
固定资产	1 356 000	实收资本	1 442 000
无形资产	2 000	盈余公积	76 000
利润分配	181 670	资本公积	8 200
合计	2 532 770		2 532 770

要求：根据上表资料，编制资产负债表。

资产负债表

会企01表

编制单位： 年 月 日 单位：元

资　　产	年初数	期末数	负债及所有者权益	年初数	期末数
流动资产：			流动负债：		
货币资产			短期借款		
交易性金融资产			交易性金融负债		
应收票据			应付票据		
应收账款			应付账款		
预付账款	略		预付账款	略	
应收股利			应付职工薪酬		
应收利息			应交税费		
其他应收款			应付利息		
存货			应付股利		
1年内到期的非流动资产			其他应付款		
其他流动资产			1年内到期的非流动负债		

（续表）

资　　产	年初数	期末数	负债及所有者权益	年初数	期末数
流动资产合计			其他流动负债		
非流动资产：			流动负债合计		
可供出售金融资产			非流动负债：		
持有至到期投资			长期借款		
长期应收款			应付债券		
长期股权投资			长期应付款		
投资性房地产			专项应付款		
固定资产			预计负债		
累计折旧			递延所得税负债		
在建工程			其他流动负债		
工程物资			非流动负债合计		
固定资产清理			负债合计		
无形资产			所有者权益：		
商誉			实收资本		
长期待摊费用			资本公积		
递延所得税资产			减：库存股		
其他非流动资产			盈余公积		
非流动资产合计			未分配利润		
资产总计			所有者权益合计		
			负债和所有者权益总计		

2．各损益类账户本月发生额如下。

（1）主营业务收入 2 662 800 元。

（2）主营业务成本 1 680 500 元。

（3）主营业务税金及附加 120 640 元。

（4）其他业务收入 30 000 元。

（5）营业外收入 1 600 元。

（6）营业外支出 24 000 元。

（7）营业费用 35 200 元。

（8）管理费用 21 600 元。

（9）财务费用 11 400 元。

要求：根据上述资料，编制利润表。

利 润 表

会企02表

编制单位： 年 月 单位：元

项 目	本月数	本年累计数
一、营业收入		略
减：营业成本		
营业税金及附加		
销售费用（营业费用）		
管理费用		
财务费用		
资产减值损失		
加：公允价值变动收益（损失以“—”号填列）		
投资收益		
其中：对联营企业和合营企业的投资收益		
二、营业利润（亏损以“—”填列）		
加：营业外收入		
减：营业外支出		
三、利润总额（亏损总额以“—”填列）		
减：所得税费用		
四、净利润（净亏损以“—”填列）		
五、每股收益		
基本每股收益		
稀释每股收益		

第 13 章　会计工作组织

【学习目标】

➢ ***基本知识目标***

✧ 了解会计组织工作、会计机构和会计人员。

✧ 熟悉会计法规体系和会计人员从业要求；了解会计档案的概念和管理内容。

➢ ***基本能力目标***

✧ 熟悉会计机构的设置原则，掌握会计人员从业资格和专业技术资格的相关内容。

✧ 掌握会计法规体系的组成及关系，并在会计实践工作中遵守会计法规和职业道德。

【学习要求】

通过本章教学，使学生理解会计机构的设置、会计法规体系、会计职业道德和会计档案管理的要求。

13.1　组织会计工作的意义和要求

1. 组织会计工作的意义

会计工作的组织就是根据会计工作的特点，制定会计法规制度，设置会计机构，配备会计工作人员，以保证合理有效地进行会计工作。

会计是一项复杂、细致的综合性经济管理活动，科学地组织会计工作具有十分重要的意义。会计人员掌握了会计专业知识和技能，对于一个单位开展好会计工作，还只是一个基本条件。会计工作是一项系统工作，有系统就必然存在着系统的组织问题。只有在这个系统中各部分都组织得合理有序、互相协调，才能使整个会计工作得以顺利进行。合理组织会计工作的意义可以归纳为以下几个方面。

（1）科学地组织会计工作，有利于保证会计工作的质量，提高会计工作的效率。会计反映的是再生产过程中各个阶段以货币表现的经济活动，具体又可以表现为周而复始的企业和行政事业单位的资金运动和频繁发生的财务收支。会计工作要把这些财务收支和经济活动从凭证到账簿，从账簿到报表，连续地进行收集、记录、分类、汇总和分析，这都需要一连串的数字计算，需要一系列的程序和手续，各个程序之间，各种手续之间，各个数字之间一环扣一环，联系紧密。在任何一个环节上出现差错或脱节，都会造成整个核算结果不正确或不能及时完成。如果没有专职的机构和办事人员，没有一套工作制度和办事程序，就不能把会计工作科学地组织起来，就不能很好地完成会计任务。

（2）科学地组织会计工作，可确保会计工作与其他经济管理工作协调一致。会计工作既独立于其他经济管理工作，又同它们存在着十分密切的联系。例如，会计工作既与宏观的国家财政、税收、金融工作有着密切的联系，又同各单位内部的计划、统计等工作有着非常密切的联系。会计工作一方面能够促进其他经济管理工作，另一方面也需要其他经济管理工作的配合。会计工作必须服从国家财政税收工作的管理，加强与金融工作的密切配合，还要与各单位的计划、统计工作之间，保持口径一致，相互协调。只有这样才能相互促进，充分发挥会计工作的作用。

（3）科学地组织会计工作，可加强各单位内部的经济责任制。经济责任制是各经营单位实行内部经济管理的重要手段，会计是经济管理的重要组成部分，必然要在贯彻经济责任制方面发挥重要的作用。实行内部经济责任制离不开会计。比如科学的经济预测，正确的经济决策，以及业绩评价考核等，都离不开会计工作的支持。科学地组织会计工作可以促使会计单位内部及有关部门管好用好资金，增收节支，提高管理水平，提高经济效益，可加强各单位内部的经济责任制。

此外，会计工作是一项政策性很强的工作，发挥会计监督的作用，认真贯彻执行国家有关方针政策和法令制度，揭露和制止一切违法、违纪行为，也是会计工作的一项重要任务。因此，正确组织会计工作，对于贯彻执行国家的方针、政策和法令、制度，维护财经纪律，建立良好的社会秩序具有重要意义。

2. 组织会计工作的要求

组织会计工作应遵循的要求是指组织会计工作时必须遵循的管理工作的一般规律。它是做好会计工作，提高会计工作质量和效率必须遵守的原则和信条。会计工作的组织主要包括会计机构的设置，会计人员的配备，会计法规、准则和制度的制定和执行，会计档案的保管等。要组织好会计工作，应符合以下要求。

（1）组织会计工作既要符合国家对会计工作的统一要求，又要适应各单位生产经营的特点。组织会计工作，必须按照会计法对会计工作的统一要求，贯彻执行国家规定的法令和制度，进行会计核算，实行会计监督，只有按照统一要求组织会计工作，才能发挥会计工作在维护社会主义市场经济秩序、加强经济管理、提高经济效益的作用。

（2）组织会计工作，必须结合本单位自身的特点。各单位应在遵守会计法规、制度的前提下，根据本单位业务经营的特点和经营规模的大小等具体情况，制订具体办法或者补充规定。例如，在会计准则、行业会计制度的规定范围内，增设或合并一些会计科目，采用切合本单位实际成本核算方法等。

（3）组织会计工作既要保证核算工作的质量，又要节约人力、物力提高工作效率。科学地组织会计工作，应在保证会计工作质量的前提下，尽量节约人力、物力；在保证会计信息质量的前提下，讲求工作效率，节约时间和费用。会计工作十分繁杂，如果组织不好，就会造成重复劳动，花费较多的人力和物力。因此，对会计管理程序的规定，所有会计凭证、账簿、报告的设计，会计机构的设置，以及会计人员的配备等，都应避免繁琐，力求精简。目前，会计核算已逐步向电算化方向发展，组织会计工作还应考虑会计数据管理的电算化问题，从工艺上改进会计的操作技术，提高会计工作效率。

（4）组织会计工作既要保证贯彻整个单位的经济责任制，又要建立会计工作的责任制度。科学地组织会计工作，应在保证贯彻整个企业单位的经济责任制的同时，建立、完善会计工作本身的责任制度，合理分工，建立会计岗位，实现会计处理手续和会计工作程序的规范化，力求使每个岗位上会计人员都应认真履行本岗位职责，同时各岗位应相互配合，共同做好本单位的会计工作。

13.2　会计机构及会计工作岗位的设置

企业、行政事业单位会计机构的设置，必须满足社会经济对会计工作的要求，并与国家的会计管理体制相适应。同时，根据设置的会计机构，制定出符合国家管理规定，适合本单位具体情况的内部会计管理制度，以最大限度地发挥会计机构及每个会计人员的作用。

1. 会计机构的设置

会计机构是直接从事和组织领导会计工作的职能部门。建立和健全各单位的会计机构是保证会计工作正常进行，充分发挥会计管理作用的重要条件。

《会计法》第 36 条第一款规定：“各单位根据会计业务的需要设置会计机构，或者在有关机构中设置会计人员并指定会计主管人员。不具备条件的，可委托经批准设立的会计咨询、服务机构进行代理记账。”

该条款对会计机构设置作出了以下规定。

（1）独立设置会计机构。一般来说，实行企业化管理的事业单位和大、中型企业，业务较多的行政单位、社会团体和其他组织，都应独立设置会计机构，以便及时组织本单位各项经济活动和财务收支的核算，实行有效的会计监督。

（2）不能单独设置会计机构的单位，应在有关机构中配备会计人员并指定会计主管人员。通常财务收支数额不大，经济业务比较简单，规模很小的企业、事业、机关、团体等单位，可在有关机构或综合部门配置专职会计人员，并指定对财务会计工作负责的会计主管人员。

（3）实行代理记账。对于那些不具备设置会计机构、配备会计人员的小型经济组织，可以实行代理记账，委托批准设立的、从事会计咨询、服务的社会中介机构代理记账。

2. 会计工作岗位的设置

为了科学地组织会计工作，应健全会计部门内部的岗位责任制，将会计部门的工作划分为若干个岗位，规定每个岗位的职责和权限，并为每个岗位规定职责和要求，使每一项会计工作都有专人负责，每一个会计人员都明确自己的职责。为会计工作设置不同的岗位有利于明确分工和确定岗位职责，建立岗位责任制；有利于会计人员钻研业务，提高工作效率和质量；有利于会计工作的程序化和规范化，加强会计基础工作。根据《会计基础工作规范》和有关制度的规定，会计工作岗位的职责一般分为以下几种。

（1）会计主管岗位。会计主管岗位又称会计机构负责人岗位，具体领导本单位会计工作；组织制定本单位的各项财务会计制度并督促各项财经法规、制度、法令的实施；组织编制本单位的财务成本计划、借款计划，并督促实施；会同有关部门开展筹资和投资的分析与决策；参与经济合同拟定的审查；参加生产经营管理会议，参与经营决策；负责报告、审查、分析财务状况和经营成果；负责会计人员的聘任、分工、考核和调配等。

（2）出纳岗位。办理现金收付和银行结算业务；登记现金和银行存款日记账；保管库存现金和各种有价证券；保管有关印章、空白收据和空白发票等。

（3）会计稽核岗位。拟定稽核工作的组织形式和具体分工；拟定审核会计凭证、复核会计账簿和会计报表的方法；审核会计凭证、复核会计账簿和会计报表；核实财产清查结果；审核发票、税款、物价等。

（4）资本、基金核算岗位。负责资金的筹集、使用调度；随时了解、掌握资金市场动态；为企业筹集满足生产经营活动所需要的资金，并不断降低资金成本，提高资金使用的经济效益；负责编制现金流量表。

（5）往来结算岗位。拟定往来结算的手续、制度和办法；办理往来结算业务；及时清理往来账项，防止呆账、坏账的形成。

（6）职工薪酬核算岗位。掌握职工薪酬总额的组成，监督薪酬基金的使用；正确计算、认真审核应付职工薪酬、代发代扣款项和实发金额，做好与职工的结算工作；正确计提职工福利费和工会经费；职工薪酬结算和分配的核算。

（7）成本费用核算岗位。参与拟定本单位成本费用核算办法；开展成本费用预测和控制，参与编制成本降低计划和费用预算；建立和健全成本核算基础工作；进行成本费用核算；定期进行成本费用的分析和考核。

（8）财务成果核算岗位。参与编制销售计划、利润计划；正确计算各期收入和相配比的费用；正确计算各期利润和所得税；开展利润分析。

（9）固定资产核算岗位。参与固定资产需要量预测和投资决策；负责审核固定资产购建、调拨、内部转移、租赁、清理的凭证；进行固定资产的明细核算；参加固定资产清查并进行清查结果的核算；参与固定资产重置、更新和修理计划；指导和监督固定资产管理部门和使用部门的固定资产核算工作。

（10）材料核算岗位。参与拟定材料管理和核算办法；审核材料采购的发票、账单等结算凭证；进行材料采购收发结存的明细核算；参与库存材料清查；控制材料采购成本和材料资金使用；参与制定材料采购资金计划和材料计划成本；指导供应部门、材料仓库和使用材料的车间、部门的材料核算情况。

（11）总账报表岗位。合理确定会计核算形式；设置和登记总账；编制会计报表；编写会计报表附注和财务情况说明书。

13.3　会 计 人 员

会计人员是专门从事会计工作的人员，为了充分发挥会计的职能作用，完成会计工作任务，各企业、事业单位的会计机构，都必须根据实际需要配备一定数量符合会计工作岗位条件要求的会计人员。

为了充分调动会计人员的工作积极性，国家规定了会计人员的职责，并赋予了相应的权限，对符合规定条件的会计人员还授予专业技术职称。

1. 会计人员从业资格

财政部发布的《会计从业资格证书管理办法》，规定了会计人员从业资格条件。因此，各单位会计人员必须符合从业资格条件，才能从事会计工作。

各单位不得任用（聘用）不具备会计从业资格的人员从事会计工作。不具备会计从业资格的人员，不得从事会计工作，不得参加会计专业技术资格考试或评审、会计专业职务的聘任，不得申请取得会计人员荣誉证书。

国家实行会计从业资格考试制度。申请参加会计从业资格考试的人员，应当符合下列基本条件：遵守会计和其他财经法律、法规；具备良好的道德品质；具备会计专业基础知识和技能。

会计从业资格考试科目为财经法规与会计职业道德、会计基础、初级会计电算化（或者珠算五级）。

申请人符合上述基本条件且具备国家教育行政主管部门认可的中专以上（含中专，下同）会计类专业学历（或学位）的，自毕业之日起 2 年内（含 2 年），免试会计基础、初级会计电算化（或者珠算五级）。会计类专业包括会计学、会计电算化、注册会计师专门化、审计学、财务管理、理财学。

因有提供虚假财务会计报告，做假账，隐匿或者故意销毁会计凭证、会计账簿、财务会计报告，贪污、挪用公款，职务侵占等与会计职务有关的违法行为，被依法追究刑事责任的人员，不得参加会计从业资格考试，不得取得或者重新取得会计从业资格证书。

2. 会计人员的职责

为了充分发挥会计人员的积极性，使他们更好地完成会计工作任务，《中华人民共和国会计法》对会计人员的职责作了明确的规定。会计人员的具体职责如下。

（1）进行会计核算。

（2）实行会计监督。

（3）拟定本单位办理会计事务和具体办法。

（4）参与拟定经济计划、业务计划，考核、分析财务预算、计划的执行情况。

（5）办理其他会计事务。

3. 会计人员的任职要求

会计人员的任职要求是对会计工作各级岗位人员业务素质的基本规定，具体内容可体现为以下几个方面。

（1）从事会计工作人员的任职要求。各企业、事业单位应当根据会计业务的需要而配备持有会计证的会计人员；未取得会计证的人员，不得从事会计工作。这条要求从最基本的环节提出了会计人员的最基本要求，这是保证会计工作顺利进行的很重要的措施。

（2）会计机构负责人、会计主管人员的任职要求。设置会计机构的单位，应当配置会计机构负责人；在有关机构中配置专职人员的，应当在专职会计人员中指定会计主管人员。《中华人民共和国会计法》规定："担任会计机构负责人（会计主管人员）的，除取得会计从业资格证书外，还应当具备会计师以上专业技术职务资格或者从事会计工作 3 年以上经历。"除此以外，还应具备以下基本条件：坚持原则，廉洁奉公，具备良好的职业道德；主管一个单位或单位内一个重要方面的财务会计工作时间不少于两年；熟悉国家财经法律、法规、规章制度，掌握财务会计理论和本行业业务的管理知识；有较强的组织能力；身体状况能够适应本职工作的要求。

4. 会计人员的专业技术职务

根据《会计专业职务试行条例》规定，会计专业职务分为高级会计师、会计师和助理会计师；高级会计师为高级职务，会计师为中级职务，助理会计师为初级职务。为了确保会计人员素质，确定会计人员专业技术职务应经过严格的考试或考核，实行专业技术职务聘任制。

《会计专业职务试行条例》对不同级别会计专业职务的任职条件及基本职责等作了明确规定。

（1）助理会计师。助理会计师应掌握一般的财务会计理论和专业知识，熟悉并执行有关的财经方针、政策和财务会计法规、制度，能担负一个方面或某个重要岗位的财务会计工作，具有规定学历和专业工作经历。

（2）会计师。会计师应较系统地掌握财务会计基础理论和专业知识，掌握并能贯彻执行有关的财经方针、政策和财务会计法规、制度，具有一定的财务会计工作经验，能担负一个单位或管理一个地区、一个部门、一个系统某个方面的财务会计工作，具备规定学历和专业工作经历。

（3）高级会计师。高级会计师应较系统地掌握经济、财务会计理论和专业知识，具有较高的政策水平和丰富的财务会计工作经验，能担负一个地区、一个部门、一个系统的财务会计管理工作，具有规定学历和工作经验。

13.4　会计法规制度

会计的法规和制度是组织和从事会计工作必须遵守的规范。它是经济法规、制度的重要组成部分。制定和执行会计法规和制度，可以保证会计工作贯彻执行党和国家有关的财经方针、政策，保证会计工作沿着社会主义市场经济方向正确进行；可以使其提供的会计资料和会计信息真实、及时，更好地满足各个方面的需要，更圆满地完成会计的任务。

我国会计核算法规和制度体系由 3 个层次构成。

1. 会计法

会计法是会计工作的基本法，是制订定其他一切会计法规、制度的法律依据。因此，会计法也被称为是一切会计法规制度的“母法”。1999 年修订的《会计法》共 7 章 52 条，包括总则、会计核算、公司与企业会计核算的特别规定、会计监督、会计机构和会计人员、法律责任及附则。会计法的制订和实施对会计工作具有重要的意义。

（1）会计法用法律形式确定了会计工作的地位和作用。明确会计法的制定及实施是为了规范和加强会计工作，保障会计人员依法行使职权，以更好地发挥会计工作在维护社会主义市场经济秩序、加强经营管理、提高经济效益中的作用。

（2）会计法用法律形式确定了会计工作的管理体制。会计法规定的我国会计工作管理体制的总原则是统一领导和分级管理。具体包括 3 个方面：会计工作的领导体制、会计制度的制定权限和会计人员的管理体制。例如，关于会计工作的领导体制，会计法规定：国务院财政部门管理全国的会计工作，地方各级人民政府的财政部门管理本地区的会计工作。

（3）会计法用法律形式规定了会计机构和会计人员的主要职责是进行会计核算和实行会计监督，并对会计核算和会计监督的内容、原则和程序，以及与此相联系的会计机构的设置、会计人员的配备和要求作了比较具体的规定，从而保证会计工作能按照正常程序进行。

（4）会计法用法律形式明确了会计人员的职权和行政职权的法律保证。同时明确规定了单位领导人、会计人员履行职责的法律责任直至依法追究刑事责任，从而使会计人员更加敢于坚持原则、坚持制度、忠于职守、履行职责，与一切违法乱纪行为作斗争。

2. 企业会计准则

会计准则是进行会计核算工作的规范，是评价会计核算工作质量的准绳。它是我国境内所有企业、事业单位进行会计工作所必须遵循的基本规范，是我国会计法规体系的重要组成部分，对我国企、事业单位的财务会计核算具有普遍约束力。

新企业会计准则体系由 1 项基本会计准则、38 项具体会计准则和 2 项会计准则应用指南构成，共分为 3 个层次。

（1）基本准则。1992 年 11 月 16 日由财政部发布的我国第一部《企业会计准则——基本准则》，于 1993 年 7 月 1 日开始执行；2006 年 2 月 15 日财政部再次修订并颁布了《企业会计准则——基本准则》，于 2007 年 1 月 1 日开始执行。基本准则包括会计核算的一般原则和会计要素准则两个方面的内容。会计核算的一般原则是就我国会计核算的基本要求作出规定，包括会计目标、会计基本假设、会计信息质量特征等内容。会计要素准则主要是就资产、负债、所有者权益、收入、费用、利润等的确认、计量与报告作出规定，为具体会计准则和应用指南的制定提供依据。

（2）具体会计准则。具体会计准则是根据基本准则的要求，就经济业务的会计处理及其程序作出具体规定。用来指导企业各类经济业务确认、计量、记录和报告的具体规范。具体会计准则从 1997 年开始发布并执行 16 项具体准则；2006 年 2 月 15 日颁布，于 2007 年 1 月 1 日在上市公司范围内执行 38 个具体准则。具体会计准则分为一般业务准则、特殊行业的特定业务准则和报告准则 3 大类。

① 一般业务准则，主要规范各类企业普遍适用的一般经济业务的确认和计量要求。

② 特殊行业的特定业务准则，主要规范特殊行业的特定业务的确认和计量要求。

③ 报告准则，主要规范普遍适用于各类企业通用的报告类的准则。

（3）会计准则应用指南。2006 年 10 月 30 日财政部颁布《企业会计准则——应用指南》。该指南起到基本准则、具体准则的补充作用，处于会计准则体系的第 3 个层次。根据所规范的企业性质不同，会计准则应用指南包括两大内容，分别为《企业会计准则应用指南——会计科目和会计报表》和《金融企业会计准则应用指南——会计科目和会计报表》，主要规范非金融企业和金融企业的会计科目设置及其使用说明、会计报表格式及其编制说明。

3. 其他会计法规和会计制度

（1）会计工作规范的规定。它主要包括《会计基础工作规范》、《会计电算化工作规范》、《企业会计工作规则》和《内部会计控制规范》等。

（2）会计人员管理的规定。它主要包括《会计专业职务评聘办法》、《会计专业技术资格考试暂行规定》、《会计从业资格管理办法》、《会计人员继续教育暂行规定》等。

（3）会计工作制度。它主要包括《会计档案管理办法》、《会计核算软件管理的几项规定（试行）》、《会计电算化工作条例》、《个体工商户建账管理暂行办法》和《代理记账管理办法》等。

其中《会计档案管理办法》涉及了所有的企业、事业单位等，因此应予以重点说明。

会计档案是指会计凭证、会计账簿和会计报表等会计核算专业材料，它是记录和反映经济业务的重要史料和证据。各单位必须加强对会计档案管理工作的领导，建立和健全会计档案的立卷、归档、保管、调阅和销毁等管理制度，切实地把会计档案管好。

各单位每年形成的会计档案，都应由财务会计部门按照归档的要求，负责整理立卷或装订成册。当年会计档案，在会计年度终了后，可暂由本单位财务会计部门保管一年。期满之后，原则上应由财务会计部门编造清册移交本单位的档案部门保管。

各种会计档案的保管期限，根据其特点，分为永久、定期两类。各种会计档案的保管期限，从会计年度终了后的第一天算起。其保管期限如表 13-1 所示。

表 13-1　企业和其他组织会计档案保管期限表

序 号	档 案 名 称	保 管 期 限	备 注
一	会计凭证类		
1	原始凭证	15 年	
2	记账凭证	15 年	
3	汇总记账凭证	15 年	
二	会计账簿类		
4	总账	15 年	包括日记总账
5	明细账	15 年	
6	日记账	15 年	现金和银行存款日记账 25 年
7	固定资产卡片		固定资产清理报废后 5 年
8	辅助账簿	15 年	
三	财务报告类		包括各级主管部门汇总财务报告
9	月、季度财务报告	15 年	包括文字分析
10	年度财务报告（决算）	永久	包括文字分析
四	其他类		
11	会计移交清册	15 年	
12	会计档案保管清册	永久	
13	会计档案销毁清册	永久	
14	银行存款调节表	5 年	
15	银行对账单	5 年	

各单位按规定销毁会计档案时，应由档案和财务会计部门共同派员监销。各级财政部门销毁会计档案时，由同级审计部门派员参加监销。销毁人在销毁会计档案以前，应认真清点核对，销毁后在销毁清册上签名盖章，并将销毁情况报告本单位领导。

本章小结

会计工作的组织就是根据会计工作的特点，制订会计法规制度，设置会计机构，配备会计工作人员，以保证合理、有效地进行会计工作。

会计的法规和制度是组织和从事会计工作必须遵守的规范。它是经济法规制度的重要组成部分。

我国会计核算法规和制度体系，由3个层次组成。第一层次是基本法，即会计法；第二层次是会计准则；第三层次是指国家制定的其他会计法规和会计制度。

思考题

一、单项选择题

1. 位于我国会计法规体系中最高层次的是（　　）。

A. 基本会计准则　　B. 会计法

C. 企业会计制度　　D. 会计规章

2. 我国会计法规体系主要组成部分是（　　）。

A. 方针、政策和实施办法　　B. 中央和地方会计制度

C. 宏观政策引导和具体规定　　D. 会计法、会计准则和会计制度

3. 企业的总账保管期限为（　　）。

A. 10年　　B. 15年

C. 25年　　D. 永久

4. 会计与会计准则的关系是（　　）。

A. 前者从属于后者　　B. 前者受监督于后者

C. 前者统驭后者　　D. 前者受控于后者

5. 下列（　　）岗位，不能属于会计岗位。

A. 出纳　　B. 工资核算

C. 成本核算　　D. 内部审计

6. 按《会计法》规定，会计机构负责人的任职资格中，对专业技术资格和工作经历要求（　　）。

A. 应当具备高级会计师专业技术资格

B. 应当具备会计师以上专业技术资格

C. 具备会计师以上专业技术资格或者从事会计工作3年以上经历

D．具备助理会计师以上专业技术资格或者从事会计工作 3 年以上经历

7．从事会计工作的人员，必须取得（　　）。

A．大专以上学历证书

B．会计从业资格证书

C．会计员以上专业技术职务资格

D．中专以上学历证书

二、多项选择题

1．会计人员的主要职责有（　　）。

A．实行会计核算　　B．实行会计监督

C．拟定本单位办理会计事务和具体办法　　D．参与拟定经济计划、业务计划

E．办理其他会计事务

2．会计专业职务定为（　　）。

A．会计师　　B．高级会计师　　C．注册会计师

D．助理会计师　·　E．总会计师

3．下列会计档案应保管 15 年的有（　　）。

A．原始凭证　　B．总账　　C．明细账

D．年度财务报告　　E．记账凭证

4．下列会计档案应保管 25 年的有（　　）。

A．原始凭证　　B．记账凭证　　C．现金日记账

D．银行存款日记账　　E．年度财务报告

5．我国会计核算法规制度体系将由（　　）3 个层次构成。

A．基本法，即会计法　　B．会计准则，包括基本准则、具体准则和应用指南

C．行业会计制度　　D．企业会计制度　　E．其他法规和会计制度

三、判断题

1．按内部牵制制度要求，凡经济活动中涉及财务和货币资金的收付、结算及其登记的任何一项工作，都应由两人以上掌管，以相互牵制，防止差错。（　　）

2．会计人员是市场经济活动中的特殊从业人员，不具备从业资格人员不能从事会计工作。（　　）

3．会计行政法规和会计规章又统称国家统一会计制度。（　　）

4．出纳人员不得兼任稽核、会计档案保管和收入、支出、费用、债权债务账目的登记工作。（　　）

参考文献

[1] 罗绍德，毛铮．会计学原理［M］．北京：经济科学出版社，2006.

[2] 魏亚平．会计学基础［M］．北京：经济科学出版社，中国铁道出版社，2006.

[3] 葛军．会计学原理［M］．北京：高等教育出版社，1999.

[4] 郭惠云．基础会计［M］．沈阳：东北财经大学出版社，2007.

[5] 王觉．基础会计［M］．沈阳：东北财经大学出版社，2007.

[6] 李海波．会计学原理［M］．上海：立信会计出版社．2007.

[7] 张世体．会计学原理［M］．北京：中国金融出版社．2004.

[8] 禹阿平，戚新．新编基础会计［M］．大连：大连理工大学出版社．2007.

[9] 中华人民共和国财政部制定．企业会计准则 2006［M］．北京：经济科学出版社，2006.

[10] 中华人民共和国财政部制定．企业会计准则——应用指南［M］．北京：中国财政经济出版社，2006.